信用债投资笔记

交易策略+基本面分析

胡宇辰 ◎ 著

中国铁道出版社有限公司
CHINA RAILWAY PUBLISHING HOUSE CO., LTD.

图书在版编目（CIP）数据

信用债投资笔记：交易策略+基本面分析 / 胡宇辰著. -- 北京：中国铁道出版社有限公司，2025.3.
ISBN 978-7-113-32018-8

Ⅰ. F830.91

中国国家版本馆CIP数据核字第2025UR9405号

书　　名	：信用债投资笔记——交易策略＋基本面分析	
	XINYONGZHAI TOUZI BIJI: JIAOYI CELÜE+JIBENMIAN FENXI	
作　　者	：胡宇辰	

责任编辑	：张　明	编辑部电话：(010) 51873004	电子邮箱：513716082@qq.com	
封面设计	：宿　萌			
责任校对	：苗　丹			
责任印制	：赵星辰			

出版发行：中国铁道出版社有限公司（100054，北京市西城区右安门西街8号）
网　　址：https://www.tdpress.com
印　　刷：天津嘉恒印务有限公司
版　　次：2025年3月第1版　2025年3月第1次印刷
开　　本：710 mm×1 000 mm　1/16　印张：15　字数：274千
书　　号：ISBN 978-7-113-32018-8
定　　价：88.00元

版权所有　侵权必究

凡购买铁道版图书，如有印制质量问题，请与本社读者服务部联系调换。电话：(010) 51873174
打击盗版举报电话：(010) 63549461

前 言

信用风险被认为是最古老的金融风险之一。随着人类商业活动的发展，借贷逐渐成为一种常规的商业行为。

在中世纪，威尼斯人就创造并发展了早期的商业信贷业务。彼时的威尼斯商人非常注重风险管理，他们会对借款人的信用和还款能力进行评估，以降低贷款的违约风险。同时，为了确保贷款的安全，威尼斯的商业借贷常常要求借款人提供抵押物或担保人。成熟的借贷制度安排也成为威斯尼商业经济活动的必要保障。

时至今日，信用债已经成为固定收益证券市场非常重要的大类资产之一。相对于利率债而言，任何存在违约可能性的债券都可以被认为是广义的信用债。常见的信用债发行人主要有金融机构、地方政府融资平台、非金融企业及上市公司等。信用债的持有者则包括银行、保险、券商、广义基金、社保及养老金等众多的机构投资者。随着相关政策的发布，个人投资者可以通过柜台市场买卖银行间债券。预计在不久的将来，信用债也将成为居民重要的财富管理工具，信用债投资即将走进千家万户。

在笔者看来，信用债投资的本质是对隐含风险和预期收益的权衡，信用债资产相对利率债的超额预期收益是对其违约风险的补偿。信用债投资中涉及的核心风险参数大多数与特定情形的概率分布有关，包括信用评级的迁移、违约概率、违约损失率、违约边界和违约相关性等。这些参数的预期水平共同决定了信用利差的实际水平。同时，在近年来的投资实践中，投资机构的行为特征成为影响信用债投资的新变量，机构的投资偏好对信用债的流动性有着决定性的影响，也成为信用债定价的重要考量因素。

　　本书系笔者从事信用债投资多年来的思考总结和心得体会整理而成，探讨了信用策略和定价方面的认识，并对信用债投资的机构行为进行了分析，对金融类、城投类、产业类信用债进行了差异化的讨论，并给出了基本面分析案例；同时，补充了国内信用债实际建设的基本情况，最后汇总了一些信用债投资相关的随笔漫谈。

　　回望资本市场历史，A股短短30多年只如一瞬，个人信用债投资的摸索经历和浅见更是不值一提，甚至可能存在各种疏漏、不足，期待每一位读者能够批判性地参考本书的内容，早日形成自己信用债投资的方法论体系。

目 录

第一章 对信用策略的认识 / 1

第一节 信用债投资策略框架概览 / 3

一、与宏观利率分析框架的结合 / 3

二、信用债相对估值和绝对估值的判断 / 4

三、信用基本面分析 / 5

四、信用债风险收益特征概览 / 10

五、信用债投研流程与优化方向 / 14

第二节 从含权债看信用策略 / 16

一、含权债基本情况概述 / 16

二、债券市场广泛存在的替代效应 / 20

三、含权债的特殊形式：混合权利债券与浮息永续债 / 24

四、永续债的会计处理 / 31

五、永续债的赎回权选择 / 32

第三节　从风险溢价看信用债定价 / 32
　　一、权益和信用相对风险溢价的再认识 / 33
　　二、KMV 模型中股票与产业债的关联特征 / 40

第二章　从理财赎回负反馈看机构行为 / 47

第一节　理财赎回负反馈的行情复盘 / 49
　　一、理财资金对债市影响的体量大概在什么水平 / 49
　　二、理财的机构行为约束表现在哪些方面 / 50
　　三、"下跌 – 赎回"的负反馈路径 / 50
　　四、本轮负反馈的程度大致如何 / 50
　　五、对债券类属资产的影响怎么看 / 51
　　六、2018 年的"信用收缩"是否会重现 / 51

第二节　机构行为对信用债市场的影响 / 52
　　一、银行理财的机构行为 / 52
　　二、保险的机构行为 / 54
　　三、基金的机构行为 / 54
　　四、券商的机构行为 / 55

第三节　理财资产配置的回顾和展望 / 56
　　一、银行理财资产配置的内在逻辑 / 57
　　二、银行理财资产配置的阶段性变化 / 59
　　三、2024 年银行理财资产配置回望 / 62

第四节　居民部门投资债券的行为影响 / 64
　　一、理财赎回负反馈折射的居民行为 / 64
　　二、柜台债券对理财的替代效应 / 66
　　三、信息传播的影响方式变化 / 67
　　四、从学习效应到资本溢价 / 67
　　五、对细分领域业态的影响 / 68

第三章　金融债投资分析笔记 / 69

第一节　银行次级债的风险收益特征 / 70
一、商业银行经营模式与资本结构分析 / 70
二、银行股本与债务的估值差异：以 2019 年为例 / 71
三、银行永续债及二级资本债定价逻辑：以 2021 年为例 / 75
四、对非金融企业次级债市场的启示 / 79

第二节　银行次级债行情复盘及投资思考 / 81
一、银行次级债存量结构分布概览 / 81
二、银行次级债利差复盘：以二级资本债为例 / 84

第三节　证券公司债券的信用风险及投资价值 / 106
一、券商债券发行人的基本情况 / 106
二、券商主营业务及信用风险来源 / 109
三、其他信用分析要点补充 / 115
四、券商债券的风险收益特征 / 117

第四节　保险公司次级债基本面简析 / 122
一、保险公司基本面综述 / 122
二、保险行业信用分析框架 / 124
三、保险公司次级债的发行情况 / 125
四、保险公司次级债的条款解析 / 127
五、保险公司次级债的风险收益特征 / 128

第四章　城投债投资分析笔记 / 131

第一节　广义城投债定价的逻辑探讨 / 132
一、泛标签化社会的运行逻辑：歧视与偏见 / 132
二、招聘和住宅市场：标签化定价的实例 / 132
三、信用债市场的标签、认可度与流动性 / 133

四、构建发行人标准券曲线 / 134

　　五、区域标签对广义城投债定价影响的实例 / 135

　　六、再议信用利差 / 136

第二节　区域经济景气度的代理指标 / 138

　　一、区域 GDP 与上市公司总市值的关系来源 / 138

　　二、两者之间是否存在一定程度的因果关系 / 139

　　三、分项指标的相关性统计结果 / 141

　　四、用上市公司总市值描述区域经济的局限性 / 142

第三节　区域信用基本面分析示例 / 142

　　一、区域经济基本面分析 / 143

　　二、相关城投信用分析 / 148

第五章　产业债投资分析笔记 / 163

第一节　产业债与股票投资的异同 / 164

　　一、从企业生命周期看产业债投资 / 164

　　二、再议股票与债券的估值差异 / 165

　　三、股票分析方法对产业债投资的启示 / 167

第二节　行业信用基本面分析示例 / 168

　　一、行业基本面综述 / 169

　　二、发行主体及信用分析 / 173

第三节　产业债违约案例 / 182

　　一、东北特殊钢集团有限责任公司信用事件 / 183

　　二、广西有色金属集团有限公司信用事件 / 184

　　三、安徽盛运环保股份有限公司信用事件 / 185

　　四、康得新复合材料集团股份有限公司信用事件 / 186

　　五、丹东港集团有限公司信用事件 / 187

六、中国华阳经贸集团有限公司信用事件 / 188

　　七、中国民生投资股份有限公司信用事件 / 189

　　八、北京东方园林环境股份有限公司信用事件 / 190

　　九、中信国安集团有限公司信用事件 / 191

　　十、东旭集团有限公司信用事件 / 192

　　十一、北大方正集团有限公司信用事件 / 193

　　十二、康美药业股份有限公司信用事件 / 194

　　十三、三亚凤凰国际机场有限责任公司信用事件 / 196

　　十四、泰禾集团股份有限公司信用事件 / 197

　　十五、永城煤电控股集团有限公司信用事件 / 198

　　十六、华晨汽车集团控股有限公司信用事件 / 198

　　十七、华夏幸福基业股份有限公司信用事件 / 199

　　十八、同济堂医药有限公司信用事件 / 201

　　十九、泛海控股股份有限公司信用事件 / 202

第六章　信用债投资随笔漫谈 / 205

第一节　不同视角下的信用债分析框架 / 206

　　一、评级视角——信用研究员 / 206

　　二、市场视角——债券交易员 / 207

　　三、组合视角——基金经理 / 209

第二节　亏损主体信用债券怎么看 / 210

　　一、首旅事件简要复盘 / 210

　　二、浅谈信用债财务标签 / 210

　　三、亏损发行人概览 / 212

　　四、退市债券的定价思路 / 213

　　五、机会与风险并存 / 214

第三节　陡峭信用债曲线隐含的信息 / 215

一、陡峭的中等级信用债曲线 / 215

二、样本券的内部分化 / 216

三、配置力量的约束和变化 / 219

四、中等级信用债曲线是否会修复 / 220

五、可能存在的机会与风险 / 221

第四节　偏债型转债与信用债的简单对比 / 223

一、偏债型转债的分类、替代效应和信用评价 / 223

二、对信用利差极低水平的看法 / 225

第五节　中资境外债定价机制探讨 / 226

一、境外债"次级属性"的来源 / 226

二、境外债定价的影响因素 / 228

三、个券估值讨论 / 229

第一章

对信用策略的认识

从大类资产的视角来看，和利率债相比，信用债有额外的信用风险溢价和流动性溢价，因而其长期资产回报率一般高于利率债的长期资产回报率（在久期相同的情况下）。但这也决定了信用债投资需要考虑的问题更加复杂，除了来自宏观货币政策的影响，还有全社会信用环境相对松紧的状态、中观层面行业的相对景气度及微观层面特定发行人的偿债能力的影响。

本章将讨论信用债投资与宏观利率分析框架的结合，包括在不同货币和信用环境下的策略选择，分析信用债的估值问题，涵盖资本溢价、无风险利率、期限利差、信用利差和等级利差等关键因素，并探讨如何结合历史分位数水平进行投资决策。

在信用基本面分析方面，我们将着重讨论产业债和城投债的信用资质评价体系，包括定性和定量评价指标，以及如何通过这些指标来评估发行人的信用风险。此外，我们还将探讨信用债的风险收益特征，包括信用债在不同市场环境下的表现，以及信用债定价中隐含违约率和迁移率的应用。同时，我们将对含权类信用债进行拆解和复盘，作为传统信用策略的补充。

值得注意的是，业内多数资产管理机构对信用债的研究更关注微观层面，通过对发行人一定频率的实地调研和财务报表的分析预测来把控信用资质，因此，信用基本面分析与公司股票分析有一定的相通之处：面对类似的公司经营情况，站在债权人和股东两个不同的视角来看待相关证券的风险收益特征。我们在讨论具体话题时将会与股票的分析方法进行一些对比，从大类资产的视角对信用债投资进行观察。

第一节　信用债投资策略框架概览

相对于国债期货，信用债涉及的概念相对简单，我们仅就一些相对重要的部分展开讨论，重点还是以立足策略为主。

一、与宏观利率分析框架的结合

与利率债类似的是，信用债投资参照"货币－信用"周期框架同样具有一定的适配性，特别是对于组合整体投资方向的调度具有较强的指导意义。我们分组合来进行简要分析。

1. 宽货币紧信用

一是采取杠杆策略，此时经济处于衰退中，伴随央行宽货币政策对经济的刺激，资金利率降低，信用利差被动升高，杠杆套息能够获取稳定收益。

二是采取久期策略，投资者对未来预期悲观，资金向无风险资产迁移，致使无风险利率降低，融资成本下降，息差空间显现。

2. 宽货币宽信用

一是继续采取杠杆策略，这个阶段企业对经济的预期好转，增加投资刺激融资需求，此时资金利率仍然维持低位，杠杆套息仍有空间。

二是采取信用基本面下沉策略，投资带动经济复苏，企业基本面由弱转强，信用利差开始被持续压缩。

3. 紧货币宽信用

继续采取信用基本面下沉策略，此时经济由复苏走向过热，企业信贷需求旺盛，企业基本面好转，低等级债券需求增加，等级利差被压缩。但因此时货币政策已经收紧，宽信用的状态难以长期维持，因而需要密切关注信用转向的风险，高频跟踪低等级信用发行人。

4. 紧货币紧信用

适合采取类货币策略，以短久期高等级信用债或银行存单为主要配置工具。此阶段无风险利率上行，企业融资环境恶化，资产价格普遍下跌，信用利差大幅走扩。

从周期的视角来看，利率向信用传导的一般逻辑包括以下两种。

第一，在经济由衰退向过热运行的过程中，货币政策由松至紧，经济增长由弱转强，货币从无风险资产逐步向风险资产迁移，此时市场往往表现为压缩期限利差、信用利差和等级利差。

第二，在经济由过热向衰退运行的过程中，货币政策由紧至松，经济增长由强转弱，货币从风险资产逐步向无风险资产迁移，无风险收益下行，拉大信用债的期限利差、信用利差和等级利差。

二、信用债相对估值和绝对估值的判断

和利率债一样，除了宏观形势和周期位置，信用策略也需要考虑资产估值的具体情况，重点需要考虑以下几个估值维度。

1. 资本溢价

多数信用债投资者都会搭配杠杆策略，因此，融资成本：资产价格便是非常重要的高频参数，一般使用 R001[①] 或 R007[②] 的绝对值，或者短期回购利率与 3~6 个月存单的相对利差来衡量。

2. 无风险利率

无风险利率主要作为信用利差定价的"锚"来使用。考虑到类似的税收政策，一般使用国开债而非国债作为对应关键期限的信用债无风险利率定价的基准，以此来衡量信用风险溢价的相对水平。

3. 期限利差

期限利差包括两个层次：一是特定评级水平下信用债收益率曲线的斜率；二是信用债曲线的斜率相对无风险利率（国开债）曲线斜率的水平（是否更陡峭或平坦，

---

① 国债逆回购利率。

② 7天回购利率。

隐含了何种预期)。一般使用短端和长端关键期限的债券定价来计算期限利差。

4. 信用利差

信用利差是指相对同样期限无风险利率的利差水平。根据理论模型，信用利差和隐含违约率之间存在函数关系，表明了市场投资者对特定等级发行人在一段周期内的违约风险寻求的价格补偿。

5. 等级利差

等级利差用来观察跨等级间的信用债利差情况，如高等级和中等级、中等级和低等级信用债的相对风险溢价水平，作为权衡不同类属信用类资产的性价比的重要依据。

同时，以上估值水平还需要考虑到和历史情况相比的分位数水平。虽然历史数据不代表未来，但债券市场的利差水平仍然具有均值回归的特性，历史分位仍然可以作为策略运用的实际参考，如图1-1所示。

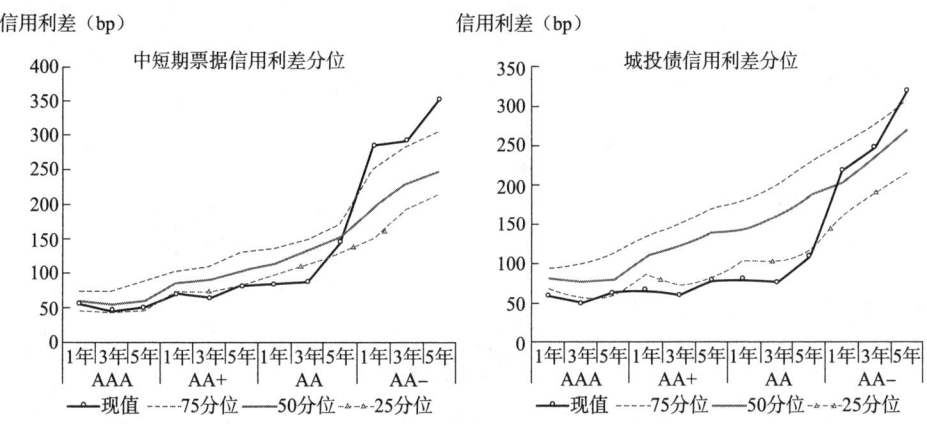

图1-1 信用利差历史分位水平示意图

资料来源：华泰证券。

当某一特定评级和期限的信用债利差水平达到历史极端值时，往往意味着市场的悲观情绪较强。虽然从市场有效性的角度来看，"便宜有便宜的道理"可能成立，但此时投资者仍然可以通过深入分析个券发行人基本面的方式来获得超额收益。

三、信用基本面分析

信用债发行人基本面研究是信用策略自下而上部分的核心，多数资产管理机构都建立了独立的信用评价研究团队。下面从产业债和城投债两个角度来分析企业信用资质的主要评价指标。产业债定性＋定量评价体系见表1-1。

表1-1 产业债定性＋定量评价体系

评价指标	评分要素	评价内容／指标说明
股东背景	第一大股东的企业性质	分央企、地方国企、外资企业、民企、个人等
行业状况	行业盈利水平	营业利润÷营业总收入
	行业债务负担	资产负债率
	变现能力	销售商品、提供劳务收到的现金÷营业收入
	竞争格局	分完全竞争、不完全竞争、垄断竞争、寡头垄断和完全垄断
	产业周期性	分弱周期、强周期
	企业发展阶段	分起步期、成长期、成熟期和衰退期
	行业景气度展望	分萧条、下滑、不变、复苏和繁荣
经营分析	规模优势	包括总资产规模和净资产规模
	产品多元化优势	分单一产品、两三类产品但相关性强、两三类产品但相关性不强、多元化程度高
	龙头优势	分全国性龙头、区域性龙头、非龙头企业
	经营稳健性	结合近年现金流情况、未来资本支出情况和当前债务负担进行分析
财务分析	盈利能力	毛利率、期间费用率、总资产报酬率、利润总额、税息折旧及摊销前利润、盈利稳定性和成长性
	营运能力	应收账款周转率、存货周转率
	现金流压力	现金营运指数、资本支出压力、经营现金流稳定性和趋势性
	债务结构和债务负担	流动比率、现金到期债务比、长期资产适合率、资产负债率、税息折旧及摊销前利润／有息债务、债务压力趋势
	或有事项	对外担保额度／净资产、未决诉讼／仲裁、信息披露完善度

在信用基本面研究中，一般还会对不同的评分要素加以赋权，并进行分档打分，进而对发行人整体的信用资质进行判断。

下面就比较重要的评价内容／指标展开讨论。

1. 第一大股东的企业性质

国企相对于民企而言，信用违约对公司的声誉风险更大，因此，国企在面对债务压力时更有动力去主动化解；而民企更偏向于市场化解决问题，从这个意义上来说，国企股东性质的发行人天然更受债权人的青睐，多数银行在信贷政策上对国企也有明显的倾斜。

2. 变现能力

企业债务的本金和利息偿付最终都要以现金作为主要形式，因此，发行人必须具备持续创造经营性现金流的能力，才能为债权人利益分配提供可靠的基础。没有现金支撑的收入和会计利润有可能来自公司采取了宽松的客户信用政策，或者在产业链中处于相对弱势的地位，甚至可能存在虚构收入的情况，因而不能作为偿债能力的保障。而非经营性的现金流入则有可能来自企业变卖资产（可能会削弱主营业务的竞争力），或者外部扩张融资，同样需要谨慎对待。

3. 竞争格局

竞争格局更稳定，特别是形成了较强垄断的行业更有利于债务的偿付。这些行业往往外部的潜在竞争变量较少，因此经营基本面的稳健性和确定性较高，更小概率遇到收入或利润大幅下滑的情况。

4. 产业周期性

弱周期性行业的各项经营指标更容易被预测和进行线性外推，受到宏观经济的影响更小，一般表现为更稳定的财务数据和经营性现金流；而强周期的行业经营业绩往往大起大落，对于信用债投资者而言，需要花费大量精力去跟踪企业景气度的边际变化和信用利差的波动。

5. 企业发展阶段

成熟期企业偿债的绝对能力最强，成长期企业信用资质改善的速度最快，衰退期的行业龙头可能依然有较强的偿债能力（如过剩产能行业），而信用资质最差的是起步期企业。

6. 规模和龙头优势

总资产和净资产规模大的企业抗风险能力更强，特别是在行业下行周期，大企业更有能力抵御市场短期的不景气。纵观中国企业的发展历史，每一轮行业出清往往都会使龙头的优势更加明显。

7. 现金流压力

重点关注企业的资本开支计划，特别是重资产经营模式的企业需要持续地对厂房设备进行投资，表现为大额的投资性现金流流出，自由现金流为负。一旦存量债务无法展期或再融资，筹资性现金流转负，可能会给企业资金链带来致命的打击。

8. 债务结构和债务负担

根据传统企业资本结构理论，由于债务资本成本显著低于权益资本成本，同时具有税盾效应（减少一部分所得税的起征基数），因此在一定限度内增加债务就可以降低企业总的资金成本。但债务并不是越多越好，对于不同类型的企业都存在一个理论上最优的债务资本结构，使其能够平衡降低资本成本和控制偿债风险的关系，如图1-2所示。对于信用债投资者而言，占比高的中长期债务更受欢迎。这意味着企业不必频繁地进行债务再融资，财务成本受利率波动的影响也更小。

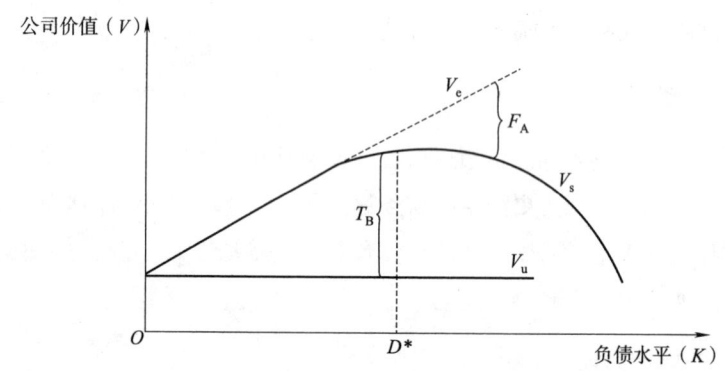

图1-2　最优资本结构

和产业债相比，城投债基本面分析的定性指标权重更大，对投资者主观判断能力的要求也更高。城投债定性+定量评价体系见表1-2。

表1-2　城投债定性+定量评价体系

评价指标	评分要素	评价内容	评价内容说明
地方经济和财政实力	地区行政级别和债务负担	所在地	地方财政支持的所在地

续上表

评价指标	评分要素	评价内容	评价内容说明
地方经济和财政实力	地区行政级别和债务负担	地方融资平台家数（发债）	平台家数越多，各平台得到地方财政支持的力度越分散，评分越低
		所在地行政级别	分省级、省会、市级、区县、开发区等
		地方债务压力	地方政府债务余额÷地方财政本年收入
			融资平台债务余额÷地方财政本年收入
	经济实力	当地经济状况	GDP水平（房价、人口净流入/流出情况）
	财政实力和平衡性	一般预算收入	主要看地方融资平台得到财政支持的来源。如果同时得到来自市级和区县的支持，则需要同时进行分析
		一般预算收入来源	税收收入占一般预算收入的比重，一般预算收入的来源，资源型城市或当地拥有大型企业，则收入来源的稳定性较好
		一般预算收支平衡性	预算收入÷预算支出，比值越大，则平衡性越好
业务和财务分析	业务状况	业务状况	如果经营性业务能实质性提高企业的偿债能力，则可提升信用资质；如果仅为投融资业务和相应的建设-移交（BT）业务，则不能提升信用资质
	主要偿债指标	货币资金÷短期债务	比值越大，则自身短期债务偿还能力越强
		一般预算收入÷有息债务	比值越大，则地方财政对融资平台的覆盖程度越高
		对外担保和未决诉讼÷仲裁	数值越大，则或有负债越高

下面继续就需要进一步分析的评价内容/指标进行讨论。

9. 所在地行政级别

行政级别是一个政治概念，但在城投债市场分析领域也是非常重要的考量因素。一般来说，行政级别越高的区域和平台能够协调地方金融资源的能力越强（如果同时发生违约，则政治上的负面影响也越大），因而更容易得到银行信贷或其他非银融资工具的支持。

10. 地方债务压力

区域性的债务负担都是相对于其经济发展水平和财政收入而言的。高负债高收入区域、低负债低收入区域、低负债高收入区域均属于区域风险可控，对特定平台进行研究即可。而高负债低收入区域则值得投资者重点关注风险，因为这些区域往往需要持续的债务滚续或中央转移支付才能维系财政收支体系的运转，即使是当地绝对龙头的城投平台依然具有一定的信用风险，这也是区域信用利差的重要来源。

11. 经济实力

地方财政最重要的收入来源：一是一般预算收入，二是政府性基金收入。前者来源于地方核心产业贡献的税收收入，后者来源于土地供给获得的收入。而从长期来看，区域人口净流入和流出情况是决定土地供需和价格的核心因素。人口持续净流入的区域往往伴随着持续上涨的房价和地价，进而反映为更高的单位土地出让金和政府性基金收入。

12. 业务状况

一般而言，经营性质越强的业务能给城投债发行人带来更好的自身造血能力，而传统的投融资业务多为地方政府的"工具"，并不具备自主经营管理的能力。另外，公益性较强的业务，如地铁公交、市政建设、棚户区改造等，一般对应更高的政府性背书；而纯粹市场化的业务，如住宅开发、商品贸易等，则面对激烈的市场竞争，反而会弱化企业的信用资质。

13. 主要偿债指标

货币资金÷短期债务指标，结合企业确定性的资本开支计划，是企业短期信用基本面（对应一年以内）的重要判断依据，相对于中长期信用基本面而言判断难度较低（这也解释了市场常用的短久期下沉资质策略）；城投平台对外担保，特别是对关联企业和地方民营企业的担保，同样需要关注。

四、信用债风险收益特征概览

作为国内证券市场存量规模最大的类属资产之一，信用债在多数资产管理机构的配置图谱中都是非常重要的。但如果仅从资产风险收益特征的角度来看，信用债投资从长期来看还存在一定的局限性，需要投资者关注。

1. 大类资产视角下的信用债

从长期资产的历史表现来看，信用债的风险和收益都具有非对称和非线性特征。一是债券信用质量恶化的概率显著大于信用质量提升的概率，且信用资质向下迁移（由投资级变为投机级）的空间显著大于向上（由投机级变为投资级）迁移的空间；二是信用债胜率很高（多数情况下赚小钱）但赔率很低（少数情况下亏大钱），长期回报呈现"多峰肥尾"的负偏态分布，如图 1-3 所示。

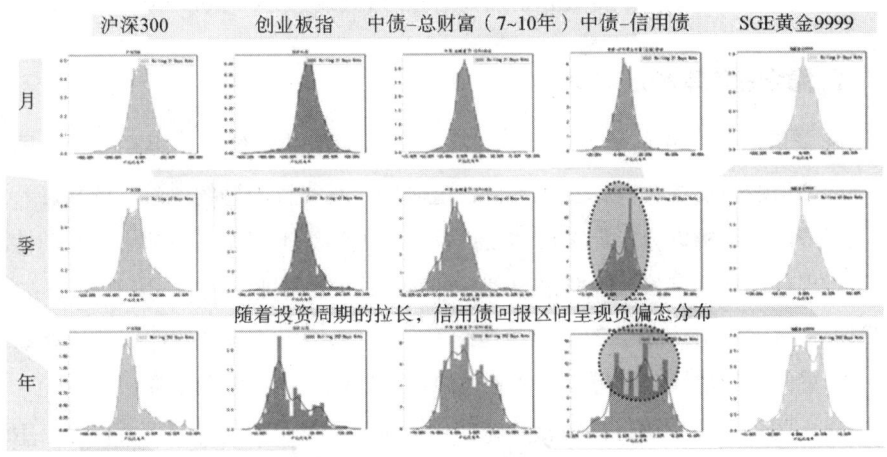

图 1-3　信用债相对其他大类资产回报分布特征

资料来源：国泰君安证券。

同时，信用债缺乏流动性，资产配置中再平衡/卖出困难，信用+杠杆的模式会加剧危机状态下的负反馈，因此，信用策略的超额认知难以落实到投资实践中。另外，信用债投资者与发行人的利益存在不一致性，即在危困状态下，公司管理层宁可损害债权人的利益，也不愿损害股东的利益，特别是在法制还不够健全的市场环境下。

由于信用债具有以上风险收益特征，使得投资者对信用风险的定价呈现"随着剩余期限增长，信用风险放大倍数增加"的特点。观察海外成熟市场不同等级信用债的累计违约率曲线（见图 1-4），可以发现，累计违约率随着时间的增长而快速增长，而评级越低，这个概率增加得越快，例如，Ba 级的 1 年违约率为 0.86%，3 年后为 4.11%，5 年后为 7.73%。而市场往往难以对这种非线性风险进行有效的定价，这也给投资者带来了获取超额收益的机会。

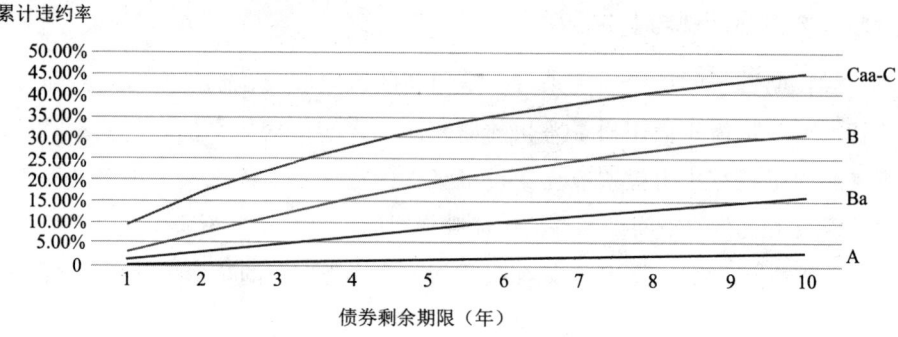

图 1-4　不同等级信用债的累计违约率曲线（1920—2019 年）

2. 隐含违约率和迁移率

随着信用违约和估值大幅波动常态化，信用债的定价体系也在变化，国内市场的估值逻辑逐渐从"标签化定价"过渡到"真实反映违约风险"的状态。如果从资产内在结构拆分，那么信用债投资本质上约等于"无风险利率+流动性溢价+卖出信用违约互换（风险溢价）"，即每个成交到期收益率（yield to maturity, YTM）事实上都对应个券的"隐含违约率"。如果信用债投资者能够对该参数进行一定置信度的估计，则可以更体系化地捕捉被错杀的主体和个券。

而比隐含违约率更可能被常规化使用的则是隐含评级迁移率[1]。目前，主流市场研究机构都会定期跟踪全市场异常成交的个券，筛选标准一般是中债隐含评级变化。

根据中债隐含评级变化历史回测的结果（见图 1-5），深灰色线左下方代表隐含评级向上迁移的案例，右上方则代表隐含评级向下迁移的案例。例如，左数第三列第四行的数字 51，意味着一年前中债隐含评级 AAA- 的信用债有 51 只一年后（当前）隐含评级向上迁移为 AAA。

观察图 1-5，我们不难得出以下结论。

从一年周期的角度来看，近 90% 的债券隐含评级未发生任何变化，这或许也是市场上主流的短久期+信用下沉策略的理论基础，即对于债券发行企业一年以内的信用资质预测的准确度较高。但需要注意的是，7.4% 的债券隐含评级下调，2.8% 的债券隐含评级上调，从总体来看，资质恶化的概率显著大于资质改善的概率。

---

[1] 指特定资质的信用债因市场定价发生变化导致的隐含评级向上或向下迁移的概率。

第一章 对信用策略的认识

一年前中债隐含评级 \ 当前中债隐含评级	AAA+	AAA	AAA-	AA+	AA	AA(2)	AA-	A+	A	A-	BBB+	BBB	BBB-	BB+	BB	BB-	B+	B	B-	CCC	CC	C	总计
AAA+	156	2																					158
AAA	1	1240	8	13																			1262
AAA-		51	737																				788
AA+		11	6	2275	82	16	1																2391
AA				54	3418	210	113	29	1	4												32	3864
AA(2)					56	2669	166														3		2891
AA-					47	180	3241	167	48	13	1	2									17	9	3726
A+					6		26	104	22	12	2	6									16	18	200
A									9	19	8										8	6	35
A-										2	5	19	2								11	4	61
BBB+																					9	3	19
BBB															1					2	11	10	26
BBB-																							0
BB+															10							3	15
BB																					2	6	6
BB-																	1					7	7
B+																		4				4	8
B																						2	2
B-																					3	2	5
CCC																					5	15	20
CC																				2	85	71	71
C																							
总计	157	1304	751	2342	3609	3075	3547	300	80	50	16	27	0	0	11	0	1	4	0	2	85	192	15555

图 1-5 中债隐含评级变化历史回测图（2020 年）

资料来源：南方基金。

从结构来看，对于高等级品种（AAA-及以上），向上迁移和向下迁移的概率和幅度比较接近；对于中等级品种（AA+和AA），向下迁移的概率和幅度显著大于向上迁移的概率和幅度；对于低等级品种［AA（2）及以下］，向上迁移和向下迁移的概率接近，但向下迁移的潜在幅度更大（A+17%的违约率）。因此，在实践中，需要定期梳理底层持仓债券的隐含评级变化情况，以此作为信用风险预警信号。

对于隐含AA+及以上品种，信用研究应更关注预期迁移率而非违约率，特别是投资长久期品种时，需要考虑票息对潜在向下迁移情景的保护程度。

3. 货币信用与经济周期

以上从微观视角探讨了信用债的风险收益特征和定价，而宏观因素的影响同样关键，特别是在系统性的信用-货币扩张或紧缩环境下，信用风险溢价将呈现趋势性的变化。

关于货币和信用扩张如何作用于经济体的运作，达里奥在《债务危机》一书中有比较系统性的论述，其核心观点和当前宏观政策定调也颇有几分相似：信用和债务的增速应该与全要素生产率的增速相匹配。当两者不相匹配时（债务增速显著高于或低于经济增速），便会导致周期性的经济波动，如图1-6所示。

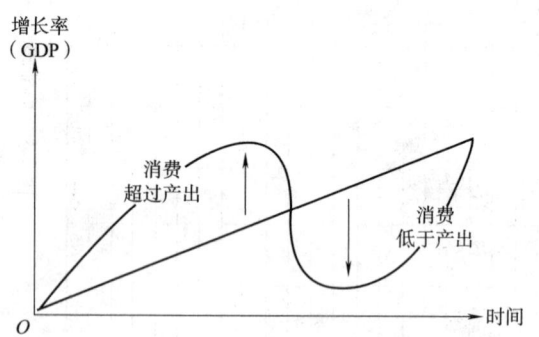

图1-6　债务导致经济增长周期性波动

资料来源：《债务危机》。

五、信用债投研流程与优化方向

信用策略的落地，除了需要正确的价值理念、策略认知和方法论，还需要可执行的实践路径，这对投研团队日常的协调配合要求较高，因此，建立体系化的投研流程非常重要。举例来看，传统信用债投研的主要流程与核心关注点如下。

（1）从一级新债和二级现券中发现潜在标的。

（2）搜集评级报告、公司公告、卖方研报等公开资料，必要时调研公司、访谈管理层、查看公司生产基地。

（3）根据评级模型对公司信用等级进行评判，撰写评级报告。

（4）投研团队充分讨论，参会人员自由提出质疑。如果对标的信用资质存在无法解答的疑虑，则可行使否决权。

（5）研究员提交入库申请，经研究总监、投资总监、公司副总审批。

（6）对入库主体进行定期和不定期跟踪，包括定期财报跟踪、舆情监控、异常交易信息获取、行业变化监测等。

（7）每日关注存量发行人动态，抓取系统数据，监测舆情动向，及时掌握主体经营变动及负面新闻。

（8）深入研究和实地调研相结合，与公司管理层紧密沟通，分析实控人和管理层的战略执行力，评估是否存在道德风险。

（9）在定性分析中保持对主体股权变动、资产划拨、跨界经营、对外担保等事项的关注，对决定偿债能力的核心因素实行一票否决。

（10）持续对债券条款和流动性进行分析，关注投资者结构变化，对存在负面舆情较多或存在负面信用事件的主体及时提示卖出机会。

与股票投研相比，信用债投研更依赖体系而非个人能力。这源于资产端多数时期风险收益特征同质化严重，从长期来看，本质上赚的钱还是以 Beta 收益为主。

因此，在传统信用债投研流程的基础上，主动适应市场环境进行迭代将是机构长期投资业绩的下限保证。下面简单分享一些信用债投研优化方向的想法。

（1）信用研究参与超额业绩分成，同时承担信用风险责任，奖惩机制要对称，让研究员有动力在控制风险的前提下推行债券。

（2）充分利用外部研究成果对内部结论进行交叉验证，如中债资信评级、中金评分等，找到本方和市场的认知差及原因，以此作为反思、调整的依据。

（3）将信用风险管理综合运用到组合层面，对信用债的评级迁移率、违约率和损失期望等核心参数进行估计，进而推导出整个组合的"隐含信用成本率"，同时能更科学地考核业绩。

（4）提升行业的前瞻性研究能力，结合股债联动团队的成果输出，对周期类发行人进行更密切的基本面跟踪。

（5）持续投入资源与人力做大"固收+"赛道，通过更具弹性的权益类资产贡献组合主要收益，从而降低纯债仓位资质下沉的压力和必要性。

第二节　从含权债看信用策略

内嵌期权信用债（以下简称"含权债"）主要指债券条款内嵌发行人赎回权或调整票面利率权利，以及投资者具有回售权的信用类债券。该类债券的定价和交易规则相对复杂，本节将通过该类证券的历史表现来分析其风险收益特征。

2018年，中债估值发布含权债的权的价值，通过每天日评附件的SPPI（合同现金流量）文件可以查询每只债券的期权价值。这也就意味着含权债"野蛮生长"的时期将终结。曾经大量虚值和平值（甚至部分实值品种）含权债被"金子当沙子卖"，如今中债引入了三叉树模型进行分离定价，未来的交易模式可能会发生根本转变。在本节中，笔者力图通过简单的例证，再现以往含权债经典的特征，以及与不含权债券之间的替代作用。

一、含权债基本情况概述

我国的含权债主要包括含赎回权、回售权、可调换权及提前还款权益的债券。我们将着手研究它们的特点，重点归纳品种、收益率及流动性等特征。下面我们先以可赎回债券为例进行归纳。

含赎回权是指发行人可以在到期日之前按票面利率赎回部分或全部债券的权利，其赋予了发行人一个看涨期权。如果到行使赎回权时点，债券收益率下降（债券价格上涨），那么发行人可以按票面利率部分或全部赎回债券。

由于投资者相当于卖了一个看涨期权给发行人，所以票面利率应该稍微提高，以作为发行人给予投资者期权费用的补偿。在我国，赎回权往往演化为永续债等品种，期权的性质差了一些。

市场含赎回权债券主要包括商业银行二级资本债、商业银行永续债、地方政府债券（以下简称地方债）、中期票据（永续偏多）、企业债（含永续）、公司债（永续＋一般赎回权债，赎回权往往还同时配有回售权），下面进行具体分析。

1. 商业银行二级资本债

概述：商业银行二级资本债用于补充银行二级资本，偿还顺序位于存款人和一般债券之后，但在一级核心资本及其他一级资本工具和混合资本债之前，具有一定的亏损吸纳作用。

期限及赎回条款：多数为5+5年期限，少数为10+5年期限。即5年期满后，发行人可提前行使赎回权，但赎回前提是确保资本充足率仍然充足（有替代资本工具或赎回后资本充足率仍显著达标）。从目前的情况来看，二级资本债没有利率跳升条款，即使赎回激励机制不足，大银行一般也会行使赎回权。

减计条款：银行在触发无法生存条件后（必须减计，否则无法生存，或必须进行公共部门注资或提供同等效力的支持，否则无法生存），可在一级资本工具充分吸纳亏损（全部减计或转股）后，对本金进行部分或全部减计。

相关事件：2020年11月11日，包商银行触发无法生存条件，"2015包行二级债"65亿元本金全额减计，二级资本债首次发挥亏损吸纳作用，相关投资者承受了100%的亏损。

二级资本债的整体流动性一般，但近期成交比较活跃。国有大行方面，以农行二级资本债为例，用换手率（交易量÷存续量）去考查，可以发现换手率是相对离散的。

2. 商业银行永续债

概述：商业银行永续债用于补充银行的其他一级资本（在监管上，核心一级资本与其他一级资本只有1%的要求差异），偿还顺序位于存款人、一般债权人及银行二级、次级债之后，其亏损吸纳作用要大于二级资本债的亏损吸纳作用。

期限及赎回条款：发行期限均为5+N年品种，利率每满5年调整一次，当期票面利率＝发行利率＋固定利差。因为永续债普遍不含有利率跳升机制，所以银行的永续债大概率是不行使赎回权的，是真永续。

减计条款：2019年推出的永续债为减计型永续债（国外也有转股型永续债），触发某些条件后可进行减计。其一，发行人触发无法生存条件后，可部分或全部减计（同二级资本债）；其二，部分银行减计条款明确为核心一级资本下降至某较低水平时（如5.125%）触发减计。

不管是减计型永续债还是转股型永续债，都可以直接补充一级资本，触发某条件后可间接补充核心一级资本，起到吸纳亏损的作用。监管部门大力推动永续债的发行，有利于防范系统性金融风险。

3. 地方债

从2014年开始，地方债陆续发行。在地方债中，可赎回的是少数，这里考查全量地方债的特点。

从发行期限来看，地方债的发行期限主要集中在5年期、7年期、10年期，10年以上超长期限也有不少供给。

地方债和利率债利差有限，但相对于利率债又有诸多不足：其一，地方债不能算作高流动性资产（利率债+现金+5日内到期资产）；其二，质押融资多算作利率债，其融资成本较质押利率债的融资成本高；其三，公募基金本身免交所得税，享受不到地方债免税优惠。综上，地方债对于非银债券投资者来说性价比极低，投资地方债不如投资AAA级信用债。另外，地方债多以银行配置盘为主，整体流动性较差。

4. 中期票据

赎回条款主要有以下几类：

在一定时期内授予发行人一次或多次赎回权（极少数）。

多次赎回案例：101654037（16津保投MTN001），这是一只5年期的中期票据，2016年4月12日上市，2018年5月31日发行，每隔半年，发行人均可选择按票面利率赎回部分或全部本期中期票据。

一次赎回案例：101551047（15深航技MTN001A），在第四年年末发行人拥有赎回权。

永续债（含赎回权）期限为"X+N"形式，为永续债。永续债"3+N"最为常见，占比为63%；其次是"5+N"。

为了激励发行人真正行使赎回权，永续债通常会设置利率跳升机制（多为200~400bp）。如果某时点后发行人不行使赎回权，则利率=当期基准利率+初始利差+跳升利率。

永续债在破产清算时的偿还顺序通常与其他债务融资工具相同，但也有劣后的，劣后是永续债计入权益的重要条件。计入权益应满足发行方不承担交付现金或其他金融资产的合同义务，如拥有无限递延利息支付条款等，具体见《永续债相关会计处理的规定》（财会〔2019〕2号）。由于利率跳升机制的存在，发行人为避免遭受惩罚性的利率，都会在利率跳升前行使赎回权，但依然有一些发行人因兑付压力而被迫选择不赎回。

从直观意义上讲，永续债被部分公募债基和银行表内资金所禁买（算作权益），而且质押便利性较弱，所以其流动性相对金融类含权债差一些。

5. 企业债

企业债由国家发展和改革委员会（简称发改委）主管，发行的债券多跟着项目走，也可用于补充流动性资金等。大部分企业债都在两地上市(大多数是银行间+上海证券交易所,少数是银行间+深圳证券交易所)，极少数仅在银行间上市。企业债的永续叫作可续期债，整体发行量非常少，其特点和中期票据的特点类似，不再赘述。

6. 公司债

公司债在交易所内交易。纯交易所场内的交易流动性较差，大额都通过大宗交易形式进行。公司债的大宗交易通过场外进行，谈好了交易后，通过深综协和沪固收发交易。其中，上证固收平台可以通过Wind（万得）代码FIP查询具体成交。

含赎回权的公司债有三类，分别是同时含赎回权和回售权、只含赎回权和永续债。永续债的特点和中期票据的特点类似，不再赘述。这里分析一下同时含赎回权和回售权的公司债的特点。

比如21象屿02（175885），期限为2+1年，在第二年年末发行人可享有利率调整权及赎回权，同时投资者享有回售权。

从直观意义上讲，由于赎回权和回售权的存在，任意一方都无法享有期权的权利。一方面，由于投资者可在首期期末自由回售债券，因此投资者也不应享有X+Y一样长的期限利差，发行利率应该小于X+Y期限同资质估值；另一方面，在实际操作中，由于发行人在 X 到期后可能选择不调整甚至调高票面利率，而投资者在较短的 Y 期限内也可能获得较高票息［比如 12 粤电债（112162.SZ），期限为 5+2 年，5 年后选择票面利率不变，继续保持在 4.5%］，部分投资者可能选择不回售，所以综合占款期限是位于 X 与 X+Y 之间的。由此可知，发行利率也应在 X 与 X+Y 的估值之间，但从权利对等的角度来讲应更贴近 X。

二、债券市场广泛存在的替代效应

如果我们将投资组合资产配置形象地比喻为构建营养金字塔，而不同食材之间存在一定的替代效应（如香蕉替代甜品、土豆替代主食等），那么理解含权债也可以将资产间的替代效应作为观察切入点。

在投资组合之外，受供给与需求关系的影响，债券市场也存在更广泛的替代效应。

从发行人的视角来看，融资工具之间存在明显的替代效应，如转债对定向增发的替代、可交债对股票质押的替代、地方债对城投债的替代等。其本质是发行人寻求自身财务约束与核心需求之间的平衡。

从投资者的视角来看，替代效应又被称为比价或价差交易等，如短期融资券与存单之间的比价、国开债与非国开债之间的价差交易等。其本质是寻求风险与收益性价比相对最高的投资工具。

而含权债的替代作用主要是对行权期限和到期期限相同、资质相同或相近信用债的替代。比如一只 2+3 年的含权债，既可作为 2 年债券的替代品，也可作为 3 年债券的替代品，而替代后的优化效果取决于权利的性质和行权价格。

1. 持有人权利债券的替代优化

持有人权利，即为上调票面利率 + 回售权。以买入 2+3Y（以下"年"简写为 Y，表示债券剩余期限）含权债为例，可近似看作 2Y 普通券现货 +3Y 普通券的看涨期权，或 5Y 普通券现货 +3Y 普通券的看跌期权，因而此类含权债对 2Y 普通券（行权期限）和 5Y 普通券（到期期限）均有替代效应。

在图 1-7 中，12 石油 07 为含权债，当前期限为 0.32+3Y，行权价为 4.73%

（票面利率），条款为典型的上调票面利率+回售权。按照行权期限和到期期限分别取两只基准券进行对比：12中石油06（3.32Y，到期期限基准券）和16中石油MTN002［126D（以下"天"简写为D，表示债券剩余期限），行权期限基准券］。

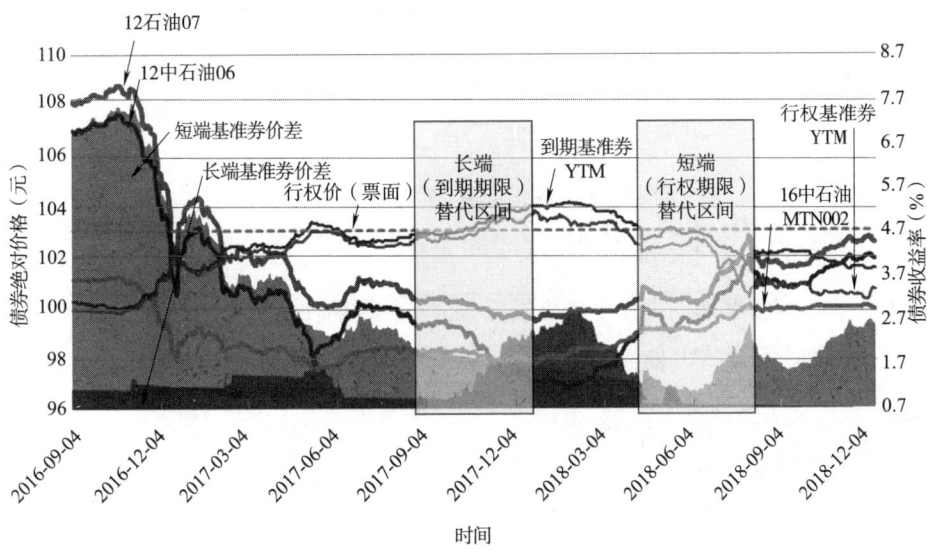

图1-7 含权债与同期限基准券净价走势

2017年至2018年年初，债券熊市利率上升，含权债净价大幅跑赢到期期限基准券，表现为随着利率上升到行权价以上，含权债久期敞口缩短为行权期限，波动更接近行权期限基准券。如果在2016年年底使用12石油07替代12中石油06，则能收到较好的防御效果。

2018年年初至2019年年初，债券牛市利率下降，含权债净价大幅跑赢行权期限基准券，表现为随着利率下降到行权价以下，含权债久期敞口增加到到期期限，波动更接近到期期限基准券。如果在2017年年底使用12石油07替代16中石油MTN002，则能收到较好的进攻效果。

即便如此，12石油07因其相对较高的行权价（4.73%），虽然能够较好地把握熊市转牛市的拐点机会，创造高于基准券的超额收益，但对牛市转熊市的防御效果一般，直到2017年三季度（市价升高到行权价以上），才开始切换至行权久期，从而跑赢长端基准券。

我们再来看一个典型的防御案例（见图1-8）。

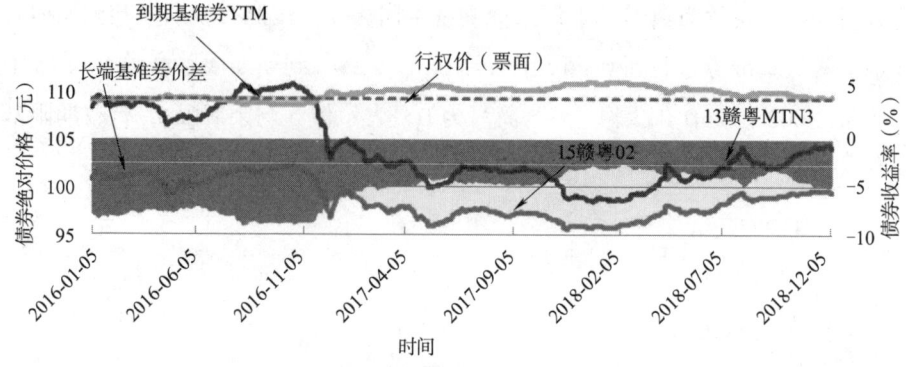

图 1-8 含权债与到期基准券净价走势

在图 1-8 中，15 赣粤 02 为含权债，当前期限为 1.8+2Y，行权价为 3.85%，相对而言，行权票面利率处于历史较低分位点，因而在牛市转熊市时防御效果更好。2016 年 11 月债市暴跌，含权债看跌期权迅速由虚值切换为实值，15 赣粤 02 相对其长端基准券 13 赣粤 MTN3 显示出明显的防御特征（跌得少），相对优势一直维持到熊市结束。

当然，该含权债在熊市中下跌也比较明显，这是因为彼时距离行权日期较远，2Y 的看跌期权相对于 4Y 的行权期限本身边际影响有限。这里如果换成行权期限较短的品种，则回溯效果更好。

总结：预期牛市转熊市，可考虑使用含权债替代对应到期期限的基准券（左侧埋伏虚值看跌期权）；预期熊市转牛市，可考虑使用含权债替代对应行权期限的基准券（左侧埋伏虚值看跌期权）。当然，以上结论仅适用于条款为"上调票面利率 + 回售权"的含权债。

2. 发行人权利债券的替代优化

发行人权利，这里简化为发行人有赎回权而持有人无回售权。敏感的读者到这里应该已经意识到，赎回权也可以理解为延期权，该类含权债的特殊形式即为永续债（具有一定的权益属性）。

仍然以买入 2+3Y 含权债为例，可近似看作 2Y 普通券 + 卖出看跌期权（如果利率上升，则行使延期权），或 5Y 普通券 + 卖出看涨期权（如果利率下降，则行使赎回权）。需要注意的是，买入该类债券意味着卖出波动性，如果利率超预期波动，则可能"收益有限，损失无限"。同时，该类债券的凸性较低，甚至可能为负。如果说持有人权利的含权债更多表现出的是"超额收益"特征，那么可赎回债券表现出的则是"潜在风险"，投资者通过让渡权利价值来获得相对基准券更高的票息。

在图1-9中，含权债为16深航技MTN001，当前期限为0.6+2Y，内嵌权利为发行人单边赎回权，行权价为3.4%；短端基准券为16深航技PPN002（忽略类属利差）。

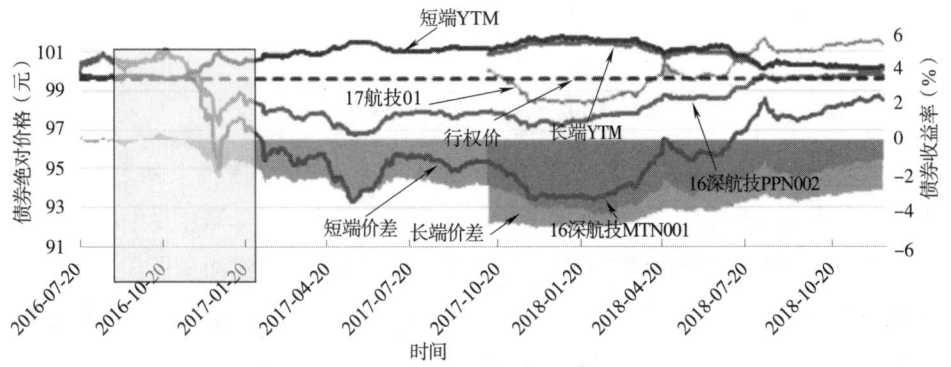

图1-9 可赎回债券净值走势1

2016年三季度，债券牛市进入尾声，该券市价低于行权价，如果买入该券，则可近似看作3Y普通券+卖出2Y看跌期权（平值或虚值）。然而，利率并未继续下行，而是在当年四季度掉头向上，看跌期权切换为实值，期权卖出方大幅亏损。可以看出，自2016年四季度以来，可赎回债券大幅跑输对应短端基准券，波动率接近长端基准券的波动率。

同样的发行人（值得警惕的深航技），不一样的配方。在图1-10中，15深航技MTN001A为可赎回债券，当前期限为0.6+1Y，行权价为4.49%；长端基准券为17航技01。

2018年三季度以前，该券市价长期位于4.49%之上，可赎回债券为对应到期期限基准券+虚值看涨期权；当年三季度以后，债券牛市延续，利率快速下行，看涨期权切换为实值，卖出波动性方亏损，可赎回债券切换至行权久期，明显跑输基准券。

总结：对于可赎回含权债，从基准券替代视角来看，如果预期未来利率维持窄幅波动，且波动幅度不超过该券行权价的上限或下限，同时买入收益率显著高于对应基准券的买入收益率，则是比较理想的操作时机。

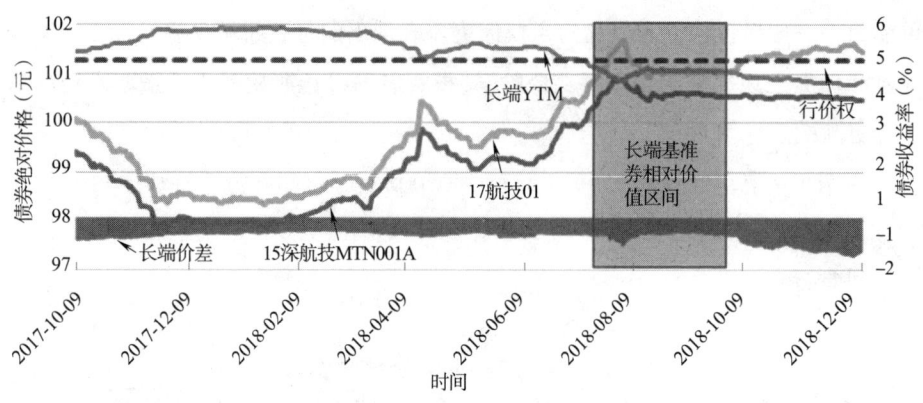

图 1-10 可赎回债券净值走势 2

以上案例均基于相对简单的假设,可能会忽略实践中其他重要的影响因素:其一,利率曲线形态变化会产生重要影响,例如,可回售债券虽然在牛市中切换为到期久期,但如果利率曲线形态大幅走陡,则超额收益势必减少;其二,行权期限与到期期限的相对比例也会产生重要影响,如 2+10Y 的含权债,期权价值对债券价格的影响较大,而 10+2Y 的含权债,期权的相对价值比例较小。

除标准的含权信用债外,与债券有关的期权还有很多,因而可以衍生出更多的替代视角。例如,看似相对边缘化的强债性的可转债和可交换债对高收益债券或许也存在替代效应。前者相比后者,YTM 虽然相对弱化,但多了一个债转股选项,给发行人和投资者都提供了资产(负债)额外的解决方案。同时,转债流动性强于纯债流动性,历史上尚无违约先例等,也让这种替代成为可能。而目前的约束主要是转债市场缺乏深度,难以形成规模效应。同时,期权之间也存在一定的比价和替代效应,例如,利用 10 年期国债期货长久期交割券的基差头寸,可以模糊构建出行权价为 3% 的利率看涨期权,从而与含权类信用债形成可比的价格基准。

三、含权债的特殊形式:混合权利债券与浮息永续债

以上我们对可回售债券与可赎回债券进行了初步介绍,但在实践中这两类含权债并非市场主流。根据笔者的观察,"上调票面利率 + 回售权"债券主要为 2015 年以前发行的老券(诞生初期条款相对丰厚,可转债也存在此类情况),未来存量会持续减少;而可赎回债券发行人多见于保险和券商类机构,随着投资者的风险意识逐步增强,学习效应下此类债券或将被更多利差保护的债券替代。

而现实中主流的两类含权债——混合权利（可调整票面利率+回售权）债券和可续期债券其实是以上两种基础品种的特殊形式。前者仍然可以理解为短端债券+看涨期权的组合，只是行权价并非事先约定，而是在行权日前（两个月左右）由发行人确定，之后投资者可自行决定是否行权；后者可以理解为嵌入赎回权的利率可调整债券（浮息债），每个利率调整周期票面利率+（200~300bp）或根据基准利率+利差重置，发行人同时在每个利率调整日前有提前赎回权。当然，市场上大多数可续债发行人并不打算承受200~300bp的融资成本增加，更多的只是将其作为调整资产负债的工具，因此部分投资者也可能会将其简单地归类为短端债券（利率调整周期）。

下面我们通过几个案例来讨论混合权利债券和浮息永续债的情况。

1. 混合权利债券的波动特征

延续前面的分析思路，以长、短端基准券来对比含权债的相对走势。

在图 1-11 中，16 龙湖 01 为混合权利债券，即"可调整票面利率+回售权"，剩余期限为 0.05+2Y，利率调整已公告（利率高于市价，反映发行人再融资意愿较强），行权价确定为 4.5%，从长端视角来看为虚值看跌期权，无理论行权价值，故理性投资者选择继续持有。

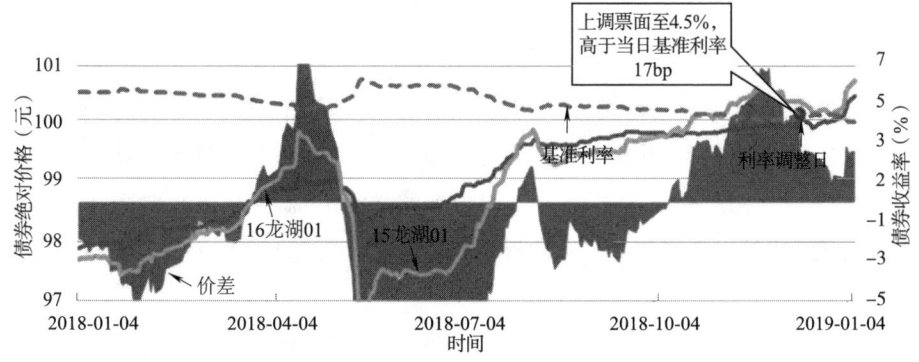

图 1-11　混合权利债券与长端基准券净价走势

15 龙湖 01 为长端基准券，剩余期限为 1.5Y（存在久期误差）。

从二者净价走势中不难看出，长端基准券波动更大，呈现出"牛市越牛，熊市越熊"的特征；而混合权利债券表现出较强的防御属性，较好地控制了净值回撤，同时有较明显的 Beta 收益，但在单边上涨行情中相对表现不佳，即使发行人上调票面利率明显超过市价，含权债也只是短暂跑赢基准券，随后价差持续走扩。

关于这种现象，笔者有两个初步的猜想：一是对于该类混合权利债券，期权价值远远小于投资者单边权利债券，可能市场更倾向于用短端期限对其定价，因此波动特征更接近短久期信用债，呈现出低波动特征；二是该类债券也可以看作调整周期较长的浮息券，每 2~3Y 票面利率调整为当期"基准券利率 + 再融资溢价"，因此相对固息券具有更好的防御属性。

接下来我们看一下短端基准券的相对表现（见图 1-12），看看是否可以验证以上猜想。

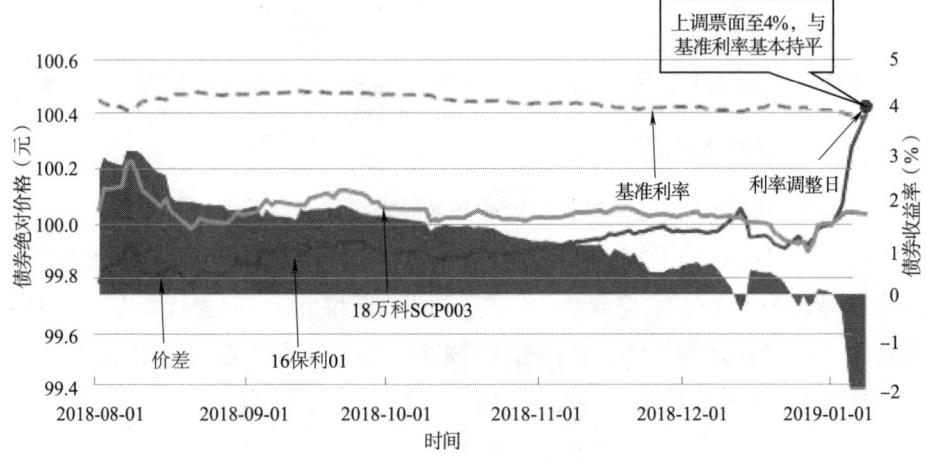

图 1-12　混合权利债券与短端基准券净价走势

16 保利 01 为混合权利债券，剩余期限为 0.02+2Y；因发行人存量样本券有限，故基准券选择资质相似主体普通券 18 万科 SCP003，剩余期限为 0.05Y。

2018 年年初，两只债券净价呈现同步波动，16 保利 01 虽相对强势，但价差收敛相对平缓，这可能与二者的资质相对变化有关，地产债内部分化也有加剧趋势。

有趣的是 2018 年 11 月中旬以后，两只债券呈现出不同步的波动方向。可能的解释是，临近行权日，票面利率调整至市价或以上的预期较强，且短端债券存在买方欠配，同时越接近回售日，也意味着债券价格的波动来源更偏向于"行权价待定的看涨期权"而非"短端回售久期"。虽然最终行权价仅高于市价 2bp，但因市场看多情绪浓重，平值看涨期权迅速切换为实值，也为该券贡献了一年来最高的涨幅。

简单总结一下，相较于单边权利债券而言，混合权利债券对基准券虽然仍具有一定的替代效应，但获取超额收益的空间相对有限。从长端基准券的替代视角来看，该类品种能够表现出浮息债的防御属性，但进攻属性偏弱，且隐含发行人赎回权（无再融资意愿，选择下调票面利率或不调整），替代效果有限。从短端基准券的替代视角来看，则攻守兼备，虽然期权价值相对单边权利债券大打折扣，但依然有机会获得至少三种超额收益：①发行人调整票面利率好于市价；②利率继续下行（平移假设），长端涨幅大于短端涨幅；③利率调整公告后到投资者选择回售有14D左右的时滞，类似国债期货空头举手制度的"相机抉择"权。

2. 混合权利债券的博弈空间

从以上案例中我们还能发现一种有意思的现象，虽然同为地产债券发行人，行权日也比较接近，但龙湖和保利调整票面利率的力度却是泾渭分明。这背后既反映了发行人（可能是在承销商的游说影响下）对后市融资利率的判断，也能看出不同企业对再融资的依赖程度。

说到这里，我们不妨再举两个"更不差钱"的例子：16上港01，票面利率3%低于市价，但发行人选择不调整，坐等投资者回售；如果说上港因其港口龙头的资质有些许"傲娇"的资本，那15宇通01票面利率3.38%选择不调整就有点厉害了，鉴于民企融资困难，宇通客车仍然向市场发出如此信号，可谓最强民企"已在阵中"。

基于此情况，虽然混合权利债券的价值相对单边权利债券而言较小，且定价困难，但依然具有博弈空间。通过综合判断发行人的财务安排和再融资意愿，可以对其调整票面利率的概率及空间做出判断，研究思路与可转债转股价下修类似，且博弈格局相对更简单（双方和多方博弈的区别），如果提前布局，那么赚钱也是大概率事件。

3. 可续期债券之真假永续

由于前期北大荒和广州地铁可续期债意外的条款调整，给投资者带来了超预期损失，市场对永续债的关注度持续升高。由于跳升条款的约束，长期以来市场默认可续期债仅为企业阶段性调整权益负债比例的工具，即"假永续"。对于高等级品种，相对普通中期票据实际的利差位于60bp附近，基本只体现了流动性溢价（类似于PPN），但在实践中仍然有很多被投资者忽视的条款，成为潜在超预期损失的风险来源。

说到这里，笔者忍不住提及债券市场的一种怪现象：无论是信用债踩雷还是永续债被条款坑，都是投资经理考核周期（一年或更短）和发行人信用周期（3~5年）错配的结果，且缺少长期追责机制，往往当年买进来的投资经理埋下的潜在风险却需要后面接盘的投资经理来负责（当然，信用周期很难预测），这本身就是不合理的。

对于常规类条款的"假永续"，利率惩罚条款较为严格，因而具有明确的赎回预期，实际权益属性并不强。如果忽略跳升300bp及以上的续期可能性，那么重定价周期类永续债最接近传统意义上的可赎回债券。比如15贵阳轨道可续期债（1580210），期限为 $4×5Y+N$，即从长端视角来看，相当于买入20Y的信用债，同时卖出三个每5Y末的看涨期权。对于此类品种，投资者需要额外的票息补偿。

下面我们来讨论一下更常见的重定价周期信用债——浮息永续债，即期限为 $n×5Y+N$ 或 $n×3Y+N$，利率为Shibor或国债+基本利差（如100~300bp），每个重定价周期重置一次票面利率，同时发行人具有赎回权/延期权的浮息债券。

4. 浮息永续债的波动特征

在图1-13中，15中电投可续期债为浮息永续债，期限为 $4×3Y+N$，每3Y发行人可行使赎回权（投资者卖出看涨期权），票面利率为利率确定日前Shibor 7D过去750日均值+201bp（基本利差），剩余期限为2.4+3+3+N，当前定价周期票面利率为4.6%；长端基准券14中电投01为固息债，剩余期限为10Y。

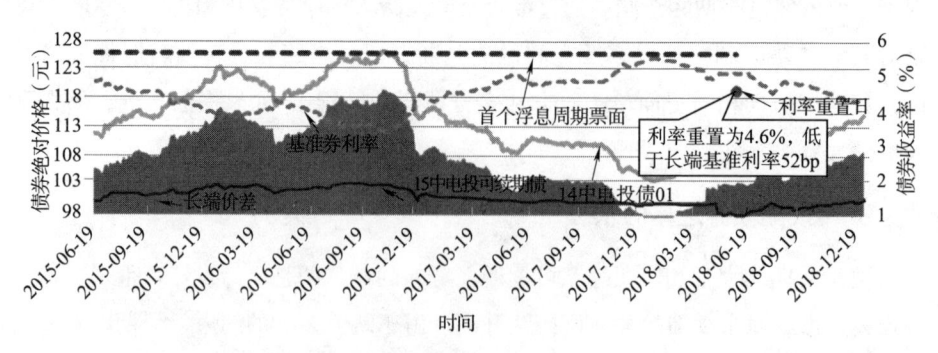

图1-13 浮息永续债与长端基准券净价走势

与长端基准券相比，浮息债的防御特征非常明显，价差变化完全由长久期债券主导，即使在第一个重定价周期终了票面利率下调超过100bp，引起的净价波动相对于长久期基准券而言也是微乎其微的。随着新一波牛市开启，价差再次走扩。

对于这种情况，更可能的解释是市场倾向于将该券认定为3Y的永续债（学习效应尚未开启）而非浮息债的定价思路。同时需要注意的是，3Y的重置周期并非主流（就浮息债而言过长）。另外，因市场基本利差变动而引起的浮息债价格变动很可能也未被考虑在内。

而站在发行人的角度，发行这只债券不失为一次成功的长期融资案例。虽然该券发行时票面利率比长端基准利率高80bp，但由于合理的条款设计，在第二个重定价周期锁定了远低于该基准利率的未来3Y利率，大大节约了财务费用开支。

在图1-14中，在两个不同的重定价周期选择两只基准券进行对比，13中电投PPN004为短端基准券1，18电投03为短端基准券2，期限与浮息债当期重定价周期剩余期限近似一致。从短端视角来看，该券相当于3Y信用债+卖出看跌期权（发行人延期权利），行权价为下一个浮动利率的含权债。

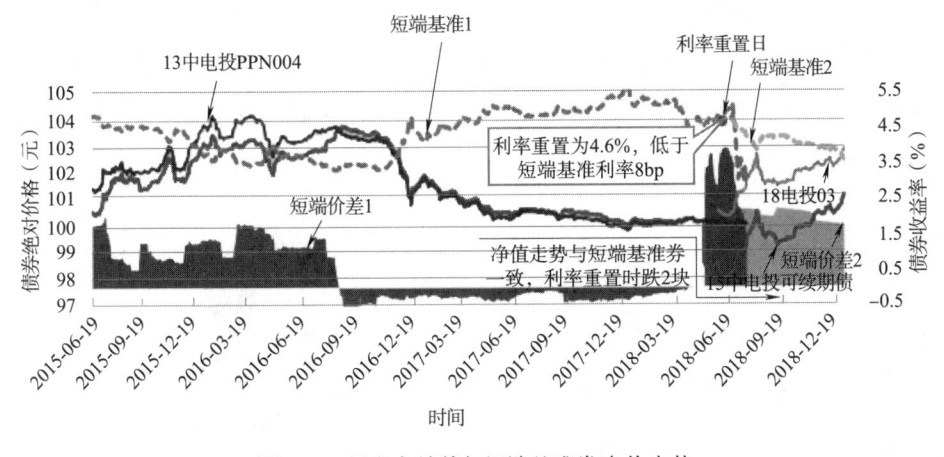

图1-14 浮息永续债与短端基准券净价走势

如果不考虑2016年9月牛市转熊市时期价差的趋势压缩（原因待解），那么浮息债与短端基准券的价差基本保持在相对稳定的区间内，波动也基本同步。而第一个利率重置日前的暴跌（相对短端而言）也验证了之前的猜想，即市场似乎并没有意识到浮息债内嵌的发行人权利价值，而是将其视为带有流动性溢价的短端债券。而利率重置后，浮息债仍然锚定新的短端基准券净价同步变动。

更有意思的是，重置利率居然比短端基准利率还低了 8bp。站在发行人的角度看，是时候给予当年的承销商奖励了。

5. 基本利差之随笔漫谈

我们都知道，浮息债价格变动主要受三种因素的影响，分别是票息重置周期、市场要求利差和浮动上下限约束。而在以上案例中，国内市场上下限约束条款较少，具体到永续债上，重置周期往往过长（主流周期半年内）。因此，考查市场要求利差的变化理论上更为关键，特别是基本利差是否充分反映了提前赎回风险，从历史角度来看是否具备穿越牛熊周期的空间。

比如 15 中电投可续期债，从静态角度来看，似乎发行时高于 13Y 的 14 中电投 01 到期收益率 80bp 还是具备一定性价比的（毕竟彼时还被当作 3Y 替代品），但是从基本利差的角度来看，如果把 Shibor 7 D 简单等同为资金成本，那么 201bp 的空间则难说合适。

因为长端信用债样本稀少，在图 1-15 中，我们选择 10Y AAA 信用债与 Shibor 7 D 利差进行统计（数据自 2011 年至 2024 年），80% 以上的利差落在 197~261bp 区间内。如果考虑到高等级永续债 70bp 的品种溢价，再考虑到中电投的资质位于 AAA 最优质区间，给予其低于 AAA 均值价差 30bp，则高频区间的中枢范围应在 237~301bp，因此可以初步认定该券基本利差保护不足。

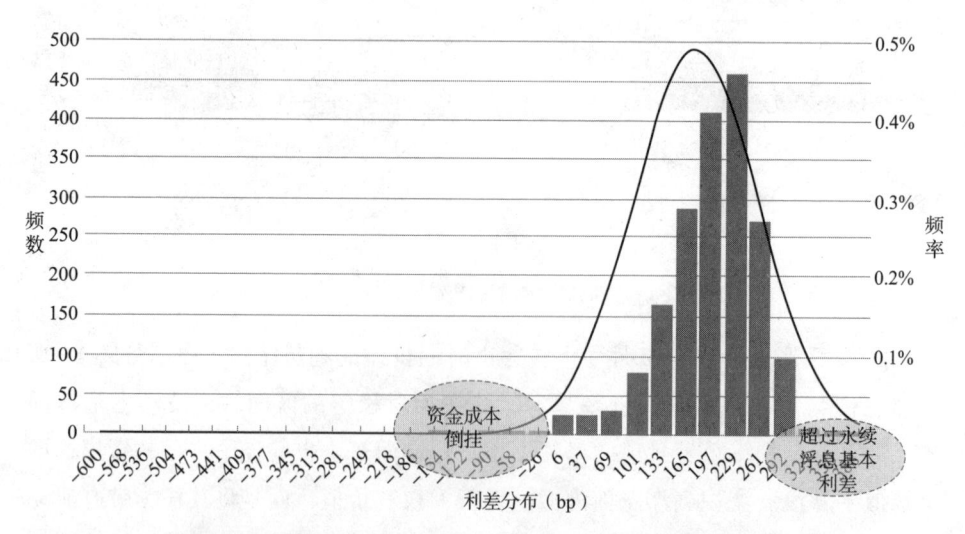

图 1-15　10Y AAA 信用债与 Shibor 7 D 利差正态分布曲线

同时，该类浮息永续债的定价基准往往是过去若干交易日的 Shibor 均值，因此关注该均值背后的样本容量同样重要。当样本容量较小时，反映的是近期市场利差的水平和曲线斜率；反之，则反映的是历史级别的利差均值。从投资者的角度来看，在利率曲线陡峭、信用利差高企之时发行的浮息永续债往往有利可图，往往对应着货币市场宽松而广义信贷紧缩的时期。

四、永续债的会计处理

根据《企业会计准则第 37 号——金融工具列报》第十条"金融负债与权益工具的区分"相关规定："如果企业不能无条件地避免以交付现金或其他金融资产来履行一项合同义务，则该合同义务符合金融负债的定义"。永续债因其付息及偿付本金的特殊安排，目前多被发行人计入权益项。2019 年 1 月，财政部针对新会计准则配套发布了《永续债相关会计处理的规定》，满足一定条件（主要是判定发行人可自主决定避免偿付利息和本金）的永续债可被计入发行人权益，进而降低发行人资产负债率。具体条件如下。

（1）关于债券到期日：主要从经济实质去判断发行人是否可以无条件地避免交付现金或其他金融资产的义务。具体来讲，如果一个永续债要被划入权益，则需满足：一是要求到期日不固定，比如我们平时看到的永续债"5+N"中的 N 不固定，发行人可自行决定是否行使赎回权；二是发行人可以递延利息支付，遇到强制付息事件除外（如向普通股股东分红、减少注册资本等）。

（2）关于利率跳升：为了保护投资者的权益，避免发行人蓄意不赎回永续债，一般永续债中都含有利率跳升条款。比如"5+N"的永续债，在第一个 5 年一般以基准利率 + 初始利差定价，即第一个计息期（0~5 年）票面利率 = 基准利率（如当期 5 年期国债收益率）+ 初始利差。满 5 年后，如果发行人不赎回永续债，则需要在第二个计息期支付利率跳升后的利率。假设跳升利率为 300bp，则 6~10 年的票面利率为：第二个计息期（6~10 年）票面利率 = 基准利率（如当期 5 年期国债收益率）+ 初始利差 +300bp。

我们需要判断利率跳升是否会促使发行人行使赎回权。如利率跳升次数不限且上不封顶，或者即便利率上限有封顶，但封顶利率远高于同期、同类债券利率水平，类似条款都可判断为利率跳升条款会促使发行人行使赎回权，该类永续债需被划入发行人债务工具而非权益。

（3）清偿顺序：一是若债券条款规定清算时永续债劣后于发行人发行的普通债权和其他债务的，通常将该永续债划入权益；二是若债券条款规定清偿顺序等同于其他普通债券和其他债务的，应审慎考虑后再进行分类。

事实上，市面上存续的永续债大多可由发行人自主决定是否行使赎回权，且有利息递延支付条款，同时利率跳升次数、幅度也有限（如只调升一次），发行人多将永续债计入权益项。

五、永续债的赎回权选择

永续债是一种特殊的信用类债券，其风险收益特性是影响赎回权的关键因素。

1. 永续债因其权益属性而拥有更高票息

在第一个付息周期后，发行人在每个付息周期都有两个选择：赎回日永续债是赎回还是延期、利息是否递延支付的选择主动权都在发行人手里，发行人在财务困难时可以选择不赎回永续债（不偿还本金），甚至可以递延支付利息，这时永续债显现出其权益属性。这意味永续债相较普通债券信用风险更大，投资者会要求永续债的票面利率高于同期发行的同等级、同期限债券的票面利率作为补偿。

2. 目前发行人不行使赎回权只是个例

在实际市场中，因为面临惩罚性利率，所以很少有发行人到期不赎回并触发利率跳升机制。据统计，从2013年第一只永续债发行至2023年9月6日，全市场共发行了1 466只永续债，而真正践行利率跳升机制的只有7只，占比仅为约0.48%。但是，由于发行永续债的企业往往是资产负债率高的企业，因此在信用环境弱化的背景下，不行使赎回权的发行人可能会越来越多。

第三节　从风险溢价看信用债定价

随着信用违约常态化的趋势持续，传统的信用债"配置+杠杆"大躺赢投资模式已经逐渐过时。2022年，伴随着地产行业持续出清，以及城投平台信任难持续等因素，投资者关注的品种开始转向金融机构次级债和资产支持证券等具备品种溢价的信用类资产。同时，产业债发行占比持续提升，特别是以高成长债、科创债为代表的新兴行业品种开始进入投资者的视野。由于该类发行人以A股、H股上市公司为主，在证券发行人基本面分析中与股票等资产有一定的共性特征，因此可以借鉴股票的分析视角进行观察。本节将以此为观察起点，对相关的规律进行总结和讨论，作为投资参考。

一、权益和信用相对风险溢价的再认识

信用债发行人和股票上市公司之间有着千丝万缕的联系，在很多情况下，企业会同时选择上市融资和债务融资，因此这两类资产之间有着天然的联系。

1. 股票与信用类资产的内在联系

直观地看，股票和信用债都是投资者基于证券发行人持续经营成果的利益分配，并以合同契约的形式确定双方的权利、责任和义务。当上市公司经营绩效表现良好时，能够给股东带来超额经济利润，同时也是债权人还本付息的重要保障；当公司陷入困境和景气度低谷时，股东则难以获得回报，在极端情况下也会影响债权人的本息兑付。

一个常见的比喻是，债权人是企业资产的"优先级份额持有人"，对经济利润具有优先但固定的索取权利；而股东则是企业资产的"劣后级份额持有人"，仅对支付债权人利益后的剩余价值具有索取权利，但上不封顶。

结合自上而下的视角来看，投资者对两类资产的要求回报水平通常还会考虑无风险利率、通胀水平、风险偏好等因素的影响。从这个意义上来看，这两类资产的回报和风险来源具有一定的同质性。

在实践中，投资者对股票的要求回报率一般高于对信用债的要求回报率，一是由于两者承担的权利和义务存在差异；二是因此导致的两类资产价格对公司基本面变化的敏感度差异形成的"确定性差价"；三是两类资产的投资者结构差异所致。

关于股债风险溢价，接下来我们要讨论的问题是：对于相同证券发行人的股票与信用债，其公允的风险溢价/预期回报率的差值应该如何确定？对相关资产的研究又有何指导意义？

2. Fed 模型下风险溢价的局限性探讨

美联储估值模型（fed model，Fed），又称 Fed 模型，是一种经典的股债估值方法，它将股票的收益与长期政府债券的收益进行比较，将股票与债券的风险溢价差值走势作为是否买卖股票/债券的决策依据。作为重要的资产配置方法，Fed 模型的核心理念在于，当股票的预期回报率/风险溢价/分红收益率相对债券收益率更高时超配股票，反之则超配债券，从而形象地刻画出股债的"相对吸引力"。

根据这一海外成熟的资产配置方法的相关结论，国内市场的应用一般以股票指数的市盈率倒数（E/P，股息率）作为风险溢价/预期回报率的代理变量，并以此和债券收益率作差进行比较。而从长周期的维度来看，基于市盈率倒数标准的计算结果显示，国内市场股票与债券的相对风险溢价水平具有明显的均值回归属性（见图1-16），这也与 Fed 模型的相关推论吻合。

从 2009 年至 2021 年国内市场的实际情况来看，股债回报差的区间运动规律大体是成立的。从 Fed 模型常规的表现形式来看，股票相对国债的风险溢价水平长期位于 –2%~4% 区间内，且在极端值附近出现相反的方向性变化（股债相对行情反转）的概率较大。

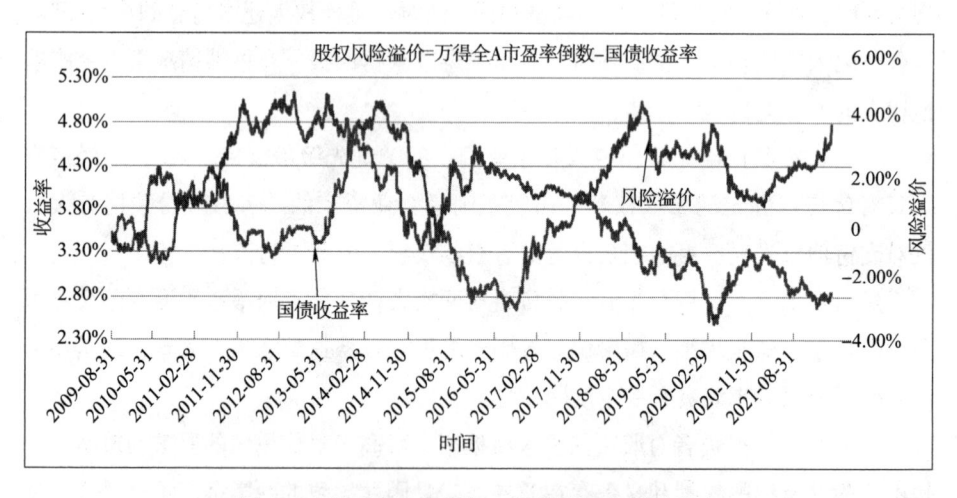

图 1-16　股票市盈率倒数—国债收益率相对走势

下面我们进一步观察以信用债和不同股票指数交叉组合计算的股权风险溢价变化趋势（见图 1-17）。考虑到上证 50、沪深 300 和中证 500 对应的成分股信用质地存在差异，这里分别以隐含评级 AAA-、AA+、AA 作为模糊的中枢基准处理。

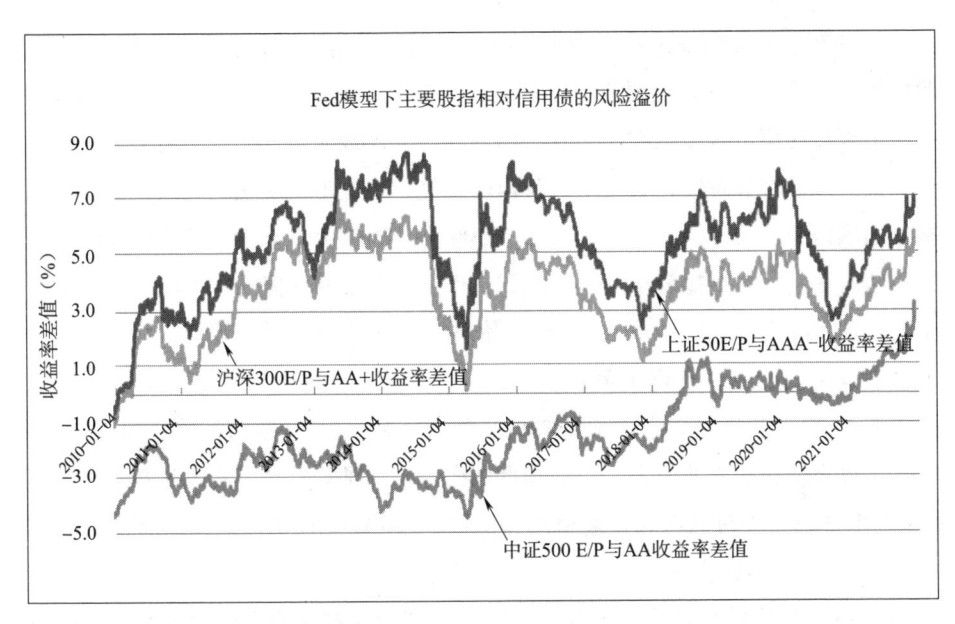

图 1-17 股票市盈率倒数—信用债收益率相对走势

从 2010—2021 年的历史情况来看，上证 50 和沪深 300 相对信用债的风险溢价水平同样具有较强的均值回归属性，且总体趋势和万得全 A 市盈率倒数国债收益率的走势一致。而中证 500 的风险溢价则呈现出趋势向上的态势，表现出明显的风格差异，2019 年以前的数据和 AA 信用债收益率相比，其相对风险溢价长期为负。

笔者认为，这种差异本质上反映的是中证 500 的成长性溢价（见图 1-18）。

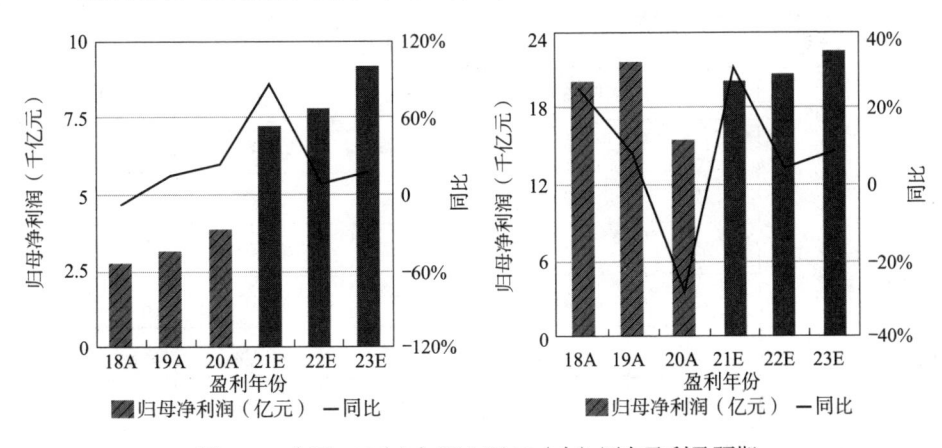

图 1-18 中证 500（左）和上证 50（右）历史盈利及预期

资料来源：Wind。

从盈利预测的角度来看，中证 500 成分股的增速水平显著高于上证 50 成分股的增速水平，这意味着两者市盈率倒数代表的经济意义并不完全相同。在 Fed 模型中直接使用市盈率倒数作为股票预期回报的代理变量，是基于美国经济体整体已经进入低增长阶段，大量上市公司已经处于企业生命周期的成熟期甚至衰退期，而国内经济增速仍然较高，以中证 500 为代表的中小盘股票具备更高的成长性，因此并不适合直接套用市盈率倒数，还应该考虑其估值的隐含增长率。从现金流贴现（discounted cash flow，DCF）估值的视角来看，对于零增长且净利润等于自由现金流的企业来讲（美股接近这一标准的资产远多于 A 股接近这一标准的资产），其市盈率倒数约等于要求回报率/折现率，也更接近风险溢价的概念；而对于较高增速的企业而言，即使预期回报率/折现率相同，其理论静态市盈率（PE）水平也会相对低增长企业更高。因此，Fed 模型在国内的应用可能需要进一步的"本土化调整"。

以 DCF 二阶段增长模型为基础，将自由现金流替换为企业净利润（初始值标准化为 1），一阶段增长率为 g_1，二阶段永续增长率为 g_2，预期回报率/折现率为 r，一阶段增长年份为 n_1，计算结果见表 1-3。可以发现，基于不同的增长率水平，在相同的折现率下，对应的市盈率也将存在显著差异。

表 1-3　DCF 二阶段增长模型参数及结果的敏感性分析

项目	一阶段增长率（g_1）	一阶段增长年份（n_1）	二阶段永续增长率（g_2）	预期回报率/折现率（r）	对应当前静态市盈率倍数
零增长模型	0	3 年	0	10%	10
固定增长率模型	3%	3 年	3%	10%	15
DCF 二阶段增长模型	10%	3 年	3%	10%	18
	15%	3 年	3%	10%	20
	20%	3 年	3%	10%	23
	25%	3 年	3%	10%	25
	30%	3 年	3%	10%	29
	35%	3 年	3%	10%	32
	40%	3 年	3%	10%	35
	45%	3 年	3%	10%	39
	50%	3 年	3%	10%	43

如果只看 E/P 水平，那么我们无法解释为何 50% 增速的公司对应 43 倍市盈率和 10 倍市盈率的零增长公司风险溢价为同一水平。但根据 DCF 二阶段增长模型的输出结果，便可以更清晰地理解不同预期增速企业股票的估值差异。那么问题来了，对于成长性较强的公司，以高成长债的收益率作为基准，是否还存在长期可比的股权风险溢价？Fed 模型应该如何优化以适应风格结构的差异？

3. 信用债收益率与盈利增速相互验证的设想

Fed 模型是用来帮助投资者判断股债的相对价值的，对于高成长企业，还需要跳出 E/P 范式寻求差异化的对比方法，同时可参考历史中枢对股票和信用债相对预期回报／风险溢价做出合理估计。更进一步，如果能够确定"公允的股权－信用风险溢价"，便建立了两类资产估值连接的桥梁，甚至可以通过一类资产来评估另一类资产的定价合理性。下面我们以信用债收益率和股票盈利增速两个核心估值参数为例，试图探寻两者相互验证的可行性。

为了方便讨论，我们做出如下假设：①以 DCF 二阶段增长模型作为基础，并以净利润作为自由现金流的代理变量（在现实中只能估算自由现金流的大致比例）；②所有公司均按 DCF 二阶段增长模型计算盈利和估值，一阶段增长年份为 5 年，且永续增长率均为 3%（在现实中难以估计，依赖线性外推）；③高成长企业作为一个整体，其股票相对信用债的理论风险溢价一般高于低增长或零增长企业；④同类公司的信用债和股票的预期回报差值具有均值回归属性（可参考历史中枢）。

下面我们对第三条假设的合理性做出简要解释。历史统计表明，更高的预期增速往往意味着更大的不确定性，即较高的盈利预期增速意味着更高的"被证伪"概率。如图 1-19 所示，预期增速 10%~15% 的股票最终低于预期的概率为 47%，而预期增速 40%~45% 的股票有 81% 最终低于预期。一种合理的解释是，高增长预期背后往往是由于短期供需缺口所带来的高资本回报率（超额经济利润），从长期来看必然会吸引新增资本涌入和更多的潜在竞争者，最终回归市场平均回报的均衡状态。因此，这一假设的底层逻辑是，与高成长属性相伴而生的低确定性需要更高的收益补偿，而非成长性本身（对于稀缺的高成长高确定性企业并不适用）。

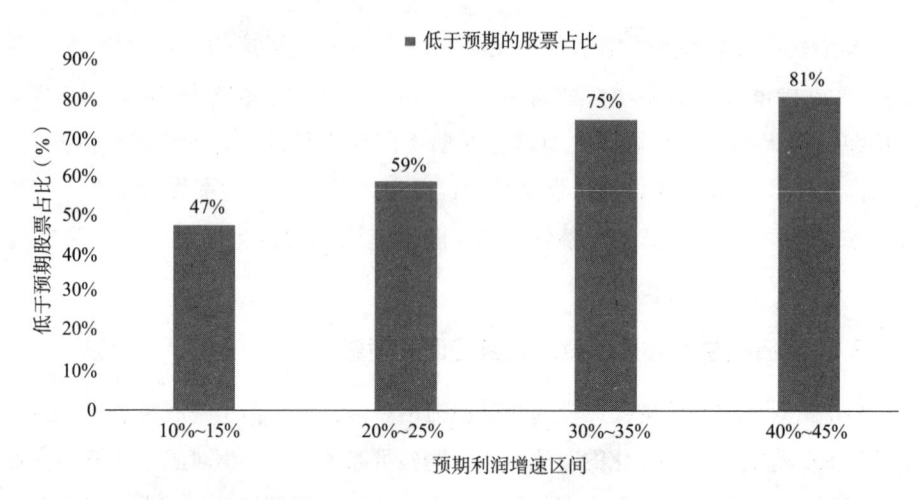

图 1-19　不同预期增速股票低于预期的占比（2010—2021 年）

资料来源：国盛证券。

那么，根据确定性溢价原理，高成长低确定性股票理应具有更高的股权风险溢价。虽然这种不确定性在某种意义上已经反映在高成长债券的信用利差中，但在一般情况下（持续经营假设，尚无信用违约预期），信用债定价对企业经营基本面的敏感程度远低于股票，因此，低确定性企业与高确定性企业相比，其股债的风险补偿差价应该更大。另一个可参考的例证是，信用利差曲线期限结构存在非线性特征，即随着期限的拉长（信用类证券的期限越长，股性越强，如永续债、优先股），低确定性企业的信用期限结构溢价增长速度显著快于高确定性企业。

这里取上证 50 代表低增长企业与高成长企业进行对比。根据历史平均值，上证 50 相对隐含评级 AAA− 高等级信用债的风险溢价均值为 5.3%（自 2011 年以来），根据上述讨论，简单假设高成长债券发行人股票的合理溢价水平为 6%。根据 DCF 公式和给定的 PE 水平、信用债收益率和股权风险溢价，便可以倒推出公司在该假设下隐含的一阶段盈利增速，计算示例见表 1-4。

表 1-4　部分高成长债券收益率倒推隐含盈利增速示例

项目	金龙鱼	建设机械	圆通速递	生益科技
PE-TTM	60.9	17.8	22.2	13.3
信用债收益率	3.1%	5.3%	3.3%	3.3%
股权风险溢价	9.1%	11.3%	9.3%	9.3%
倒推的一阶段盈利增速	50%	20%	16%	3%

续上表

项目	金龙鱼	建设机械	圆通速递	生益科技
一致预期增速 2022	58%	37%	46%	22%
一致预期增速 2023	24%	72%	24%	18%

当然，在现实中以上假设很难同时成立，因此计算结果并不具备指导投资的能力，但这样做的意义在于：①建立了同一证券发行人的信用风险溢价推导其隐含盈利增速的模糊路径，反过来看，已知盈利增速也可推导高成长债券的发行定价；②当股票和信用债两类资产估值显著偏离中枢水平时，通过这一路径可进行交叉验证（如果推导增速显著低于预期增速，则相对于债券，其股价可能被高估）；③假设收益率和盈利增速均为输入变量，将股权风险溢价作为输出变量，检验其在不同主体上的规律差异，是否能验证本节的第三条假设，等等。

下面我们把一致预期增速作为输入变量，尝试求解上市公司高成长债券的理论定价水平，并与现实情况进行对比。考虑到一致预期数据时间维度多为 3 年，因此将绝对估值模型的一阶段时间由 5 年调整为 3 年，仍以 6% 作为合理溢价，计算示例见表 1-5。

表 1-5　部分高成长债券发行人盈利增速推导信用债定价示例

项目	川能动力	科伦药业	中国通号	风华高科
3 年预期增速均值	126%	16.3%	7.66%	20.5%
PE-TTM	58.5	19.8	13.7	20.4
股权风险溢价	9.9%	8.9%	10.4%	9.13%
推导的信用债收益率	3.9%	2.9%	4.4%	3.13%
信用债实际估值	3.79%	3.3%	3.16%	2.85%
外部评级	AA	AA+	AAA	AA+

从盈利增速推导的信用债收益率来看，与实际值仍然存在明显偏离，但考虑到其背后隐含的强假设，似乎误差也在可以接受的范围内。基于测算过程，我们进一步总结可优化的方向和应用局限性。

（1）高成长债券 6% 的溢价水平假设过于简单，没有考虑到不同公司行业特性、资本结构和经营确定性的差异。正如我们之前讨论的，单就"经营确定性"差异的维度便应该给予不同确定性的公司差异化的股债风险溢价。例如，以历史一致预期的偏差程度作为确定性的衡量尺度，采用分档打分并加权的方式进行定性评价，计算示例见表1-6。

表1-6 公司经营确定性对股债风险溢价的映射关系示例

项目	极高确定性	中高确定性	中等确定性	中低确定性	极低确定性	建议打分权重
站在T年对T+1年的平均盈利预测偏离度	0~5%	5%~10%	10%~20%	20%~30%	30%以上	25%
站在T年对T+2年的平均盈利预测偏离度	0~7%	7%~14%	14%~28%	28%~42%	42%以上	20%
站在T年对T+3年的平均盈利预测偏离度	0~10%	10%~20%	20%~40%	40%~60%	60%以上	15%
资产负债率（财务杠杆依赖度）	0~20%	20%~40%	40%~60%	60%~80%	80%以上	20%
行业周期性（收入利润稳定性维度）	收入利润连续5年正增长且增速>5%	收入利润连续5年正增长	收入利润连续3年正增长	收入连续3年正增长，利润均为正	近3年存在收入负增长或亏损	20%
综合定性评分对应的股权–信用风险溢价水平参考	+5%或信用债收益率的2.5倍	+6%或信用债收益率的3倍	+7%或信用债收益率的3.5倍	+8%或信用债收益率的4倍	+9%或信用债收益率的4.5倍	—

以上示例为笔者基于主观经验判断，在实践中还可以考虑对同类确定性评价结果的资产参数（市盈率、一致预期增速、信用债收益率等）进行统计，并对特定经营确定性下的股权和信用风险溢价的映射关系（加法或乘法）进行回归，最终选取解释度最高的一组参数作为信用债收益率和盈利增速的推断依据。

（2）虽然从总量角度来看，股票资产相对信用债的风险溢价水平确实存在实证角度的均值回归属性，但这一整体性规律具体到特定证券发行人的股票和信用债之间是否仍然存在还有待论证。

（3）DCF二阶段增长模型需要根据实际情况调整参数，部分企业存在不符合永续经营假设的情况，必要时需要使用其他合理的估值方法进行验证。

二、KMV模型中股票与产业债的关联特征

通过Fed模型的调整方案，我们初步建立了股票和产业债之间关于风险溢价的映射关系。事实上，在证券发行人一致的前提下，两者之间还存在更立体的

理论关系。下面继续介绍成熟市场中基于股权价值的信用债定价工具——KMV模型。

1.KMV 模型理论概述

KMV 模型为 KMV 公司基于上市公司股票价格信息预测其债券违约概率的模型,其核心思想来源于 Merton 的债务定价模型和 B-S 期权定价模型。根据前者的相关理论,上市公司的权益视为基于公司资产为标的的看涨期权,公司负债为该期权的执行价格(见图 1-20)。当公司负债到期时,如果资产价值高于存量债务价值,则股东选择不违约(相当于执行期权),即债权人得到本息偿付,股东获取资产剩余价值;如果资产价值低于存量债务价值(此处设计为违约点),则股东会选择违约公司债务,并将所有权转移给债权人(相当于不执行期权)。

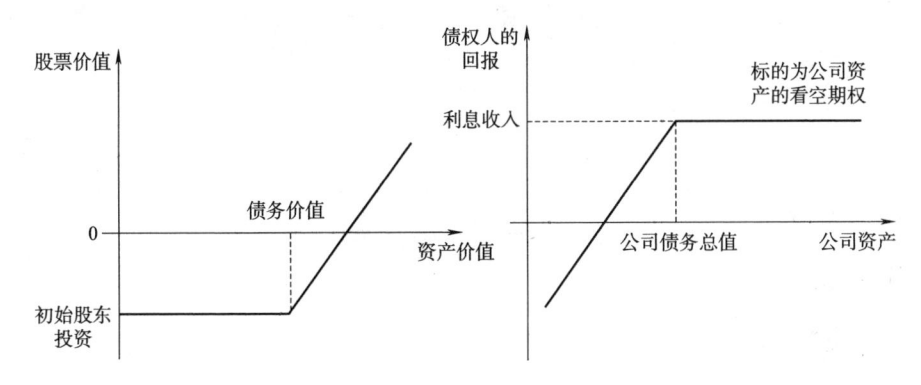

图 1-20 债权人和股东视角下基于资产价值的损益结构

资料来源:《固收+策略投资》。

由此上市公司违约问题便可以简化为"股东是否执行期权"的判断,期望违约率将是公司资本结构、资产价值和波动率等变量的函数。资本结构在一定时间范围内相对稳定,而资产价值和波动率则可以通过以下公式求解:

$$E = V_A N(d_1) - e^{-rT} D N(d_2) \tag{1}$$

$$d_1 = \left[\ln\left(\frac{V_A}{D}\right) + \left(r + \frac{1}{2}\sigma_A^2\right)t\right] \div \sigma_A\sqrt{t},\ d_2 = d_1 - \sigma_A\sqrt{t} \tag{2}$$

$$\sigma_E = \frac{V_A N(d_1)}{E}\sigma_A \tag{3}$$

其中，E 为公司的股权价值，D 为债务价值，σ_E 为股价波动率，r 为无风险利率，t 为债务期限，股权价值及其波动率均可直接通过资本市场数据获得。在前两个公式中，除公司的资产价值 V_A 及其波动率 σ_A 外，其他变量均已知，公式（3）由公式（1）微分而得。将以上公式联立，即可求得资产价值及其波动率。

同时假定资产价值的变化服从正态分布（见图 1-21），并将资产价值距离违约点的标准差数定义为违约距离（distance to default，DD），将期望资产价值记为 $E(V_1)$。

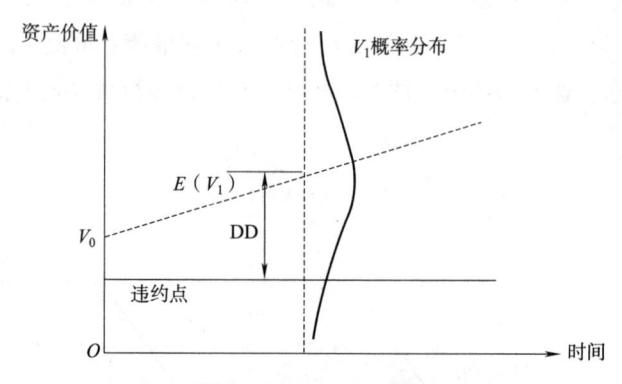

图 1-21　违约距离与违约点关系示意

资料来源：《固收 + 策略投资》。

违约距离的计算公式如下：

$$DD = \frac{E(V_A) - DP}{E(V_A)\sigma_A} \quad (4)$$

其中，DP 为违约发生最频繁的临界点，$E(V_A)$ 为公司的预期资产价值，σ_A 为资产价值的波动率。

显而易见的是，违约距离越长，公司的期望资产价值距离违约点越远，股东看涨期权的行权倾向越强（实值期权）；反过来，随着公司的期望资产价值不断接近违约点，看涨期权将从实值向平值方向变动，从而降低股东行权的倾向性。同时基于 B-S 期权定价模型，资产价值的波动率越高，在同样期望值下资产价值落到违约点附近的可能性越大，从而增加了违约概率。

因此，在资产价值的变化服从正态分布的前提下，基于大量历史违约数据，在违约距离和预期违约率（expected default frequency，EDF）之间建立映射关系（同时拟合曲线），并通过预期违约率衡量上市公司未来违约的可能性大小。具体公式如下：

$$\text{EDF} = P[E(V_A) \leq \text{DP}] = N\left[-\frac{(V_A) - \text{DP}}{V_A \sigma_A}\right] = N(-\text{DD}) \quad (5)$$

对预期违约率进行估计后，再将其作为已知变量，即可计算得到相关产业债的理论信用利差。具体过程如下：

信用利差 = 流动性溢价 + 杠杆便利性补偿 + 违约损失补偿。

其中，流动性溢价和杠杆便利性补偿可根据经验和市场行情进行主观判断，重要的是计算违约损失补偿。

违约损失补偿 = 违约率 ×（1– 违约回收率）

因此，只要再计算违约回收率即可。目前全球债券市场的违约回收率为30%~60%，中枢在45%，而国内债券市场整体的平均违约回收率在30%左右，投资者可参考这类历史数据进行参数估计。

从总体上看，违约距离到信用利差的计算路径虽长，但根据实证检验，二者之间确实存在一定的相关关系，如图1-22所示。违约距离越长的债券发行人，其信用利差越低。并且该曲线还具有一定的"凸性特征"：当违约距离大于5时，即使再增加该距离，也很难进一步降低信用利差；而向左看，违约距离的缩小使信用利差指数级扩大，而这也与信用债自身"改善概率小，恶化空间大"的风险收益特征相吻合。

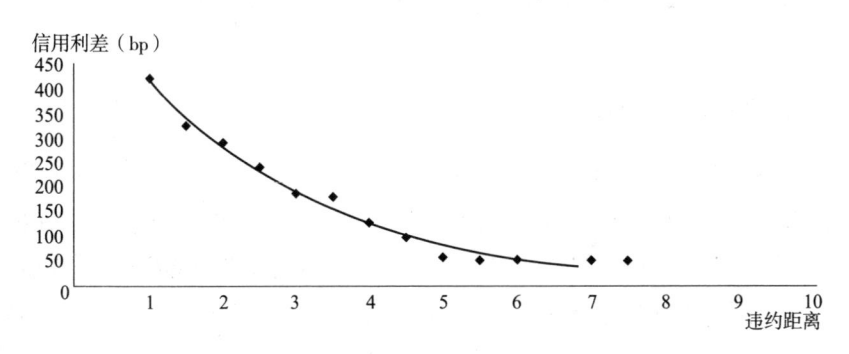

图1-22 违约距离与信用利差的拟合曲线

资料来源：中信证券。

2.KMV模型的应用与调整

"尽信书不如无书"，KMV模型思想逻辑清晰、可操作性强，根据市场研究机构对信用债市场的 KMV 计算结果，总体上信用等级和违约距离之间确实存在显著的正相关性（见表 1-7），高等级产业债的违约距离显著长于低等级产业债的违约距离。

表 1-7　基于 KMV 模型的违约距离均值估计

年份	AAA	AA+	AA	AA–	A+
2012 年	6.42	4.27	3.81	3.36	—
2016 年	3.73	3.10	2.55	2.35	—
2019 年	5.17	3.31	2.79	2.65	2.46
2020 年	5.05	3.24	2.7	2.37	2.28

资料来源：东北证券、中信证券、联合资信。

由于上市公司存量产业债的结构不断变化，因此不同时间截面上各等级产业债的实际资质不具备直接的可比性，但从较长时间维度对比来看依然有值得关注的特点：一是各等级产业债的违约距离有下移趋势，这可能也反映了评级机构尺度逐渐放松的趋势（AAA 评级全市场占比提升）；二是从各个时间截面上来看，AA+ 到 AA– 甚至 A+ 的违约距离并没有形成显著差异分布（相对 AAA 到 AA+ 而言），因此投资中对于非 AAA 品种，可能关注其资产质量是否足够扎实，资产价值的波动率将更为关键。

另外，KMV 模型具体到国内产业债市场的应用仍有较多需要调整和考虑之处。

3. 违约点的重新设定

在现实中违约点的设定还需要调整。实证研究表明，企业违约的临界值并非正好在"资产价值 = 债务价值"的区间。例如，海外成熟市场实证统计显示，多数违约情形为"资产价值＜短期债务价值 +0.5 倍的长期债务价值"，即公司股东倾向于在困境中继续努力扭转局面而不是破产清算；而国内市场的情况则恰好相反，由于对债权人保护的法律尚不健全，许多发行人的实际违约点可能远高于理论值，即使在正常经营状态下也有违约案例存在。

因此，具体到国内市场还需要进一步引入"发行人偿债意愿"的定性评价，即股东更倾向于"困境反转"还是"遇事躺平"，这其中还涉及更深层次的公司治理判断，可参考 ESG 评分体系在信用研究领域的具体应用进行调整。投资者也可以考虑参照统计经验，给予不同类型的债务不同的系数（以此来反映债务结构的差别，见表1-8），求解最佳违约点，并对发行人的违约距离进行回归，最终选取对信用利差隐含违约率解释度最高的一组系数来作为最佳违约点的参考标准。

表 1-8　最佳违约点对应的债务系数示例

经验违约临界点触发条件	简评
资产价值＜2倍的短期债务价值＋长期债务价值	经验判断同等体量的流动性负债潜在风险高于非流动性负债潜在风险，因此给予更高的权重系数
资产价值＜2倍的公募债券价值＋信贷类债务价值＋其他类型债务价值	公募债券市场存在较强的投资者羊群效应，再融资的保障力度远不如银行信贷的保障力度，因此给予更高的权重系数
资产价值＜1.5倍的有息债务价值＋0.5倍的非息债务价值	非息债务大多为应付和预收款项，来源于企业较强的议价能力，可考虑给予更低的权重系数
资产价值＜1.5倍的本金偿付债务价值＋0.5倍的可转股债务价值	可转股债务的存在为企业调节资产负债率提供了另一种选择，可适当降低权重系数

4. 资产价值和波动率的估计

对于上市公司资产的公允价值，国内尚无统一的行业标准测算。例如，对于房地产企业，其不动产只能以历史成本进行会计记账，对这类资产的重置价值判断存在困难，在现实中可能需要使用公司市值作为代理变量。类似情况对波动率同样适用，即需要采用股价/市值波动率替代。但由于A股投资者结构导致其波动率显著偏高，因此可能还会存在高估资产价值波动率的情况。另外，上市公司还存在大量的限售流通股，这一比例的差别也可能导致二级市场价格的失真。

5. 上市公司资产价值预期增长率的修正

在传统的相关研究中，一般假定上市公司资产价值的预期增长率为0或忽略不计。考虑到海外成熟市场较低的经济增速，这样的假设似乎也是合理的。但中国经济目前仍保持5%左右的增速水平，而上市公司代表国内经济体中最优质的资产，理应获得更高的资产价值增长率预期。

6. KMV 模型的其他局限性

KMV 模型假设资产价值的变化服从布朗运动和正态分布规律，这在现实中并不存在，特别是国内资本市场尚处于初级发展阶段，并没有大量数据进行模拟和验证。

国内信用债市场流动性不佳，整体违约率和违约样本仍较少。这决定了信用利差的来源短期仍以流动性溢价为主，受供需关系影响可能更大，因此，基于 KMV 模型计算的违约率对信用债定价只具有参考意义，并不能指导投资。

第二章

从理财赎回负反馈
看机构行为

　　近年来，对信用债市场定价范式影响最大的事件莫过于2022年年底理财赎回负反馈导致的极端行情。在这轮行情中，城投债和二永债（银行二级资本债和永续债）的信用利差普遍上行了200bp以上。而在此之前，信用利差的波动主要来自信用基本面和风险偏好的变化，且从未出现过短期内如此剧烈的波动。因此，站在2023年以后讨论信用策略，我们绕不开的一个环节便是对机构行为的分析，而其中最关键的莫过于对理财投资节奏和特点的分析。

　　本章我们将复盘2022年年底信用债市场的剧烈波动，分析理财产品赎回潮对市场的影响，并从宏观经济基本面、市场主流认知、理财资金的体量和行为约束等多个角度进行综合评述。同时进一步讨论银行理财、保险资金、公募基金和券商等机构在债券市场的投资行为，以及这些行为如何塑造市场动态和资产价值。

　　此外，我们还将对银行理财资产配置的内在逻辑、目标与约束进行阐述，并对2023年银行理财市场的复苏和资产配置的变化趋势进行分析，并对居民部门投资债券的行为、柜台债券市场的发展及信息传播方式的变化进行讨论。

第一节　理财赎回负反馈的行情复盘

在 2022 年年底的信用债市场上，包括二级资本债、永续债及同业存单等金融工具，其收益率均显著上扬，引发了一轮显著的抛售热潮。

在 2022 年的 11 月初至 12 月期间，三年期 AA+ 级别的城投债收益率就从原本的 2.75% 急剧攀升至 3.9%。相似地，AA+ 级别的银行二级资本债收益率也从原本的 2.2% 增长至 3.4%。更值得关注的是，一年期 AAA 级别的同业存单收益率已经突破 2.75%，这一数字已经超过一年期中期借贷便利（medium-term lending facility，MLF）的政策利率。

然而，从宏观经济基本面的角度来看，当时的经济状况似乎并不足以支撑债券市场如此大幅度的调整。我们并未观察到经济数据出现显著的回升，也未看到明显的通货膨胀压力[消费者物价指数（consumer price index，CPI）同比下降，生产者物价指数（producer price index，PPI）同比已经转为负增长]。同时，金融数据也并未出现企稳迹象（存量社会融资规模同比增速持续下滑至 10%）。

当时市场主流认知的行情的基本面逻辑为：地产融资宽信用预期 + 资金面边际收紧。同时，投资者对于理财资金赎回债基或专户导致的"次生伤害"非常关注。下面对相关问题进行简要梳理，以供读者参考。

一、理财资金对债市影响的体量大概在什么水平

根据市场公开数据，理财子净值型产品的总规模大概为 25 万亿元，穿透后的实际权益中枢在 2%~5%，按照 2022 年年底的现金管理类理财新规，可在产品端"摊余成本"的现金管理类理财只能占 1/3（假设该部分在出现极端负偏离之前暂时不会大规模赎回，即使赎回也是出于客户正常的流动性需求）。如果再假设封闭式理财（含三个月以上的定期开放式产品）约占总规模的 40%，那么实际终端客户因"业绩不好"可随时赎回资金对应到理财持有的净值型债券上约占总规模的 20%，差不多 5 万亿元。

但不排除部分理财有"预防式赎回/止损"需求,以提前应对可能的不利情况。

二、理财的机构行为约束表现在哪些方面

从业绩考核和风险管理的角度来看,理财产品有三个层次的底线,按照实现难易度可分为:①封闭式产品最大化达基准率(争取到期时百分之百达到业绩基准);②开放式产品在任意最短的客户持有期实现正收益;③所有产品均有破净比例的控制要求。

其中第一条还要考查在达不到业绩基准的情况下,与业绩基准的负偏离程度。另外,诸如"理财产品破净""负收益"等新闻标题对理财负面舆情管控有一定的压力,客户投诉也会导致消费者保护方面的压力陡增。

三、"下跌－赎回"的负反馈路径

对于存量客户而言,持有理财产品显示的浮动盈亏是其做出申购和赎回决策的主要依据。与公募偏股型产品(客户被套牢反而不愿离场)不同的是,如果理财客户只是浮盈"回吐",则确实存在直接赎回的动机;对于潜在客户而言,手机银行端展示的年化收益率(开放式产品)如果较低,则必然导致新增资金减少,出现理财募集量小于到期量的情况。

四、本轮负反馈的程度大致如何

可参考的历史情境有两个:一是 2020 年 5 月,彼时债券市场也是大幅调整,短端利率上行超过 100bp,不同的是,当时理财整体的净值化率远低于当前的净值化率,真正开业的理财子公司只有几家国股大行;二是 2022 年 4 月,权益市场大跌导致大量"固收+"理财遭遇赎回潮,当时的净值化率与当前的净值化率相当,区别在于当时"固收+"流出的资金很快流向了货币纯债等产品,虽然造成了债市调整,但调整幅度和当前的调整幅度无法相提并论。

虽然本轮市场调整对终端客户的影响比以上情境对终端客户的影响更大一些,但也需要看到近三年来理财子公司积累了大量应对这类情况的经验,以及投资者教育方面的能力积累。主观估计,笔者认为 10% 左右的理财净赎回比例是可能的。

五、对债券类属资产的影响怎么看

影响最大的是高流动性信用债,这从市场对二永债(包括部分券商次级债)的重定价就可以看出。反而是非公开定向债务融资工具(private placement note,PPN)、资产支持证券(asset backed securities, ABS)这类缺少流动性的资产遇到的估值调整更少。

债券型基金的申赎应该以赎回费率较低的产品为主,这也与公募产品的费率结构设计有关。另外,理财子公司对公募债基的准入会天然偏好历史业绩长、规模大的产品,因此,这类"旗舰型债基"可能面临的赎回压力更大。

对转债的影响,市场表现为持续的杀溢价率,而且高等级和大盘转债的表现弱于低等级和小盘转债的表现,这与理财对转债的入池标准有关。前期有卖方披露,理财持仓转债以金融类为主,直接持有量约为 100 亿元,其他通过委外专户、转债基金的方式参与。由于转债的流动性好于信用债的流动性,预计转债遭遇的估值调整可能更大。

六、2018 年的"信用收缩"是否会重现

随着理财赎回对信用债市场产生了"二次冲击",二永债利率较前期低点的累计上行幅度几乎都超过 200bp,接近 2020 年的调整幅度。同时观察到信用债一级市场净融资持续为负(11 月公司债取消发行规模创近年新高,交易所信用债发行量同比下降 26%),这样的态势是否会导致宽信用的预期转变为信用收缩预期?我们不妨对比 2018 年的情况简单讨论一下。

当前市场与 2018 年市场的相似之处在于:

2018 年金融监管以金融去杠杆、强监管为主线,资管新规逐步落地制约了银行理财持有资产的能力(主要是非标类资产),使得长期理财作为影子银行的类信贷业务几乎停摆,进而导致大量依赖银行表外融资的企业出现资金链断裂,信用风险集中暴露的情况。

当前市场的主要冲击同样来自银行理财,源于终端客户对"持有体验"的投票结果,本轮银行理财规模下降 5% 左右(绝对规模净减少 1.5 万亿元)。考虑到银行理财持有的信用债资产在 70% 左右,同时以一级市场投资为主(与分行联动服务客户),赎回潮应该是信用债融资市场供需格局迅速恶化的直接原因。

而当前市场与 2018 年市场的不同之处在于:

从冲击来源和影响来看，2018年限制了理财持有非标资产和低等级信用资产的能力，对标准化程度更高的利率债和高等级信用债而言是利好。而当前切走了存量规模（同时年底还有现金管理类理财新规整改到期），大致对应两条演化路径：①监管干预，银行表内资金或保险资金接盘，前者利好高等级，后者利好长久期；②自由落体，终端客户可能会选择继续赎回或观望一段时间，转到存款和货币类的可能性更大（利好存单）。

从宏观环境来看，2018年是衰退早期预期，而当前是弱复苏早期预期，货币政策的定调差异比较大。如果要实现2021年当时预计5%的经济增速，那么一个宽松的信用融资环境是必需的。

从2023年上半年的信用债行情来看，在某种意义上重新演绎了2018年信用收缩行情的逻辑。即大部分信用债发行人无法承受过高的债券融资成本而取消发行，进而导致社融（社会融资）数据出现局部"塌方"的情况。融资实体的消失也逐渐从企业端蔓延到居民端，除了以提前还贷为目的的消费类贷款，多数居民和企业贷款均呈现下行态势，这也间接影响到了宏观经济的复苏节奏。2022年跌幅最大的城投债和二永债也在2023年重新修复了利差，成为当年表现最好的债券类属资产。

第二节　机构行为对信用债市场的影响

近年来，机构行为已经成为中短期对债券市场最重要的边际影响因素，有些时候其重要性甚至超过经济基本面的重要性，其中又以银行理财的机构行为最为重要。

一、银行理财的机构行为

自银行间市场形成以来，银行理财一直是信用债市场的主要投资人。一方面，银行作为核心的信用债承销商，天然有将信贷资产"转置"成债券资产的诉求，而银行理财产品便是这一背景下的"表外解决方案"，因此吸纳了大量信用债资产的投资；另一方面，诸多的信用类债券型基金和专户产品，其资金来源也是银行理财,可以说这类广义基金在某种意义上也是影子银行理财产品的一部分。但在资管新规实施之前,其特殊的运作方式使得赎回负反馈的情况并未显著出现,也没有影响信用债市场的价格运行机制。

在资管新规实施之前,理财产品的估值通常采用成本法,并且提供预期收益型报价,这些产品往往在资金池中运作。这种模式为债券市场的波动和购买理财产品的投资者之间提供了一种缓冲。只要债券市场不出现极端下跌,投资者通常不会感受到市场的波动,因为理财产品的收益率往往是固定且有保障的。例如,一款理财产品可能提供一年期3.5%的预期收益率,投资者在一年后很可能会获得接近这个比率的收益。这个阶段的理财产品更像类似银行存单的融资工具,而非真正意义上的资产管理产品。

然而,在资管新规实施之后,理财产品的运作方式发生了变化。产品账户被分离,报价也转变为基于净值型,这意味着产品的表现与债券市场的收益率密切相关。当债券市场收益率上升时,理财产品的净值往往会下降。如果收益率上升过快,那么理财产品甚至可能出现"破净"的情况。这种情况会严重影响投资者的持有体验,尤其是对于那些风险偏好较低、习惯于理财产品保本保收益的投资者来说,他们可能会对理财产品出现亏损的现实感到难以接受。在这个阶段,理财产品事实上的风险收益特征与公募债券型基金的风险收益特征变得趋于一致。

随着债券市场收益率的上升,净值型理财产品的净值开始下降,这直接影响了投资者的持有体验,从而导致赎回行为的增加。与此同时,股票市场的回暖吸引了资金流入,进一步加剧了理财产品的资金外流。金融数据显示,居民存款和非银行业金融机构存款的增加反映了消费者信心的变化和资金从理财产品向存款及股市的迁移。

理财产品的赎回导致投资经理不得不出售债券资产,以满足赎回需求,而这反过来又推高了债券市场收益率。这一过程形成了一个恶性循环:债券收益率的上升引发理财产品的赎回,赎回导致债券收益率进一步上升,进而导致更多赎回。

理财机构的管理能力和运营模式在这一过程中起到了关键作用。理财机构通常采用定期开放、类货币型或委托外部管理的运营模式,这些模式在应对赎回压力时表现出不同的脆弱性。特别是类货币型产品,由于其持仓中包含大量短期债券和同业存单,赎回行为可能会导致这些资产被抛售。

此外,定开型理财产品的赎回对市场的影响可能更为持久。由于净值下跌和"破净"现象导致客户体验不佳，到期后的理财产品可能面临不再续作的选择，从而延长了赎回对市场的影响时间。

赎回行为对不同债券品种的影响也存在差异。信用债相较于利率债受到的冲击更大，原因在于信用债的流动性较差，且在市场压力下难以找到买家，尤其是中低评级和长久期的信用债。此外，银行二级资本债和永续债由于其特殊的风险特性和持有者结构，面临的赎回压力更为显著。

二、保险的机构行为

与银行理财相比，保险资金可能是体量更大的债券市场买方，但其对信用债市场定价的影响力相对较弱，主要有以下几个原因。

（1）保险资金的债券投资方向以拉长久期为主，以规避保费增长带来的再投资压力。市场上存量的信用债大多剩余期限在5年以内，缺少10年以上的超长期信用债供给；而利率债30~50年的存续资产供给相对充足，成为保险资金主要的固定收益投资方向。

（2）保险资金对信用债的投资主要集中在高等级品种上。据统计，截至2021年年底，大、中型保险公司对AAA及以上等级信用债的投资比例占到95%以上，信用风险偏好显著低于银行理财，因此即使出现减持行为也能找到合适的买家，不至于因缺乏市场深度而产生较大的冲击。

（3）近年来，信用债违约率上升，使得保险资金对信用资产呈现出趋势性规避的态度。据统计，2018—2022年保险机构对信用债的配置比例连续下降，直到2023年信用债利率到达绝对高位时才开始重新进行增持配置。

从总体来看，保险资金由于非常稳定的负债结构和较长的负债久期，不太可能成为信用债市场下跌时期行情波动的"放大器"，但可能是市场极度非理性调整后捕捉配置价值的"逆向稳定器"，因此对于资产价值的合理修复有一定的影响。此外，如果未来超长期信用债市场持续扩容，则可以预见保险资金仍将是这类资产最重要的机构投资者。

三、基金的机构行为

公募基金在信用债领域的配置策略呈现出多样化的特点，且随着市场环境和信用风险的变化，其投资行为也在不断调整。下面是对公募基金信用债配置情况的改写示例。

截至 2020 年 12 月底，公募债基的信用债投资组合涵盖了企业债、非政策性金融债、中期票据、同业存单、短期融资券和资产支持证券等多种类别。各类债券在投资组合中的占比分别为 25.7%、24.2%、33.6%、4.8%、9.2% 和 2.5%。近年来，企业债和同业存单的占比有所下降，而中期票据和非政策性金融债的占比则呈现上升趋势。

通过对基金定期报告中披露的前五大重仓债券的信用等级分析，可以观察到公募债基在信用评级方面的调整。2013—2015 年，公募债基显示出向较低信用评级下沉的趋势；2015—2018 年，评级又逐步上调。自 2018 年以来，AAA 级信用债在公募债基中的占比一直保持较高水平，截至 2020 年 12 月底，占信用债持仓的比例达到 90%。

不同类型的公募债基在信用评级策略上存在差异。中长期纯债基金、一级债基和二级债基自 2015 年以来均显示出信用评级上调的趋势。中长期纯债基金由于不能投资股票，因而倾向于通过信用评级下沉来提高收益。相比之下，一级债基和二级债基由于可以配置股票，在获取超额收益方面有更多选择，因此在信用评级下沉方面表现出较低的意愿。

公募债基的信用债配置策略受到市场环境和信用风险的影响。在信用风险显露后，公募债基会迅速调整其投资组合，向高信用评级的债券靠拢，以降低潜在的信用风险。

四、券商的机构行为

券商在债券市场上的配置行为主要通过其资产管理部门和自营投资部门进行，两者在资金来源和投资策略上存在显著差异。下面是对券商资管和自营债券配置情况的分析。

1. 券商资管债券配置

去通道化与规模压缩：在监管政策的推动下，券商资管业务逐渐减少对通道业务的依赖，转向主动管理。这导致资管规模持续下降，其中定向资管规模下降尤为明显。

产品投向：主动管理类产品主要投资于标准化资产，尤其是债券。相比之下，通道类产品则更多投资于非标准化资产，如资管产品、信托贷款等。

固定收益类资产：固定收益类产品在券商资管产品中占据主导地位，其中债券投资是主要配置方向。

高票息品种偏好：由于资金成本较高，券商资管倾向于投资高票息品种，这在信用债和利率债的选择上尤为明显。

信用评级下沉：在信用债投资中，券商资管倾向于选择信用评级较低的债券，这反映了其对高收益的追求。

2. 券商自营债券配置

规模增长：近年来，券商自营投资规模快速增长，显示出较强的市场参与度。

资产配置：券商自营在资产配置上较为灵活，涉及债券、股票、衍生品和商品等多个领域，但以固定收益证券为主。

高票息品种偏好：与资管部门类似，券商自营也偏好高票息品种，但在利率债和信用债的配置上更为均衡。

杠杆运作与波段交易：券商自营可以利用较高的杠杆比例，并积极参与市场波段交易，以获取额外收益。

市场走势顺应：券商自营的交易行为与市场走势保持一致，根据利率和信用利差的变化调整配置策略。

流动性管理：券商自营对流动性较好的利率债也有一定的需求，以保持资产组合的流动性。

第三节 理财资产配置的回顾和展望

经历了 2022 年年底的理财赎回潮行情，2023 年是理财市场曲折复苏的一年。在规模逐步回暖的同时，理财的资产配置思路也发生了较大的变化，这些变化一方面来源于客户风险偏好和产品结构的约束，另一方面受市场环境和资产价格的影响。本节将从银行理财资产配置的内在逻辑出发，对理财资产配置方向进行趋势分析，并对未来理财业务和资产配置的发展提出一些建议。

一、银行理财资产配置的内在逻辑

银行理财作为连接广大投资者与资本市场的重要桥梁，其资产配置的内在逻辑显得尤为关键。理财子公司依托银行庞大的客户基础和丰富的业务场景，展现出独特的市场定位和客户服务优势。然而，面对激烈的市场竞争和客户需求的日益多样化，银行理财如何在保障资产安全性的同时实现稳健的收益回报，成为理财行业急需解答的问题。

1. 理财客户群体的特殊性

与其他资产管理机构相比，银行理财的客户群体有一定的特殊性。纵观全市场各类型的资产管理机构，其主要客户来源基本与股东方的背景和资源有关。而银行理财子公司依托银行体系庞大的零售和对公客户，天然具有一定的优势。

从商业银行整体经营的角度来看，理财业务也能和零售业务、私人银行业务、资产托管业务等形成较好的协同效应，成为单客户价值量提升的重要抓手之一。

银行主要的业务场景也在一定程度上决定了客户相对更低的风险偏好。例如，与证券公司相比，其财富管理业务大多基于客户证券交易需求的衍生，因此客户的风险偏好更高，对权益类产品的需求更高；而商业银行的财富管理业务则主要基于存款、贷款和资金结算业务的衍生，客户风险偏好更低，对固定收益类产品的需求更高。

此外，银行理财相对其他类型金融机构更密集的线下服务网络也决定了其客户结构中大众投资者的占比更高（见图2-1），金融工作的"人民性"特征显著。

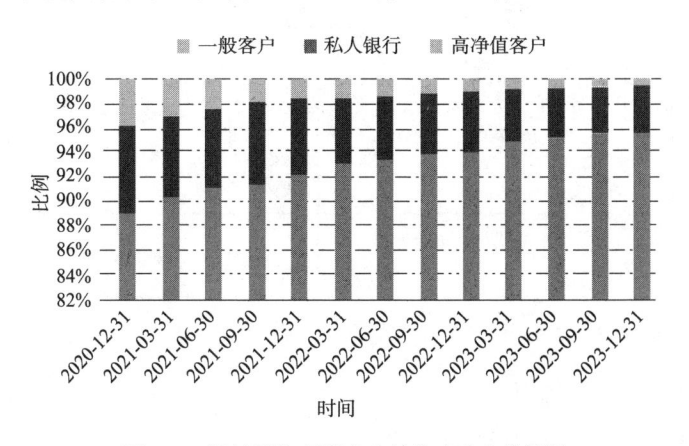

图2-1 银行零售理财客户结构占比变化情况

资料来源：普益标准，中信建投证券。

2. 理财资产配置的目标与约束

基于客户画像来看，银行理财的客户主要以存款替代类需求为主，对资产的安全性和收益回报的确定性要求更高。这也决定了理财产品的资产配置和投资运作目标具有如下特征：①对净值回撤和风险管理的要求更高；②更关注理财产品业绩的达标率；③在策略选择上偏绝对收益，同时兼顾波动率控制。

3. 理财公司投研能力的优势与不足

投研能力是决定资产配置策略落地的核心因素。从银行理财的具体情况来看，其主要优势包括：①在把握和解读宏观政策和货币政策方面有更长期的积累和经验；②基于一线客户经理的调研和信贷审批数据库的支持，具有较强的信用风险管理能力；③客户资源丰富，在主动资产创设领域较为领先，如资产支持证券、类REITs资产等；④对于公募REITs这类新兴资产领域，银行能够借助子公司牌照优势实现从底层资产创设到资产投资人的投融资业务模式闭环。随着国内基础设施证券化率的逐步提升，银行理财和公募REITs有望实现"双向奔赴"，更好地进行资金和资产端的有效衔接，见表2-1。

表2-1 银行对于公募REITs各阶段的业务模式

	产品列表				
	投行、公司业务	资金业务	个金业务	投资、理财业务	公募基金业务
资产培育	类REITs，CMBN等证券化承销	—	—	Pre-REITs投资；不动产物业投资	—
资产剥离	并购贷款	—	—	—	公募REITs全流程服务
项目报审	财务顾问	账户托管	—	—	公募REITs全流程服务
基金发售	并购贷款	—	基金销售	战略配售、网下投资	公募REITs全流程服务
项目交割、运营	公司类存、贷款；账户结算	资金监管：二级市场交易	—	二级市场交易	公募REITs全流程服务

资料来源：中国建设银行投资银行部。

和其他资产管理机构相比，理财公司的竞争劣势主要在于投研队伍建设、市场化的研究体系和系统建设等方面相对落后，资产配置的精细化程度有待提高。此外，资金来源的短期化也在一定程度上增加了资产配置的难度。

二、银行理财资产配置的阶段性变化

下面我们将剖析银行理财资产配置的阶段性变化，从负债端的规模增长到资产端的结构调整，探讨理财市场的发展动态。首先，我们将审视理财市场负债端的变化趋势，分析客户偏好的转移、产品风险收益特征的演变，以及运作模式的优化升级。其次，我们将深入探讨理财市场资产端的变化趋势，包括债券类资产的调整、权益类资产的持仓变化，以及存款类资产的增配逻辑。

1. 负债端的变化趋势

2024年2月2日，中国理财网公布了《中国银行业理财市场年度报告（2023年）》。从产品负债端数据来看，截至2023年年底，银行理财规模为26.8万亿元（见图2-2），增长略好于先前预期，虽然较2022年年底下滑约0.85万亿元，但较2023年上半年低点回升1.46万亿元。这在一定程度上是因为2023年固收类理财业绩表现较好，投资者情绪逐渐修复，理财规模，尤其是固收和现金类规模呈回暖态势。根据普益标准数据测算，2024年1月理财规模环比增长0.6%，延续了净增态势。根据中金公司研究部对理财行业的预测，在中性情境下，全市场理财规模有望增长至29万亿元。

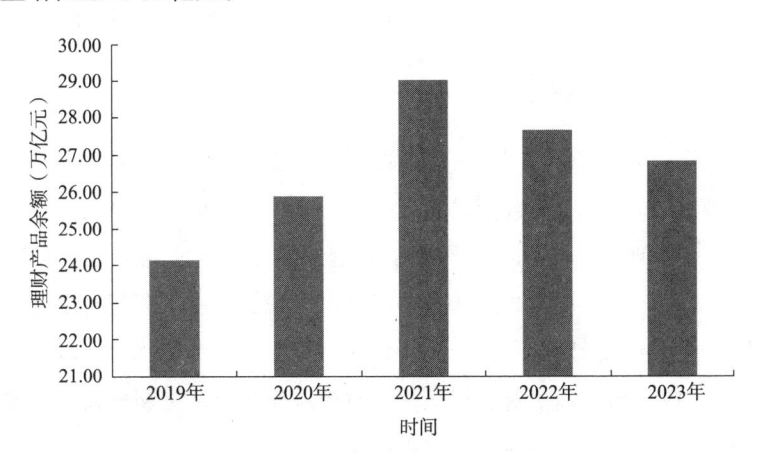

图2-2 银行理财总规模变化情况

资料来源：中国理财网，国信证券。

从理财产品风险收益特征的结构来看（见表2-2），截至2023年年末，在银行理财存续产品中，固定收益类理财产品规模为25.82万亿元，规模占比为96.34%，近三年，权益市场波动较大，客户风险偏好下降，这直接导致了R1、

R2 低风险产品的规模占比升高，固定收益类理财产品的规模占比也因此不断提升，其中尤以现金管理类理财增长最为显著。

表 2-2　银行理财风险等级占比的变化情况

项　目		2021H1	2021 年	2022H1	2022 年	2023H1	2023 年
固定收益类	规模（万亿元）	22.75	26.78	27.35	26.13	24.11	25.82
	占比	88.18%	92.34%	93.83%	94.50%	95.15%	96.34%
混合类	规模（万亿元）	2.96	2.14	1.72	1.41	1.11	0.86
	占比	11.49%	7.38%	5.90%	5.10%	4.38%	3.21%
权益类	规模（万亿元）	0.08	0.08	0.08	0.09	0.08	0.08
	占比	0.33%	0.28%	0.27%	0.33%	0.31%	0.30%
商品及金融衍生品	规模（万亿元）	0	0	0.01	0.02	0.04	0.04
	占比	0	0	0.03%	0.07%	0.16%	0.15%
合计（万亿元）		25.8	29	29.16	27.65	25.34	26.8

资料来源：《中国银行业理财市场年度报告（2023 年）》。

进一步关注运作模式，封闭式理财产品的规模占比有所提升（见表 2-3）。截至 2023 年年末，封闭式理财产品规模为 5.62 万亿元，规模占比为 20.97%。2023 年上半年各理财公司积极发行净值稳健的摊余成本法封闭式理财产品，下半年主要是 3~6 个月短期限封闭式理财产品规模增长。由于资管新规及目前银行二级资本债和永续债行情导致银行自营新增这类混合资本工具持仓较为困难，多家理财子公司在年初规划中对于封闭式理财产品和固定持有期理财产品或将进一步增加，以承接原来银行表内资金的投资任务。

表 2-3　银行理财期限结构占比的变化情况

项目		2021H1	2021 年	2022H1	2022 年	2023H1	2023 年
开放式	规模（万亿元）	20.32	23.78	24.29	22.87	20.26	21.18
	占比	78.74%	82.00%	83.33%	82.71%	79.95%	79.03%

续上表

项目		2021H1	2021年	2022H1	2022年	2023H1	2023年
封闭式	规模（万亿元）	5.48	5.22	4.86	4.78	5.08	5.62
	占比	21.26%	18.00%	16.67%	17.29%	20.05%	20.97%
合计（万亿元）		25.8	29	29.15	27.65	25.34	26.8

资料来源：《中国银行业理财市场年度报告（2023年）》。

2. 资产端的变化趋势

从银行理财穿透后的资产端情况来看（见表2-4），由于目前现金管理类理财产品的规模和占比明显提升，相关产品特性也反映在理财资金的资产配置上，在低风险偏好下，银行渠道和理财子公司均对短期业绩确定性与回撤控制更为关注。2023年，理财子公司持有债券类资产占比下降，规模下降了2.6万亿元，占比从63.70%下降至56.60%。其中，信用债规模下降最为明显，减少了1.4万亿元，利率债和同业存单规模均有不同幅度的下降，对于权益类资产和公募基金的持仓也有所收缩。在降低债券类资产持仓的同时，银行理财大幅增配存款类资产。2023年，银行理财增配存款类资产2.5万亿元，占比从17.50%增长至26.70%，上半年增配1.3万亿元，下半年增配1.2万亿元。

表2-4 银行理财穿透后资产配置的变化情况

项目	2021年	2022年	2023H1	2023年
债券	68.40%	63.70%	58.30%	56.60%
其中：信用债	48.10%	45.70%	43.90%	42.10%
利率债	5.80%	4.70%	3.90%	3.20%
同业存单	13.90%	13.30%	10.60%	11.30%
非标债权	8.40%	6.50%	6.70%	6.20%
权益类资产	3.30%	3.10%	3.30%	2.90%
拆放同业及买入返售	3.90%	5.70%	4.00%	4.70%
现金及银行存款	11.40%	17.50%	23.70%	26.70%
公募基金	4.00%	2.70%	3.20%	2.10%
其他	0.60%	0.80%	0.90%	0.80%

资料来源：《中国银行业理财市场年度报告（2023年）》。

三、2024年银行理财资产配置回望

2024年，随着宏观经济政策的微妙变化和资本市场的深化改革，银行理财市场正迎来新的增长机遇与挑战。下面将对2024年银行理财资产配置的趋势进行深入分析，探讨理财规模增长的潜力、银行类资产的配置动向、保险存款配置的调整、债券配置的策略变化，以及主题类策略理财产品的发展前景。

1. 理财规模增长，银行类资产更受关注

理财资产配置坚持政治性、人民性和专业性，将服务实体经济、为民保值增值和自身资管专业能力更好地结合，通过更有效的资产配置和产品组合管理，提升价值创造能力。

截至2023年年末，个人存款规模高达137万亿元，理财规模与个人存款规模的比值约为19.6%。由于居民总体风险偏好偏低，固收类理财产品是居民财富配置的基本盘，银行理财有不可或缺的作用。现金类理财替代活期存款，中长期限理财替代长期限定期存款，银行理财仍有巨大的发展空间。叠加存款利率下调，同时2023年年底债市走强使得理财收益中枢明显抬升，居民配置理财产品的热情高涨，理财规模在2024年有较快增长。在信用风险尚未出清的环境下，"资产荒"可能延续，仍需关注理财收益不及预期对规模增长的阻碍。

同时，在资管新规的限制下，受制于资本压力，银行表内自营资金对于银行次级债、混合资本工具和存单等同业债权的配置动力减弱，但其集团内业务协同和跨行同业合作的业务模式决定了这类资产的配置需求仍在，因此后续理财子公司也将承担起更多职责，承接部分原有金融市场条线对同业债务工具的投资任务。此外，由于银行资本工具供给持续增长，银行二级资本债和永续债已经成为极具市场容量的资产，其流动性好于非金融企业债券的流动性，本身配置价值较高。预计新发理财产品在结构上也将有所调整，向金融同业的资本补充工具倾斜。

2. 理财对保险存款的配置下滑，债券配置力度或将上升

近期随着政策变化，保险协议存款业务面临较大的整改压力。作为存款替代类产品，保险协议存款是现金类理财在投资范围上相对于公募货币型基金的主要超额收益来源。据中信证券统计，截至2023年年底，理财配置保险协议存款的规模为2万~3万亿元，按照监管精神，这部分资金很可能会转向同业存单和短期债券进行配置。

自 2024 年 1 月以来，银行理财主要债券品种均维持周度净买入，在服务实体经济导向下，叠加保险协议存款退出后出现结构性"资产荒"，理财机构信用债/存单仓位有望提升，而存款类资产或受到存款利率调降的影响，配置规模可能见顶回落。

3. 主题类策略理财产品百花齐放，占比有望提升

如 ESG 策略理财产品和基础设施公募 REITs 类理财产品都是近年来理财公司重点关注和布局的赛道。前者主要关注底层资产发行人/上市公司在社会责任、环境保护和公司治理领域的表现，通过量化建模的评分手段进行差异化的仓位赋权，与我国"高质量发展"的战略比较契合，已成为业内主流的 Smart Beta 策略；后者则通过所有权、经营权和使用权的分离，让专业的人盘活和经营好基础设施资产，也为社会提供了相对的风险中等和回报稳定的金融产品，有望成为当前扩内需、促转型，推动经济高质量发展的重要抓手。

值得一提的是，当前已上市的公募 REITs 规模只有 1 000 亿元左右。参考美国和日本等成熟公募 REITs 市场的情况，如果考虑对中国 148 万亿元基础设施给予 1% 的证券化率，则对应 1.48 万亿元，尚有 10 倍以上的发展空间。同时，REITs 是天然带有"固收+"属性的金融产品，较高的派息率提供了类似债券的保护，产权类 REITs 还具备一定的增长弹性，这和可转债及高股息资产具有一定的类似特征，对银行理财资金和保险资金具有极高的配置价值。以建信理财的 REITs 投资情况为例，公司参与了全市场 30 只公募 REITs 中的 24 只，投资方式包括战略配售、网下打新、二级市场交易等。由此来看，公募 REITs 在资产供给和投资需求两端都存在较大的潜在增量空间。

4. 理财资金端短期化对资产配置策略产生较大影响

纵观 2023 年全年，理财资金呈现出一定的短期化趋势。据统计，全市场理财产品平均加权剩余期限在 2023 年一季度末为 115.8 天，二季度末为 111.1 天，三季度末为 103.4 天。2024 年，随着存款利率中枢的进一步下行，理财的相对吸引力上升，势必会吸引更多存款替代类的投资需求，进而导致产品规模增长的同时负债久期的继续下滑，使得理财呈现出"资金端公募化"的特点。在此背景下，对其资产配置方向的影响包括：①理财产品主要的固收投资方向仍然集中在剩余期限一年以内的短期债券，对久期策略极为谨慎，且主要持有高流动性资产以应对潜在的赎回压力；②权益类投资更偏好大盘价值风格，对上市公司稳健性

和业绩确定性的要求更高，红利低波的高股息资产更受青睐；③积极探索运用场内和场外衍生工具管理组合风险的方法，以期对金融市场的久期和流动性风险进行有效对冲。

总结：与公募基金、券商资管、保险资管等同业机构的资产配置逻辑相比，银行理财的资产配置方向和思路都有一定的差异性与特殊性，这与机构的资源禀赋和客户群体密切相关。

理财公司资产配置的目标可以概括为：在控制好整体信用风险和流动性风险的前提下，实现资金端和资产端在期限结构和风险偏好上的合理匹配，以实现理财产品规模的增长和回报收益的稳健。

未来随着资本市场的发展，银行理财的资产配置方向也将呈现多元化特征，特别是在传统股票与债券以外的另类资产领域持续发力，如公募REITs、资产支持证券、资本补充工具等，进而构建和完善从融资端到投资端的立体生态，强化母行集团业务协同性，丰富大类资产配置工具，为居民财富的保值增值保驾护航。

第四节　居民部门投资债券的行为影响

2024年年初央行发布公告称，投资者可通过柜台业务开办机构投资国债、地方政府债券、金融债券、公司信用类债券等银行间债券市场债券品种，自2024年5月1日起实施。

与美国国债市场中居民部门（特别是免税的需求）广泛参与债券直接投资的情况（见图2-3）不同，国内个人投资者对债券直接投资的参与较少（交易所债券合格投资者门槛为500万元）。目前柜台市场以国债买卖为主，托管量不到8 000亿元，占比仅为0.5%。按照趋势预测的通用套路——"对标欧美的渗透率提升空间"来看，这一现象确实值得关注。

一、理财赎回负反馈折射的居民行为

在股票市场上，个人投资者持股的存量占比大约为50%。据统计，散户的换

手率为 15~35 倍（机构的换手率为 5~7 倍），成交量贡献达到 80%，这意味着其对 A 股有着较强的定价权。而在债券市场上，个人投资者对资产定价产生显著影响则是在 2019 年理财净值化以后通过产品申赎来"间接投票"。如果 2022 年上半年的"固收+"赎回算是预演，下半年的信用债踩踏则是真实的极端场景（见图 2-4）。

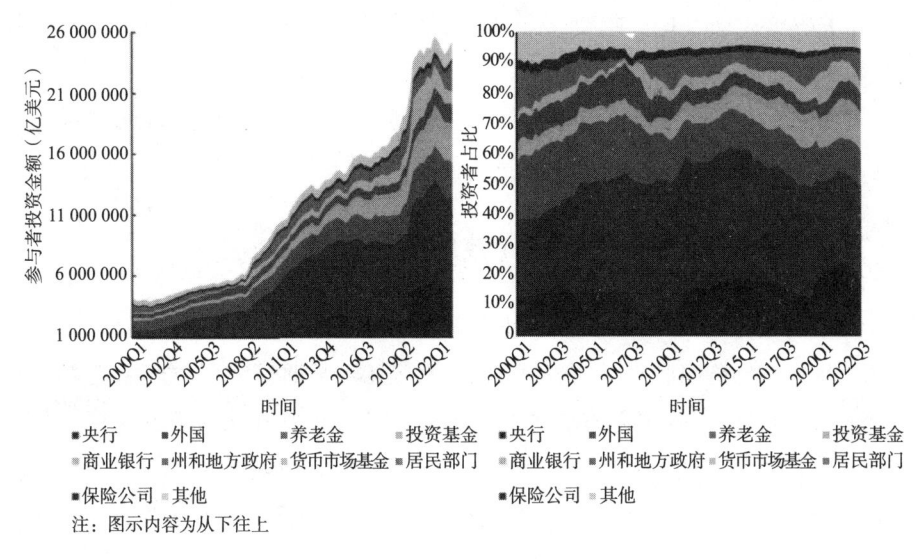

图 2-3　美国国债市场参与者及存量占比变化

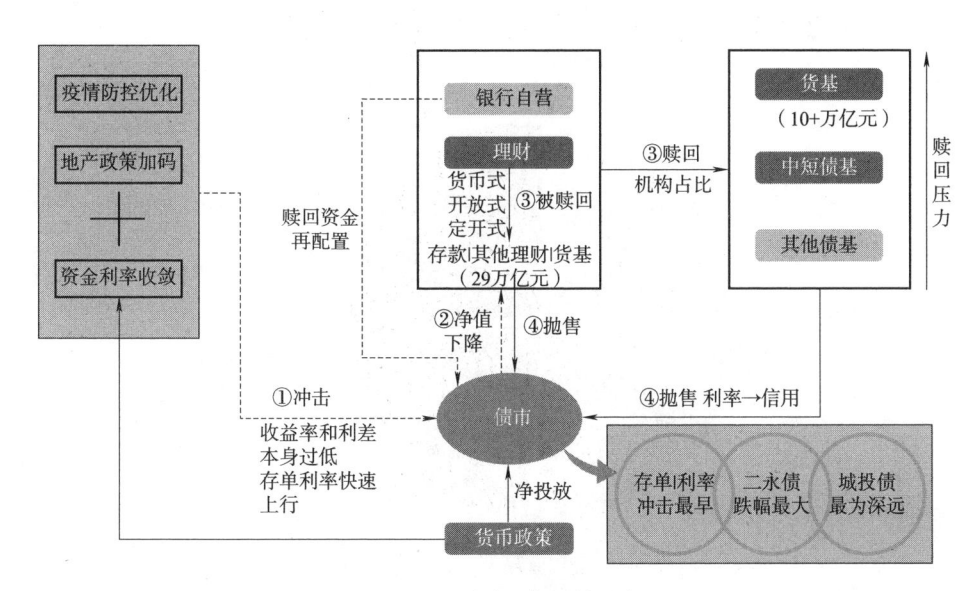

图 2-4　理财赎回负反馈示意

资料来源：华泰证券。

观察长期以来居民在股债等证券类资产上的投资习惯，我们可以发现一些共性特征：在资产严重泡沫（超买）和过分低估（超卖）的区域，个人投资者都是重要的边际交易力量，这是由羊群效应和人性中"凑热闹"的倾向决定的；对资产类别存在"标签化"定价的习惯，即满足某类热门概念或特点的资产，理应获得与相关板块一致的 Beta 收益；信仰"动量效应"远大于"均值回归"，大多数人是趋势跟随者，而不太可能去接"下落的刀子"。

对应到柜台债券市场来看，"网红"标签债券的流动性和换手率可能进一步提升，如 30 年期国债、地产债、跨市场债券等。

二、柜台债券对理财的替代效应

理财是长期以来居民间接投资债市最重要的工具（见图 2-5），体量达 27 万亿元。再算上公募固收产品规模大概 10 万亿元、券商资管固收产品规模大概 5 万亿元，居民的固收理财需求在 40 万亿元以上，约占全市场债券规模的 1/4。而柜台债券市场的开放和发展很可能会让个人投资者放弃固收产品，转而直接投资债券。依据如下：①直接投资债券的流动性更好，变现能力显著强于申赎金融产品；②在低利率环境下直接投资债券可以节省 20bp 左右的管理费，且操作自主性更强；③方便个人投资者更充分地参与低等级信用债市场。

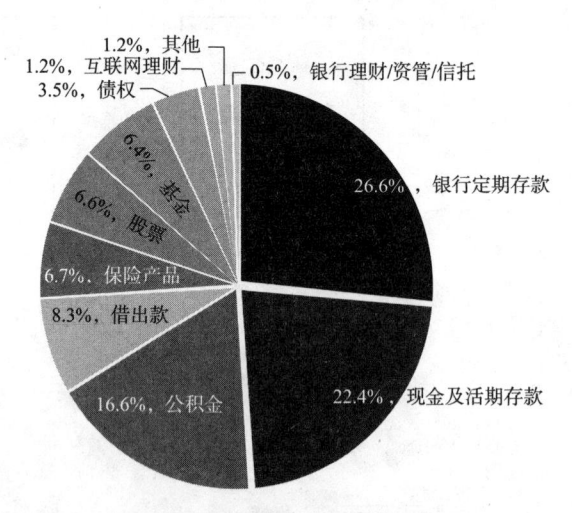

图 2-5　居民金融资产配置方向分布

资料来源：中国人民银行《2019 年中国城镇居民家庭资产负债情况调查》，兴业证券经济与金融研究院整理。

此外，柜台债券对存款也存在一定的替代效应，因为在存款利率持续下调的情况下，债券的相对价值尚可。这也有助于促进直接融资对间接融资的替代，进而降低企业融资成本，是监管重点推动的方向，但也会冲击银行传统的信贷业务。

三、信息传播的影响方式变化

近年来，由于自媒体的迅速发展，信息传播呈现明显的"去中心化"趋势，官方权威的信息发布平台对市场的影响甚至不如真伪难辨的"小作文"。笔者认为2023年可被称为"非官方舆情"主导市场走势的一年，又被部分网友戏称为"小作文行情"，主要的创作套路包括：①旧闻重提，再次编辑；②事件或人物访谈的断章取义；③PS大法直接造，等等。

过去证券市场相关信息的传播范式可能是：决策层→监管执行层（或发行人）→大机构投资者→小机构投资者→个人投资者；以后可能部分变成了："小作文"创作者→全市场投资者→官方信息确认（证实或者证伪）。在这条路径中，精明的个人投资者有足够的动机（自己的钱）和更低的合规成本（相对机构）成为"小作文"创作者，进而影响甚至操控市场价格。

个人投资者既是"小作文"创作者，也是主要的受众群体，而这种变化对债券市场的影响主要表现在三个方面：①利率债日内或超短线行情的波动来源可能会变成"内容创作"内卷后的结果；②信用债价格可能会受到大量民间舆情的扰动；③小股东、小债权人对转债、信用债发行人的下修、回售、变更资金用途等资本运作的监督和审核影响力提升。

四、从学习效应到资本溢价

随着移动互联网的发展，信息传播的门槛、成本和立体化水平都达到前所未有的状态，真正仍有壁垒的则是对信息的加工、处理和基于专业视角的分析。对于后者，个人投资者的学习效应也在肉眼可见地提升（见图2-6），比如出版市场上对于可转债和银行股这类泛固收资产策略的专业书籍基本上是由个人投资者贡献的，真可谓"高手在民间"。

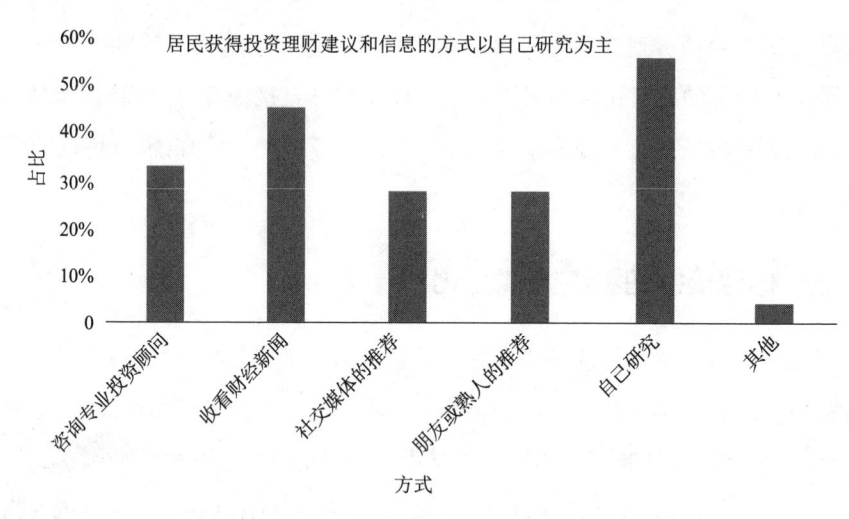

图 2-6　居民投资理财行为调查

资料来源:《中国居民投资理财行为调研报告》，国泰君安证券。

具体到债券领域，对个人投资者而言，研究门槛相对较低、信息更透明的利率债和金融债大概率将是柜台债券市场增量需求初期的主要方向，也因此可能获得额外的"投资者偏好溢价"。

五、对细分领域业态的影响

柜台债券市场的扩容势必会催生很多新的商业模式，例如：①基于高净值个人客户的债券投顾业务，与财富管理顾问的服务模式类似，主打"陪伴+建议+按摩"；②卖方业务目标客户下沉，分析师从面对 B 端到面对 C 端，与券商传统经纪业务加深捆绑；③银行推出更多基于柜台债券的创新业务，如零售债券销售、二级市场实时报价、债券和理财份额转让等。

第三章

金融债投资分析笔记

　　金融债作为近年来发行量增速最快的信用类资产，其风险收益特征和投资价值受到市场参与者的广泛关注。在本章中，首先，对商业银行的经营模式和资本结构进行分析，揭示商业银行在资本市场中的多重角色，以及其发行的各类资本工具的风险收益特征；通过分析商业银行的盈利来源、经营风险及损失吸收机制，进一步探讨银行股本与债务的估值差异，并讨论市场分割下投资者的偏好特点。其次，复盘银行次级债的存量结构分布和行情变化，为投资者提供基于机构买方的市场观察。再次，探讨证券公司债券的信用风险及投资价值，分析券商的主营业务、杠杆及负债情况，并提供对券商主营业务及信用风险来源的解析。最后，对保险公司次级债券的投资进行分析，本章将综述保险业的基本面，探讨保险行业的信用分析框架，并对保险次级债的发行情况、条款解析及风险收益特征进行阐述。

第一节　银行次级债的风险收益特征

商业银行作为国内资本市场重要的证券发行人，为各类投资者提供了多层次的投资工具，包括 A 股、H 股、可转债、优先股、永续债、二级资本债、商业银行债、同业存单及存款等，基本覆盖了大类资产的主流品种。

其中，可转债、优先股、永续债和二级资本债又被统称为"混合权益性金融工具"，该类资产往往具备股票和债券的双重资产属性。近年来，为了补充资本金，除银行转债外，以二级资本债和永续债为代表的资本工具发行也持续放量，对这类资产的研究既能让我们对广义信用品种有更深刻的理解，更能作为参照，为进一步认知可转债等混合资产提供多元的视角。

另外，融资端多层次、差异化的资金来源安排也显著增强了银行资本结构的稳定性和抗风险能力。本节将从商业银行经营模式和资本结构出发，结合其存量证券历史走势案例，分析其各类资本工具的风险收益特征和估值定价逻辑，为资产组合管理人提供投资决策参考，同时对非金融企业证券发行市场提出优化建议。

一、商业银行经营模式与资本结构分析

在金融体系中，商业银行扮演着核心角色，其经营模式与资本结构的复杂性直接关联到整个经济的稳定与发展。下面我们将深入剖析商业银行的盈利机制、风险管理和损失吸收策略，以及这些因素如何塑造银行的资本结构，揭示银行业务的内在逻辑，探讨在宏观经济波动中银行如何平衡风险与回报，确保金融系统的稳健运行。

1. 盈利来源及驱动因素

与传统的非金融企业不同，商业银行经营的对象主要是货币，即通过货币的信用派生为实体经济提供金融服务，以利息收入或非息收入的方式从企业端利润中获取固定回报。对于经济体而言，合理的宏观杠杆率和信用扩张节奏有利于经济增长。2014—2020 年，国内商业银行资产规模复合增速超过 10%，显著高于 GDP 整体增速。

从杜邦公式拆解的角度来看，其实商业银行的盈利模式与工商企业的盈利模式也有可比之处，即 ROE= 销售净利率 + 资产周转率 + 权益乘数。其中，销售净利率类似银行净息差，即资产收益率 – 负债成本；资产周转率则取决于银行的经营效率，资产证券化业务便是主流的提升方式；在权益乘数方面，商业银行动辄十几倍的杠杆率将存贷息差充分放大，是其区别于实体企业最重要的经营差异，也是商业银行核心的经营风险之一。

2. 经营风险及损失吸收机制

商业银行高杠杆的经营模式一方面可以将净息差放大，另一方面在资产负债利差倒挂或资产质量出现问题时也会放大损失。即"信用 + 杠杆"的模式天然具有小概率极端负偏离的回报分布，如金融危机时期的花旗银行、2018 年的包商银行等历史案例。基于这样的问题，我国商业银行进行了多层次资本的安排，这也是极端情况下吸收损失的五道防线。

当资产端贷款出现违约时，银行吸收损失的第一道防线是拨备覆盖；拨备之后，吸收损失的是核心一级资本（如普通股），当拨备无法兜底必须补充拨备时，银行会减少当期利润，甚至体现为当期亏损，这时候核心一级资本就会减少；如果核心一级资本消耗严重，那么其他一级资本（如永续债、优先股）将吸收损失；当其他一级资本消耗完后，二级资本（如二级资本债）将先亏损；当二级资本消耗完后，则是商业银行债、同业存单、存款等。

关于不同资本对应证券的风险收益特征，下面先从五道防线的两端——股票和债券来看。

二、银行股本与债务的估值差异：以 2019 年为例

2019 年，尽管银行股基本面面临多重挑战，但其股本与债务的估值走势却呈现显著的分化现象，引发市场对银行资产定价及其背后逻辑的深入思考。下面将探讨 2019 年银行股本与债务估值差异的演变、市场分割下投资者的偏好特点，以及信用分层在银行资本结构中的映射，为投资者提供银行资产配置的新视角。

1. 银行股本与债务估值差异的演变

从 A 股市场表现来看，银行板块自 2019 年以来持续跑输沪深 300，反映了投资者对银行股基本面的悲观预期。事实上，银行股基本面也确实存在一些长

期值得关注的问题。从中短期来看,一是贷款利率下调和持续的让利政策导致净基差收窄;二是信贷需求偏弱,资产规模增速放缓;三是信用违约同比激增,银行资产质量承压。从长期来看,经济增速持续下台阶,中长期贷款市场报价利率(loan prime rate,LPR)下降,行业内部的同质化竞争、存量博弈和产能过剩都是较为不利的因素。

然而,值得注意的是,虽然对应类似的经营基本面,自2019年以来银行的股本与债务估值却出现了显著的分化行情,即银行股估值持续探底,而银行债券收益率持续下行,估值越来越高。

由于银行普通债券收益率随无风险利率下行,而股票估值(PB)创历史新低,导致银行股息率和银行债券利率的差值到达历史相对高位。而从历史上来看,这种股本和债务的分化往往意味着银行股估值的拐点(见图3-1)。

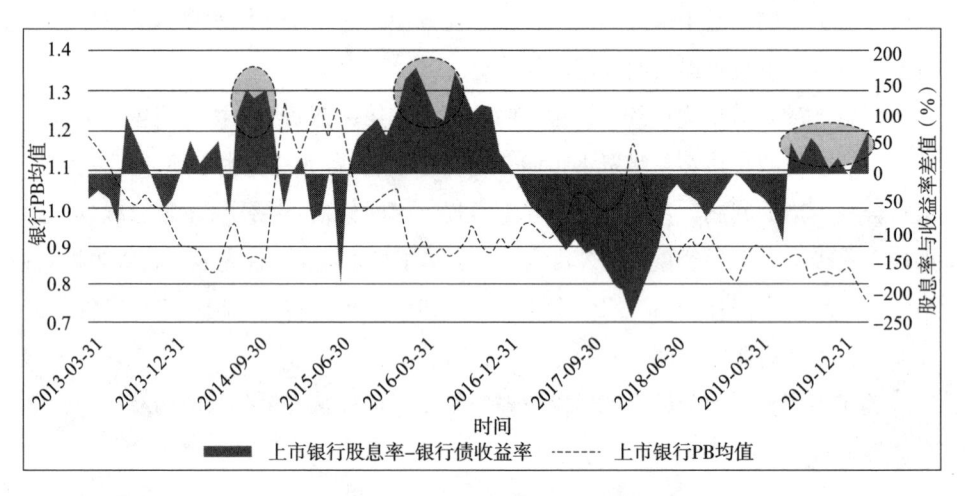

图3-1 2013—2019年银行债务与股本生息的相对价值及银行股估值走势

资料来源:Wind。

这样的经验逻辑上也有合理性:权益和信用是公司价值在资本市场上的两个映射,虽然风险收益特征(股权和债券的权利义务)不同,但都来源于相同的经营基本面状况。如果两者的价格隐含了明确的"预期差",那么可能有一方出现了定价偏差。

银行分级基金的历史表现也呈现出类似情况(见图3-2)。这里我们可以将A份额近似看作债务投资者,将B份额近似看作股票投资者。虽然理论上A、B份额都受母基金影响,但从实际验证上来看,优先级A与5年国债期货相关性更强,而劣后级B则基本跟随沪深300波动。这似乎表明银行股债的相对走势受证券主体经营基本面的影响可能远不如受其对应大类资产风险因子（如利率、风险偏好、经济增长）的影响。

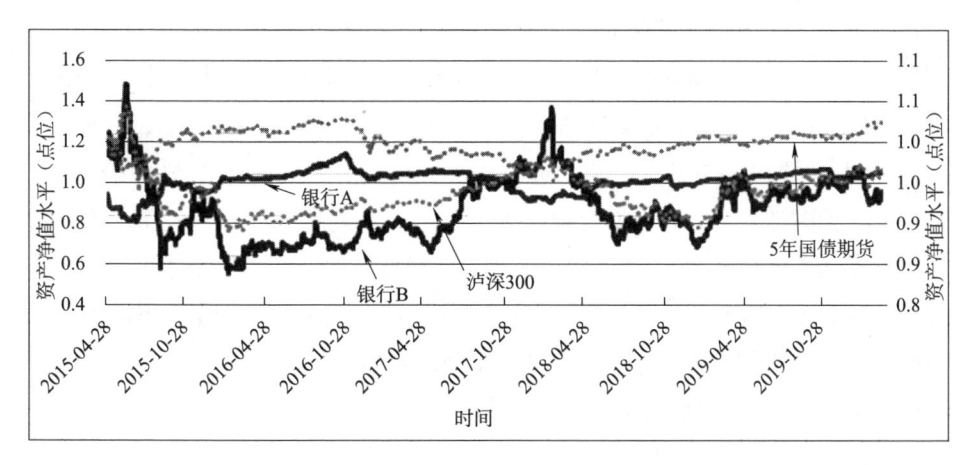

图 3-2 银行分级基金 A、B 份额及股债相对走势

资料来源：Wind

下面我们进一步讨论银行股债存在持续隐含预期差的原因。

2. 市场分割下投资者的偏好特点

考虑投资者对资产的定价，除了证券发行人基本面和宏观因素，在微观层面还需要关注的是不同类型的投资者具备差异化的收益目标与风险约束。因此，资产价格隐含的预期差同样是有效市场理论假设与投资者结构分化现实的差异（见图 3-3）。

序号	假设	现实
1	投资者对不同资产的预期回报、风险值和相关系数都有一致共识	没有共识，每个投资者的可投资标的范围也不同
2	完全资本市场，在融资上，贷方和借方都没有限制	大多有杠杆限制（法规或自身安排的指引）
3	投资期限等同	期限不同，导致对无风险资产也有不同的定义
4	所有财富都可以证券化，并且可以等价互换	大多数财富难以证券化（如人力资源），信息与交易成本阻碍互换
5	投资者都是均值-方差优化者	大多不是

债券投资：更倾向于通过可转债和可交债而非类债券股票表达观点

股票投资：机构投资者关注超额收益，个人投资者关注赚钱效应

灵活配置：关注大类资产的相对价值或考虑用银行股替代纯债

混合投资：受到股债比的刚性约束，银行股占用风险预算

图 3-3 投资者结构差异

在市场分割状态下，银行股对于股票、债券和混合投资者的吸引力都非常有限。在目前的市场环境下，银行股最大的功能性价值主要来自纯债替代策略（安全边际较好，低波动，高分红），但估值修复仍受到两个微观结构的制约：一是国内真正意义上的大类资产配置者缺位（仅有社保和中投公司）；二是传统债券投资者似乎并没有完全意识到类债券股票的价值（也可能由于组合波动率约束）。

而同一时期银行转债的估值状态似乎也印证了我们关于市场分割的猜想（见图3-4）。即转债内嵌的看涨期权被高估（隐含波动率处于高位），但期权挂钩的资产被低估（银行股破净）。而定价偏差可能同样存在潜在的投资机会，对于投资范围约束较小的投资者而言，可以考虑使用银行正股替代转债（做多现货、做空期权），以此来获得市场分割状态下"廉价的午餐"。

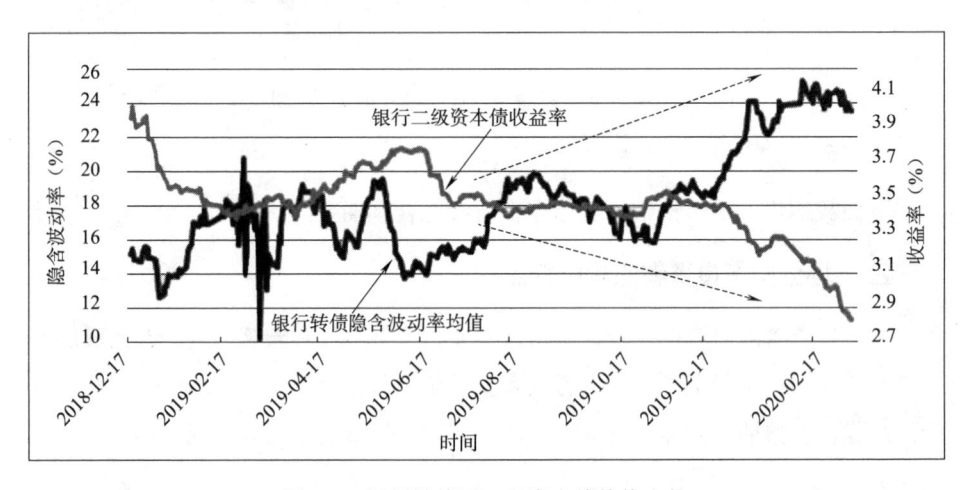

图3-4 银行转债及二级资本债估值走势

资料来源：Wind。

3. 信用分层在银行资本结构中的映射

2019年，包商银行存单打破"刚兑"，市场开始关注中小银行存在的信用风险。2019年年底，多家城商行再度打破二级资本债定期赎回的"潜规则"（见图3-5），侧面反映出部分银行资本充足率不足，这也导致了实体经济局部的信用收缩与分层。

信用分层典型的表现形式在于：高等级主体的信用利差压缩，低等级主体的信用利差走扩。反映到债券市场中的实例，则是居高不下的违约率（民企债）和历史最低AAA级信用利差的共存；反映到银行资产负债表上，则是越接近吸收潜在亏损的资本越被低估，清偿顺序越高的资本越被高估。这也是银行股债估值分化潜在的理论解释，只是我们暂时没有找到合适的方法去验证。

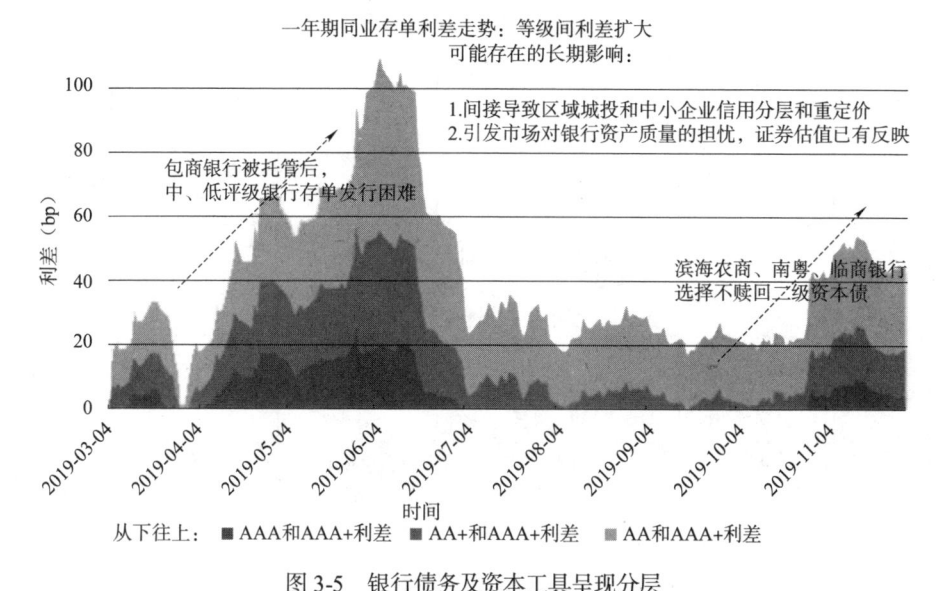

图 3-5　银行债务及资本工具呈现分层

资料来源：Wind。

下面我们继续观察清偿顺序接近的银行永续债和二级资本债定价差异。

三、银行永续债及二级资本债定价逻辑：以 2021 年为例

2021 年，银行永续债和二级资本债的定价差异揭示了资本市场对银行信用风险和经营压力的敏感反应。下面我们将通过分析银行资本工具的利差特征，探讨市场对不同银行资本工具定价逻辑的演变，以及信用分层现象如何影响银行资本结构的估值。

1. 永续债及二级资本债利差特征

回顾 2021 年一季度大类资产的表现，银行永续债堪称该季度超额收益最显著的类固收资产。有分析认为，这与现金管理类理财新规对其潜在的豁免条款有关。事实上，相对非金融企业类永续，银行永续条款隐含的权益属性更强，但在定价层面市场似乎仍然参照信用债逻辑。下面我们选择股份银行里面的招商银行和民生银行存续资本工具估值作为定价参考。

图 3-6 为根据两家银行存量债券估值和中债隐含评级曲线拟合的结果。

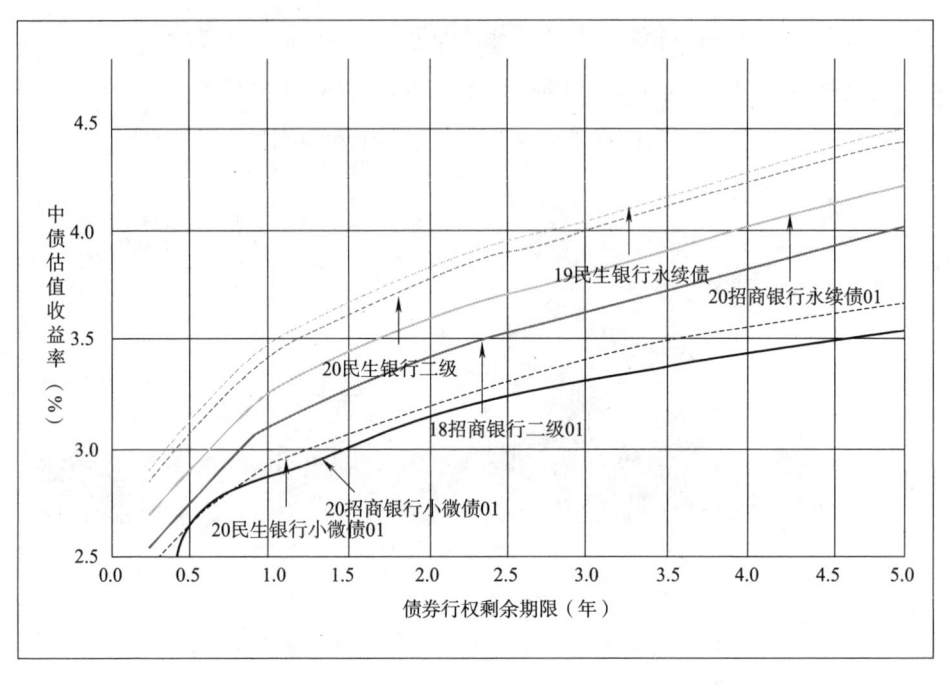

图 3-6 招商银行和民生银行资本工具利率拟合曲线

资料来源：Wind。

由图 3-6 不难得出以下结论：

第一，两家银行小微债利差较小，短端定价差异接近两家银行存单利差。

第二，从绝对利率来看，两家银行各资本工具排序与清偿优先顺序一致。

第三，从相对利差来看，民生银行永续债相对其二级资本债的溢价偏低。

前两点比较符合常识，而第三点是值得关注的：正如投机级相对投资级债券期限溢价指数级扩大的道理一样，弱资质银行（民生银行）相对强资质银行（招商银行）在更劣后的资本工具上理应呈现出更大的主体风险溢价，但事实上这里呈现出相反的特征。下面我们观察全市场平均水平，见表 3-1。

表 3-1 全市场资本工具价格均值

	主体评级	AAA	AA+	AA
永续债	评级间利差	—	0.54%	0.05%
	—	4.30%	4.84%	4.89%
二级资本债	评级间利差	—	0.46%	0.36%
	—	4.13%	4.59%	4.95%
品种间利差	—	0.17%	0.25%	−0.06%

资料来源：Wind，东北证券。

而从市场整体利差情况不难看出，永续债的评级间利差（54bp）大于二级资本债的评级间利差（46bp）。而品种间利差同样随着资质下沉而走扩，这也是符合常识的情况。但民生银行两类资本工具定价与常规情况刚好相反，下面我们来讨论一下具体原因。

2. 证券定价错位的原因与解释

对于民生银行永续债和二级资本债定价的错位，笔者认为可能存在以下解释：

第一，从资本充足率的角度来看，民生银行各层次资本的相对安全边际差异较大，如劣后于永续债的防线相对较厚（拨备覆盖+核心一级资本），而劣后于二级资本债的防线相对较薄（拨备覆盖+一级资本）。

第二，投资者结构和偏好差异导致。例如，二级资本债的流动性或交易属性更强，在事件冲击下（民生银行一季报利润同比下滑）市场出清更快。

第三，资本结构和经营环境承压导致民生银行资本工具定价体系重构，其估值逻辑阶段性偏离市场均值。

观察两家银行2021年一季度的资本管理指标（见表3-2），事实证明两家银行在一级资本充足率与核心一级资本充足率上的相对差距接近，并不存在显著的倍数差别。因此，第一种解释似乎缺少合理依据（但或许可以映射到其他资本结构存在相对差异的企业，进而指导夹层证券定价）。

表3-2　2021年一季度年报——资本充足率

	拨备覆盖	一级资本	核心一级
招商银行	438.88%	13.79%	12.19%
民生银行	141.11%	9.86%	8.59%
差距倍数	3.11	1.40	1.42

资料来源：Wind。

接下来对比两家银行普通股和资本工具利差的相对走势（见图3-7）。可以看出，一季报发布后，民生银行股价大幅下挫，进而抬升股息率，资本工具也出现大幅的价格重估。而在此之前，民生银行二级资本债相对招商银行二级资本债仅有5bp左右的流动性溢价，永续债利差波动则更接近普通股相对走势。以上趋势似乎用后两种解释都能说得通。

图 3-7 招商银行和民生银行资本工具及股票利差走势

资料来源：Wind。

而根据 Wind 数据，银行永续债月度换手率约为 5%，而二级资本债自 2022 年以来换手率约为 8%，实际水平比较相近。同时根据银行间交易的惯例，票息更高，永续债实际更受交易盘的青睐。因此，第二种解释似乎缺乏合理依据。

为了进一步验证第三种解释，我们选择同样面临信用和经营风险压力的锦州银行（见图 3-8）和盛京银行（见图 3-9）。由于这两家东北区域银行无存量永续债和股息率数据，故使用股票价格倍数作为近似指标替代。我们发现其二级资本债利差变动与股价相对 Alpha（均以招商银行存量资本工具定价作为基准）高度相关。

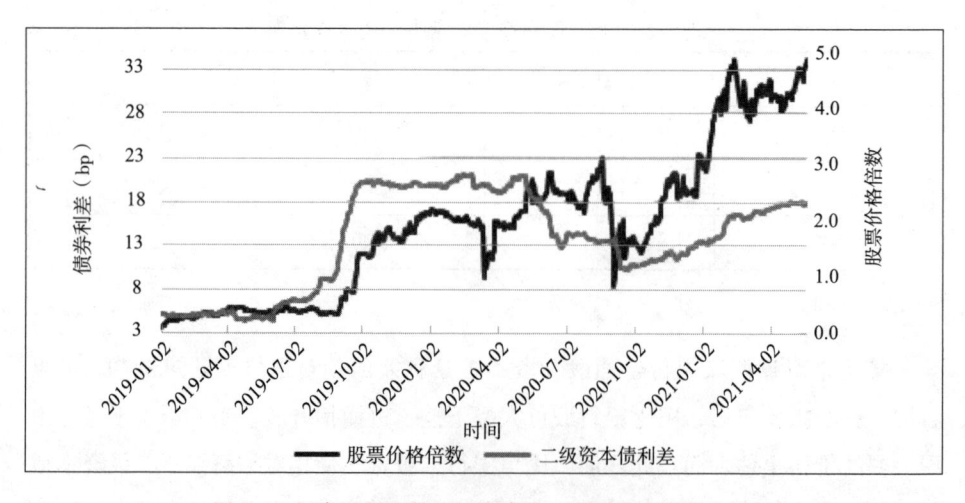

图 3-8 招商银行和锦州银行资本工具及股票利差走势

资料来源：Wind。

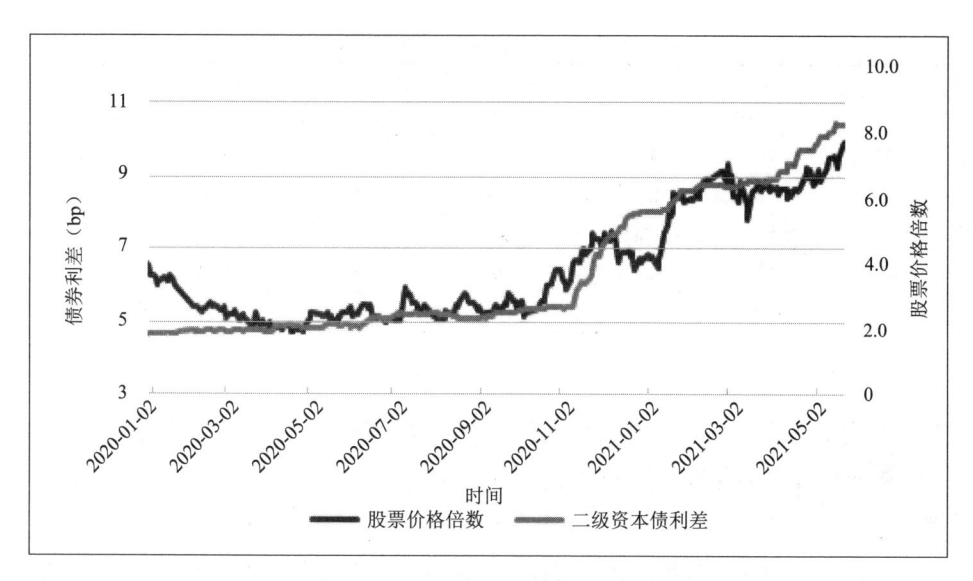

图 3-9 招商银行和盛京银行资本工具及股票利差走势

资料来源：Wind。

根据以上事实，笔者倾向于认为：

第一，作为介于股债之间的类属资产，二级资本债和转债一样有着"随时准备脱债向股"的可能性，区别在于转债是期权多头（经营好则享受正股弹性），二级资本债是期权空头（经营差则和股票一起跌）。

第二，在民生银行一季报发布前，市场并没有充分认识到信用和经营风险，因此其二级资本债仍然以纯债逻辑定价（虽然永续债已经具备显著的股性特征）。在利空冲击后，二级资本债迅速切换为偏股特征，且这种风险收益特征的边际变化幅度大于永续债，因此出现了有别于市场平均的利差价格。

四、对非金融企业次级债市场的启示

相对银行复杂多层次的资本结构而言，国内非金融企业发行人的资本结构相对简单，而在海外成熟市场上，传统企业同样存在多层次的资本结构和工具，这也为投资者和融资人提供了更多元的选择。

在国内证券市场上，高收益债往往意味着评级向下迁移或实质违约的信用债，约等于"堕落天使"。事实上，广义的高收益债还应包括以下两种类型：

一是高资质企业次级债（见表 3-3）。

表 3-3　次级债相对估值示例

信用主体	存量证券报价	利差基点	优先于该证券债务/EBITDA	劣后于该证券债务/EBITDA	FCF/债务总额	EV/EBITDA
Mobile 公司	3Y 8%	400bp	3.0x	5.0x	3.0%	6.0x
Cell 公司	5Y 10%	600bp	5.0x	5.0x	2.5%	5.5x
Phone 公司	4Y 7.5%	350bp	4.0x	5.0x	2.5%	6.2x
Wreless 公司	7Y 9.5%	600bp	5.0x	5.5x	5.0%	7.0x
Data 公司	6Y 9%	300bp	3.5x	3.5x	3.5%	5.8x

资料来源：《高收益债实务精要》。

与商业银行分层的资本结构类似，非金融企业债务也可以按照清偿顺序排列：有担保或抵押贷款；信用类贷款；优先级债券；次级债券；优先股、永续债及其他夹层工具。

次级债的风险收益特征接近目前商业银行二级资本工具的风险收益特征，即兼具股债双重属性，只是在企业不同的经营周期反映出不同的偏股和偏债程度。

二是成长期企业信用债。

区别于"堕落天使"的"明日之星"，往往指中小企业在快速成长阶段资金需求难以得到满足，公司经营存在一定的不确定性，需要通过更高的风险溢价来补偿。事实上，CNN 等大企业都曾借力高收益债实现成长初期的发展。

这类初创成长期企业往往也是私募股权投资者青睐的夹层类投资标的，除了用高票息来补偿不确定性，还用转股条款来满足未来潜在的收益弹性。

我们始终致力于构建多层次的资本市场体系，而多层次特征不仅反映在融资人资质的层次上，还反映在工具的多样性上。近年来，ABS、REITs、可转债等兼具股债双重属性的结构化证券快速扩容发展，而高收益债和夹层资本工具尚未起步。笔者认为，未来高收益债市场体系的成熟还需要一些条件。

第一，有别于传统"违约一刀切"考核机制的资产管理产品。

第二，逐步形成对于延期支付、债务重组及债转股情景下的证券定价体系。

第三，高等级企业参照商业银行采取多层级阶梯的资本结构设计。

而无论是资本结构多元化，还是危困债务定价、资金属性匹配和投资政策引导，都对当前市场瑕疵信用债流动性断崖式分层的情况具有缓释效应，证券基本面和价格变化呈现出渐进式的特点，而不是危机中的自我强化。

展望未来，商业银行各层次资本工具的投融资实践将是非金融企业与证券市场建立多层次连接的参考依据，从长期来看可以有效促进资本市场的价值发现、优胜劣汰和价格形成。

而大力发展以次级资本工具、可转债、可交换债为代表的混合权益性金融工具，对于降低企业部门宏观杠杆率、化解信用风险、维护金融系统的稳定同样意义重大，我们有理由相信这一市场的容量与深度都将持续扩大和深化。

第二节　银行次级债行情复盘及投资思考

银行次级债作为一类特殊的金融工具，其行情变化与宏观经济、监管政策、市场情绪等因素紧密相连。随着经济环境的演变和金融政策的调整，银行次级债市场呈现出新的发展态势和投资机会。本节将对2020—2022年银行次级债的行情进行详细复盘和分析。

一、银行次级债存量结构分布概览

二级资本债存续规模和供给余额自2020年三季度以来呈现出震荡增长的态势。其中永续债自2019年首次发行以来规模保持稳定增长，目前存续规模约为1.8万亿元（见图3-10）。2019年下半年至2020年上半年，包商银行事件对中小银行信用风险的担忧导致资本补充工具的发行规模和数量有所下行，自2020年下半年起发行规模和数量在波动中增长（见图3-11）。

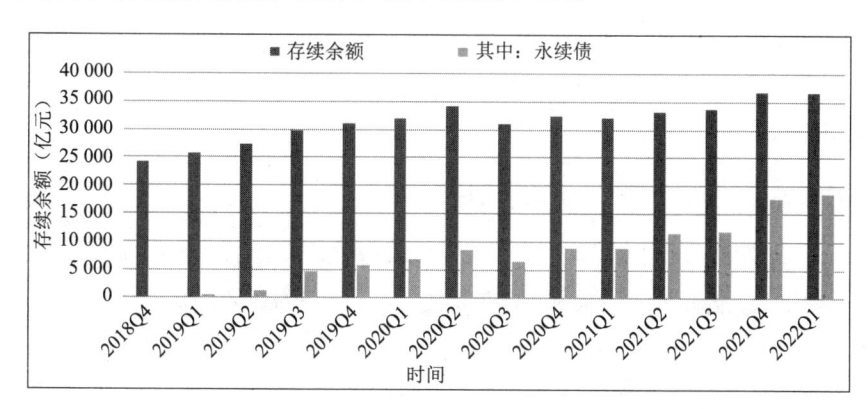

图3-10　商业银行次级债存续规模变化趋势

资料来源：Wind。

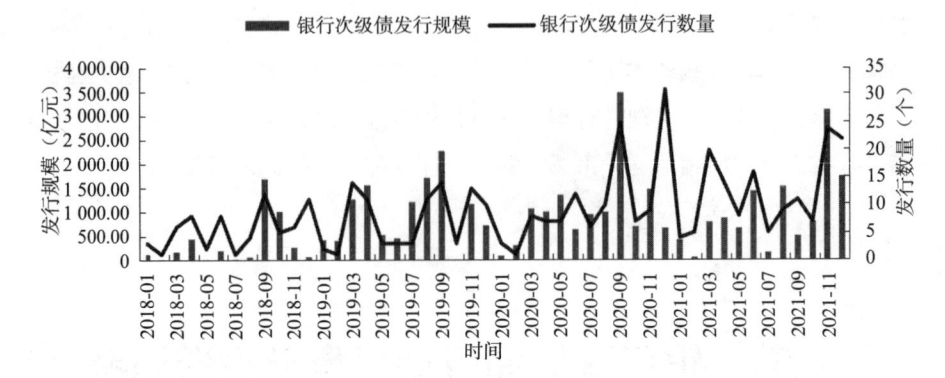

图 3-11　银行次级债发行节奏

资料来源：Wind，中信证券。

从存续规模的信用等级结构来看，中债隐含评级 AAA– 和 AA+ 对应的"投资级"品种合计存续规模逾 3 万亿元（见图 3-12）。银行次级债作为目前规模最大的混合权益性金融工具细分品种（同样作为混合权益性金融工具的可转债及可交换债规模尚不足 1 万亿元），市场容量大，可撬动的投资管理账户规模可观。

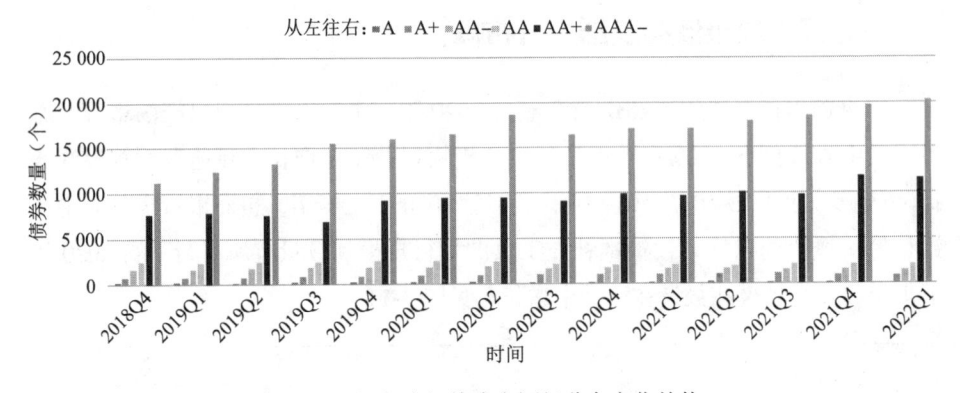

图 3-12　银行次级债隐含评级分布变化趋势

资料来源：Wind。

从短期资产供给来看，2022 年上半年发行的资本工具达 6 827.21 亿元（参考：中信证券）。2021 年度，在国有银行与股份银行中，现有未发满获批额度二级资本债共计 3 250 亿元，永续债共计 2 350 亿元，共计 5 600 亿元的银行资本工具于 2022 年上半年发行完成。按照存续二级资本债与永续债中国有行和股份行分别占比约 80% 和 85% 计算，2022 年上半年全部银行将发行二级资本债 4 062.50 亿元，永续债 2 764.71 亿元，共计 6 827.21 亿元（超过 2021 年上半年和 2020 年上半年）。

从剩余期限（行权）分布的变化（见图3-13）来看，具有以下特点：

（1）1-2Y和1Y以内品种随着供给节奏波动在近期占比提升。

（2）4-5Y品种数量相对稳定，跟随发行量小幅波动。未来半年存续数量进一步增长。

（3）3-4Y和2-3Y的offtherun存续数量近一年下行。从目前4-5Y品种数量和发行趋势来看，预计未来一年3-4Y和2-3Y存续数量相对稳定。

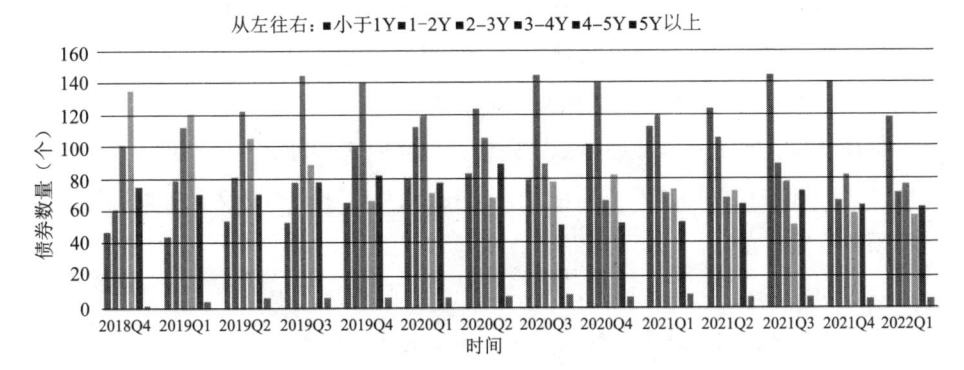

图3-13 银行次级债期限结构变化趋势

资料来源：Wind。

从交易热度来看，自2019年以来市场成交活跃度显著上升，2022年一季度交易结算额和换手率出现井喷。2022年一季度，3~5年指数成分券结算额突破100亿元，换手率首次突破1%（见图3-14）。

季度	波动率（%）中债-金融机构二级资本债券财富(1~3年)指数	波动率（%）中债-金融机构二级资本债券财富(3~5年)指数	市值（亿元）中债-金融机构二级资本债券财富(1~3年)指数	市值（亿元）中债-金融机构二级资本债券财富(3~5年)指数	季度结算额（亿元）中债-金融机构二级资本债券财富(1~3年)指数	季度结算额（亿元）中债-金融机构二级资本债券财富(3~5年)指数	换手率 中债-金融机构二级资本债券财富(1~3年)指数	换手率 中债-金融机构二级资本债券财富(3~5年)指数
2018Q4	0.82	1.13	5470.4	10171.6				
2019Q1	0.68	1.16	6179.3	9753.2		5.00	0.00%	0.05%
2019Q2	0.56	0.81	6205.0	11699.9	5.50	23.00	0.09%	0.20%
2019Q3	0.36	0.59	6548.0	11708.7	1.62	0.00	0.02%	0.00%
2019Q4	0.34	0.85	7858.0	10896.5	18.48	4.82	0.24%	0.04%
2020Q1	0.65	1.69	7901.5	11358.5	8.02	4.24	0.10%	0.04%
2020Q2	1.20	1.76	7842.7	11481.0	33.01	16.61	0.42%	0.14%
2020Q3	0.60	1.03	9198.8	10902.3	9.16	8.50	0.10%	0.08%
2020Q4	0.48	0.81	10402.0	11614.7	24.00	0.90	0.23%	0.01%
2021Q1	0.46	0.74	11269.5	11390.5	38.20	39.90	0.34%	0.35%
2021Q2	0.42	0.65	11696.8	10473.7	16.82	48.20	0.14%	0.46%
2021Q3	0.41	1.42	12526.1	9829.6	51.96	53.13	0.41%	0.54%
2021Q4	0.42	0.98	11465.1	11268.6	29.38	32.90	0.26%	0.29%
2022Q1	0.65	1.55	11207.7	13407.9	42.05	140.23	0.38%	1.05%

图3-14 银行二级资本债主要交易指标变化

资料来源：Wind。

二、银行次级债利差复盘：以二级资本债为例

阶段 1（2018 年年底至 2019 年 2 月）：利率、信用双牛 + 政策利好，险资进入；收益率下行，信用利差收窄；二级资本债品种尚未在非银机构被广泛接受，品种利差走扩。

宏观和利率环境：货币政策宽松，紧信用基本贯穿 2018 年全年，市场对于宽信用观点存在分歧。固定资产投资、社会消费品零售总额 2018 年全年弱势一路下行，但"抢出口"对出口金额增速存在超预期支撑，内需放缓是事实，经济总量表现"不差"。2018 年年底债券牛市已在震荡中持续近一年。

信用环境：2018 年全年整体稳定向松，其间因 7 月底中共中央政治局会议再提地产严控和去杠杆而预期有所波动，但在 10 月后逐渐不是交易主要方向，宽信用预期依然存在。

权益市场处于第一波强势反弹的中段，中证 800 自 2019 年 1 月 3 日低点至 2 月底反弹 25%，以房地产为代表的强周期品种走出一波澎湃小牛市。市场关于是否已经在拐点右侧的讨论甚嚣尘上。

收益率 & 信用利差表现（见图 3-15）。

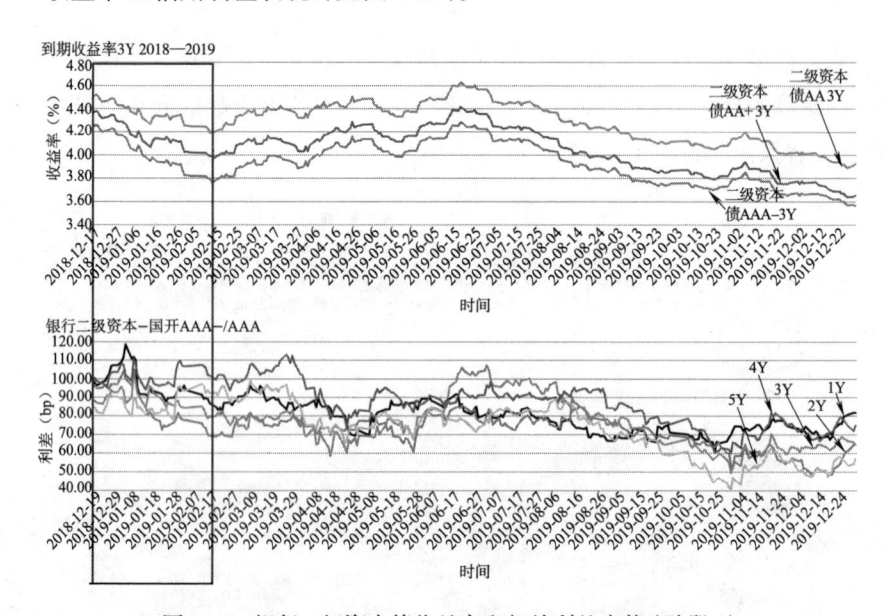

图 3-15 银行二级资本债收益率和相关利差走势（阶段 1）

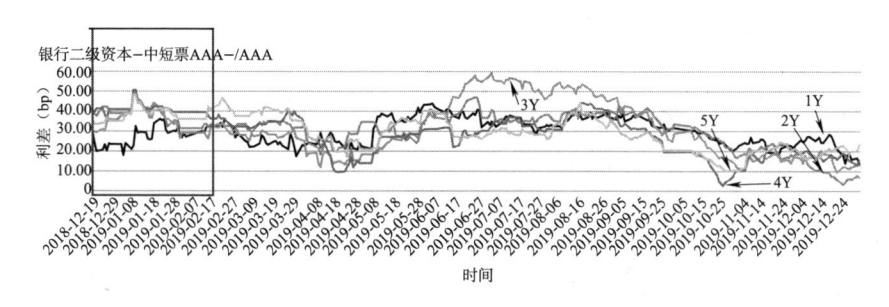

图 3-15　银行二级资本债收益率和相关利差走势（阶段 1）（续）

资料来源：Wind。

以 3Y 二级资本债为例，收益率整体下行 30bp 左右，等级利差相对稳定。信用利差（相比国开债）下行 10bp，但区间振幅达 30bp，短端信用利差先走扩 20bp 后收缩。

2018 年年底至 2019 年年初利率债最后一波下行极为陡峭。一是 2018 年 11 月 13 日公布的 10 月社融数据断崖式下行；二是受国内在美联储加息时依然降准的强烈"货币政策以我为主"信号刺激；三是从 2018 年 12 月下旬开始地产政策出现松动预期；四是 2018 年年底资金面极度宽松，市场对 2018 年年底资金面无虞。在多重绝对利多债市因素的促进下，投资者首先做多的依然是利率债，而高等级信用债票息（隐含评级 AAA 品种到期收益率 1Y 为 3.4%，3Y 为 3.6%）也不低，投资者品类下沉的意愿极弱。结果是区间二级资本债的信用利差在走扩，且不同期限走扩幅度相仿。

2019 年年初，经历 2018 年年底的收益率急速下行后，1 年期国开债的到期收益率低至 2.6%，5 年期国开债的到期收益率不足 3.4%，而资金面持续宽松，配置需求旺盛，宽信用（至少是稳信用）的一致预期在增强，投资者出于对票息的追寻开始信用下沉，做多包括二级资本债和银行永续债在内的信用品，二级资本债信用利差开始收缩，但与同等级信用债利差维持不变。

2019 年 1 月 25 日，银保监会发布《中国银保监会关于保险资金投资银行资本补充债券有关事项的通知》，明确允许保险资金投资永续债和二级资本债。此后第一个交易日，首先被集中做多的依然是利率债，导致当周二级资本债信用利差反而再次走扩 3~10bp（不同期限利差走扩幅度不等）。后续进入为期两个月的震荡下行通道。

品种利差走扩 10~20bp，但有分化。低等级长期限维持负利差（见图 3-16 和图 3-17）。

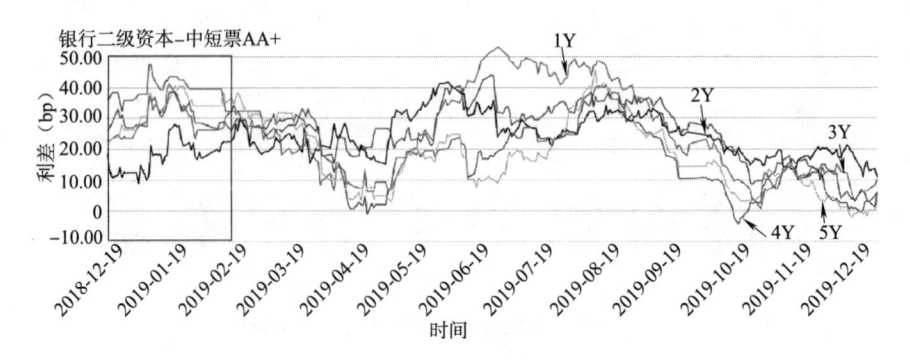

图 3-16 银行二级资本债与信用债（隐含 AA+）利差走势（阶段 1）

资料来源：Wind。

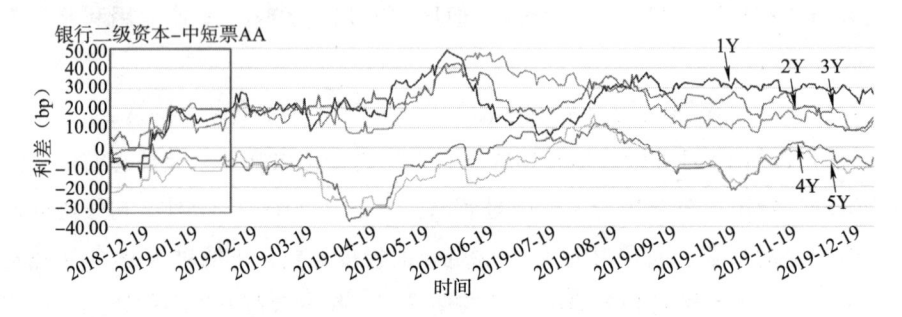

图 3-17 银行二级资本债与信用债（隐含 AA）利差走势（阶段 1）

资料来源：Wind。

AAA− 二级资本债和 AAA 信用中短票利差稳定，几乎没有波动；1Y 品种利差走扩 8bp。

AA+ 二级资本债品种利差显著走扩，1−5Y 各期限品种利差上行 6~10bp 不等。其中，1Y 品种利差上行幅度最大、上行时间最晚，主要原因是 1Y 利率债是最后一波被集中做多的；2−5Y 品种利差扩张后又有所收敛。

AA 二级资本债品种利差分化。1−3Y 品种利差上行幅度超 20bp，显著大于 AA+ 品种；但 4Y 品种利差维持相对稳定在 −8bp 左右，5Y 品种从 −20bp 上升到 −10bp 附近后再次缓慢走扩到 −12bp。

表因是这一波信用下沉到 AA 信用集中在中短期品种，长期限信用债利差并未显著收窄，和次级债的品种利差没有被拉开。想要赚取 AA 评级长期限品种票息的投资者（以银行资管为主），进行品种和条款下沉的意愿强于进行主体资质下沉的意愿。

阶段 2（2019 年 2 月至 2019 年 5 月 24 日）：宽信用预期 + 股票强劲压制债

市风险偏好，利率上行；长期限二级资本债品种利差大幅压缩。

从宏观和利率环境（见图3-18和图3-19）来看，市场对贸易摩擦引起黑天鹅性质时间的担忧显著缓释。金融数据持续超预期，宽信用的趋势被认为确立，利率在波动中持续上行，5Y国开债上行幅度达到近60bp。2019年2月公布的1月社融数据大超预期，3月CPI触底反弹，PMI在出口的支撑下强势反弹后稳步回升。此后两个月社融数据连续超预期，每一次市场内对"宽信用"已经是确定性都再次呼吁，市场在1月、2月社融数据公布后都出现了15bp左右的持续上行；同时，2月、3月初分别公布的1月、2月PMI数据连续低于50，都不及预期，市场确实在此后1~2个交易日出现利率下行波动，但很快随之继续上行。4月初公布的PMI超过荣枯线，市场再次出现了30bp的持续上行。

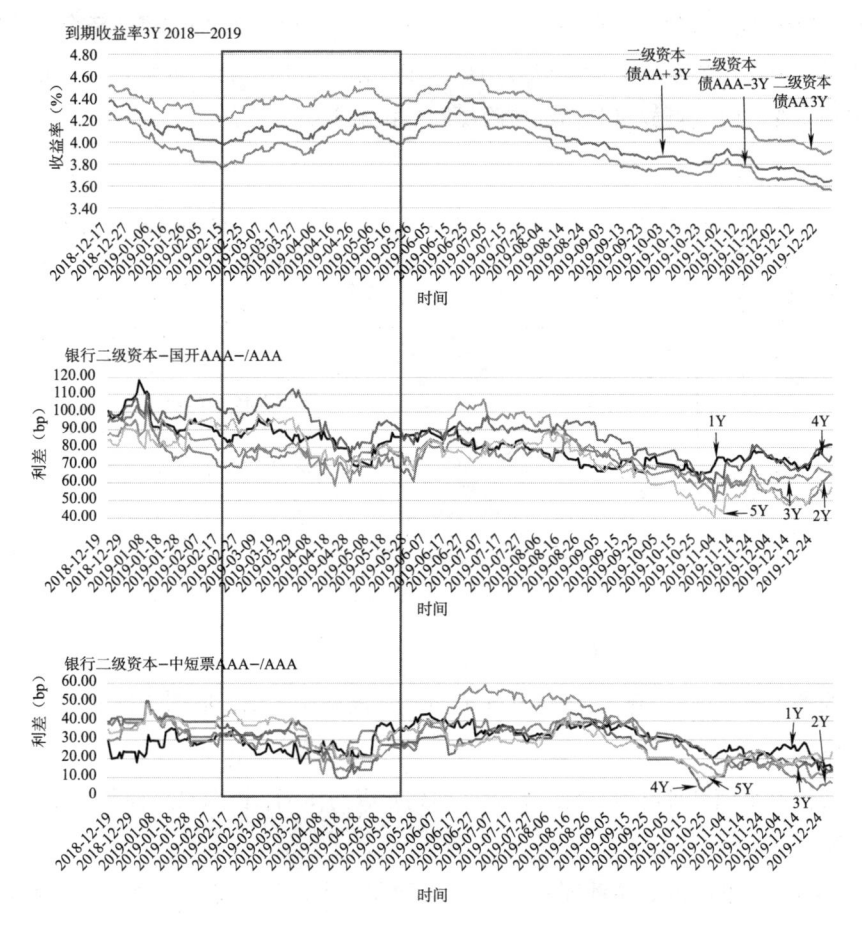

图 3-18　银行二级资本债收益率和相关利差走势（阶段2）

资料来源：Wind。

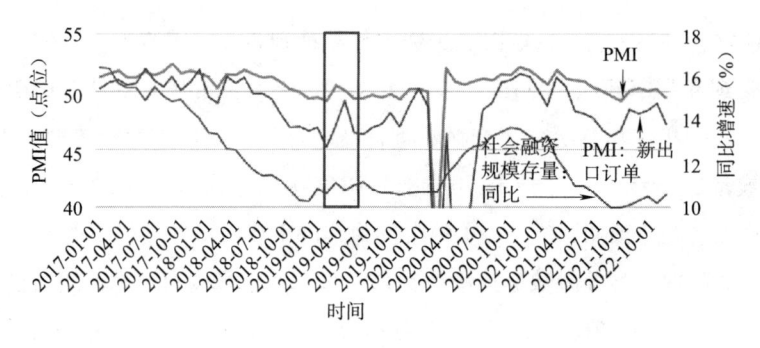

图 3-19　PMI 与社融同比增速（阶段 2）

资料来源：Wind。

信用环境（见图 3-20）：信用消息面相对寡淡。城投行情启动，存贷双高与股权质押风险缓释。利率债震荡上行，赚钱难度加大，市场阶段性做空利率情绪浓厚，信用债相对投资价值更为明显。中、高等级信用利差窄幅震荡，低等级信用利差在一级发行放量和违约风险缓和的影响下略有下行。

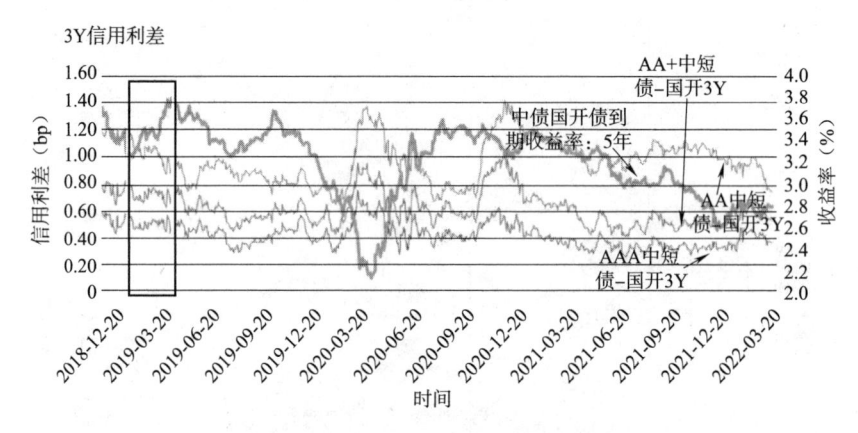

图 3-20　不同隐含评级信用债利差及基准利率走势（阶段 2）

资料来源：Wind。

股票市场：中证 800 从低点反弹近 40%，周期品领跑，股票走出底部趋势反转行情。

二级资本债品种利差分化：短端品种利差震荡压缩；长期限品种利差先不动，后压缩。

AAA- 二级资本债品种利差：1-3Y 品种利差先逐步压缩，后维持震荡稳定。4-5Y 品种利差先稳定，后压缩。其中，4Y 品种利差压缩幅度最大，从高点 40bp 压缩到低点 10bp；5Y 品种利差振幅反而相对较小。

AA+ 二级资本债品种利差趋势（见图 3-21）和 AAA- 二级资本债品种利差趋势类似。

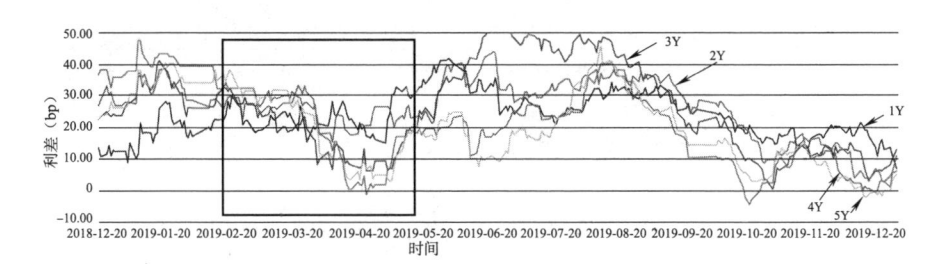

图 3-21　银行二级资本债与信用债（隐含 AA+）利差走势（阶段 2）

资料来源：Wind。

收益率绝对水平上行幅度低于利率债波动（见图 3-22），尤其是 4Y、5Y 品种收益率上行幅度不过 10bp，远低于利率债波动（也表现为相对于国开债的信用利差大幅压缩）。这和当时银行资管配置盘是长期限次级债的主要参与者有较大关系，配置账户对于这个点位（4% 以上）的票息价值没有太大担忧时卖出意愿可控。

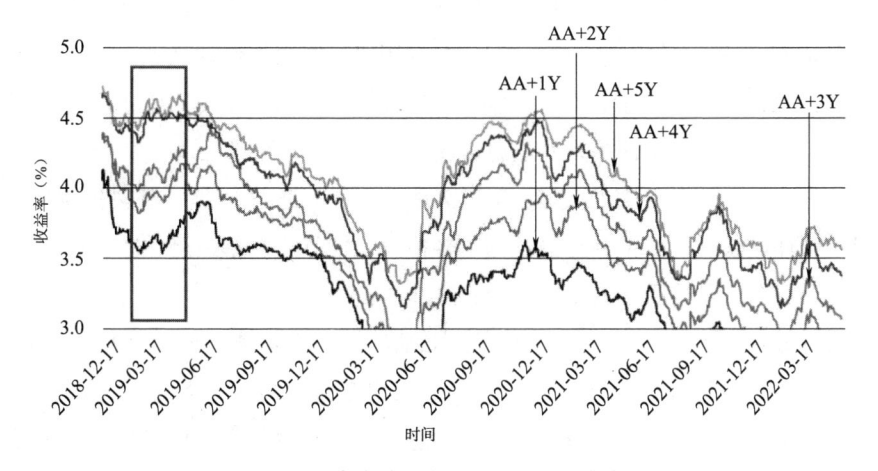

图 3-22　银行二级资本债（隐含 AA+）收益率走势（阶段 2）

资料来源：Wind。

AA 二级资本债品种利差分化更为显著（见图 3-23）。1–3Y 品种利差稳定后从 5 月开始略有上行，4–5Y 品种利差稳定后持续压缩，与 AA 信用债利差最低至 −37bp。

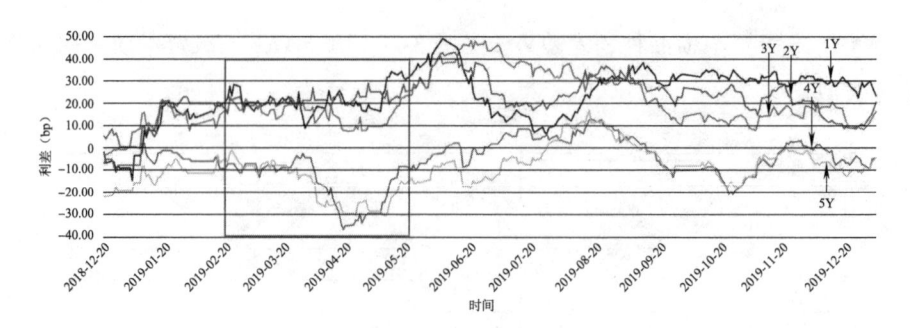

图 3-23　银行二级资本债与信用债（隐含 AA）利差走势（阶段 2）

资料来源：Wind。

小结：此期间主要的逻辑是宽信用预期先骤起后平稳，风险资产情绪显著转向，两者共同压制债市整体风险偏好。此时可以进行一定的中、高等级信用债布局，但票息水平在 3.6% 左右，和 5Y 国开的票息水平差不多，还要承担高得多的条款风险和并不低的久期风险，因此，此阶段介入显得没那么必要。此时率先被做空的是利率债和高等级信用债。

而对于高票息类资产（到期收益率在 4.0% 以上的 AA+ 和 AA 中长期限信用债和二级资本债）的配置需求依然稳定存在，尤其是二级资本债这种主要投资者的配置意愿更多基于银行间领导关系、对信用研究跟踪较低的品种，对于银行资管的性价比依然高于一般信用债。这种强劲需求导致中、低等级信用利差收窄，低等级长期限二级资本债品种利差急速收窄。

阶段 3（2019 年 5 月底至 2019 年 7 月）：中小银行接管，信用担忧骤升，信用融资环境收紧，金融与经济数据利多债市；债券收益率下行，二级资本债收益率先上后下，品种利差震荡严重分化。

宏观和利率环境：多空交织，定价混乱。市场避险情绪继续上升，10 年期国开债收益率下行幅度超过 30bp，下行幅度和速度较前期明显加大，低等级信用债收益率也有所下行。多重外围事件和企业信用导致利率定价混乱，但梳理后发现政策面和基本面均利多——债市整体下行，宽信用交易停滞。2019 年 5 月公布的 4 月 PMI 略低于预期（利多债市），5 月 6 日中美贸易谈判再度出现负面信号，正式上调 2 000 亿美元的关税（利空）；5 月 6 日公布定向降准，安抚了投资者的情绪（利多）；5 月 24 日包商银行被接管（利空）；5 月底 PMI 大幅低于预期（利多）；7 月的达沃斯论坛再提货币宽松（利多）；7 月 PMI 低于荣枯线（利多）。

信用环境（见图 3-24）：包商事件和地产信托融资收紧影响风险偏好。2019 年 6 月底，国办函 40 号文发布，城投平台隐性置换工作启动，信用下沉聚焦在城投品种。此阶段低等级信用利差显著走扩，主要有两点原因：一是受中小银行接管事件影响，银行间流动性分层加剧，结构化产品持续发生回购违约，低资质发行人结构化发行问题频频发生，市场风险偏好有所转变，对低评级主体的下沉资质逐渐转为谨慎；二是房地产信托融资政策收紧，导致中、低评级房地产企业融资进一步受到约束，市场对中、低评级房地产企业发生信用风险的担忧有所上升，下沉信用资质逐渐转为谨慎，低等级信用利差整体走扩 20bp 左右。

股票市场：2019 年 4 月出现一波 –15% 左右的回调，后再度震荡上行。市场情绪基础没有恶化，部分成长板块的优质标的开始启动，熊市思维基本上不复存在。

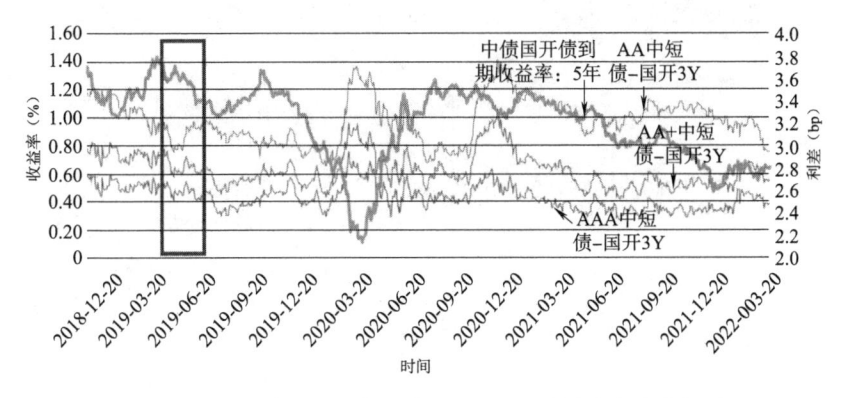

图 3-24　不同隐含评级信用债利差及基准利率走势（阶段 3）

资料来源：Wind。

二级资本债品种利差（见图 3-25）：3Y 品种利差走扩，显著分化于其余期限；1–2Y 弱资质二级资本债利差大幅收窄。

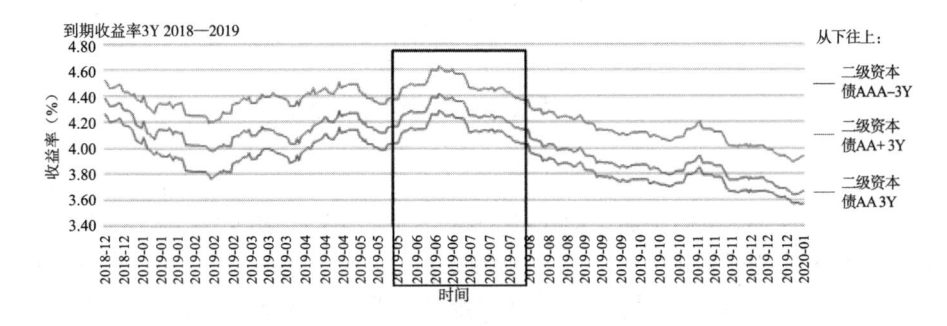

图 3-25　不同隐含评级银行次级债与中短期票据利差走势（阶段 3）

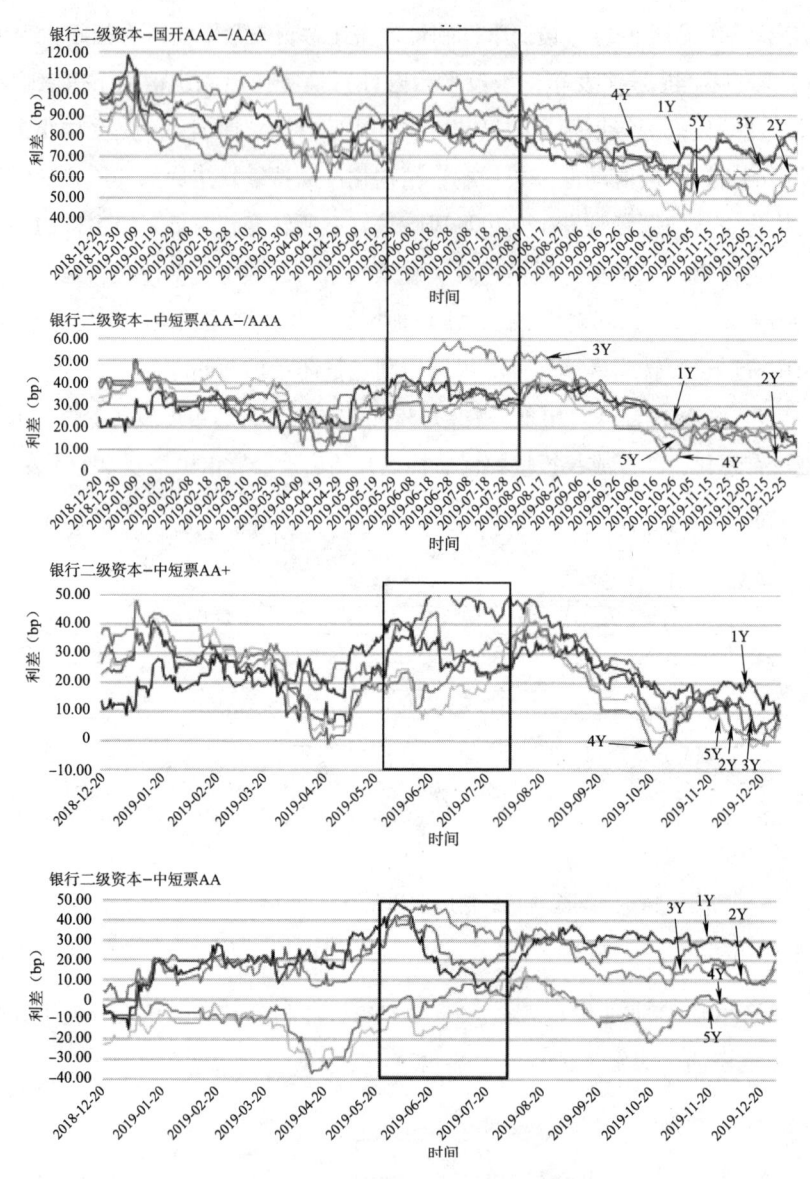

图3-25 不同隐含评级银行次级债与中短期票据利差走势（阶段3）（续）

资料来源：Wind。

这一区间的二级资本债走势略超预期。首先，大部分评级或期限的收益率上行幅度和利差走扩幅度有限，2Y以内的短期限品种利差甚至被压缩。其次，在不同的等级中，3Y二级资本债的利差扩张速度都是最快的，也是先于长期限品种被卖出的。笔者认为主要原因有以下三点：

一是市场对于中小银行信用的担忧并没有蔓延到大银行和质优股份制银行，

或者说在包商银行被正式接管前，对于其信用问题的警觉在部分机构投资者中已经存在，此次不过是消息落地。这部分银行两年以内的信用风险担忧可控，表现为 AAA- 和 AA+ 品种的 1Y、2Y 品种利差反而收敛。

二是 4Y、5Y 品种多在 2018 年和 2019 年紧信用环境下发债，能发出来的资质都相对"不差"（需要进一步的数据验证）——对应 4Y、5Y 中债隐含评级 AA 和 AA+ 二级资本债品种，其加权资质优于 1-3Y 的同隐含评级品种。

三是尽管整体二级资本债的投资者结构以银行资管配置盘为主，而 4Y、5Y 的配置盘占比尤其高，但用 1-3Y 做波段交易或骑乘策略的占比更高一些。这部分投资者在面临包商银行被接管的"靴子"落地后，手上拿得较多的还是中短期限品种，率先卖出其中期限最长的 3Y 品种。

从整体来看，在这一利率影响因素复杂、银行信用利空为主导的时期，二级资本债的信用利差和品种利差整体上没有出现大幅走扩，仅交易类期限中相对看不清的 3Y 品种出现明显卖出。

阶段 4（2019 年 7—10 月）：基本面多空交织持续，外部中美贸易摩擦升温，全面降准和定向降准落地；中小银行风险和地产信托融资收紧压制信用偏好；信用利差扩张，二级资本债信用利差和品种利差双压缩。

宏观和利率环境（见图 3-26）：多空交织持续，通货膨胀数据走高，PMI 出口项强劲，中美贸易摩擦消息面反复，但经济数据短期不差。第二轮宽信用政策加码。

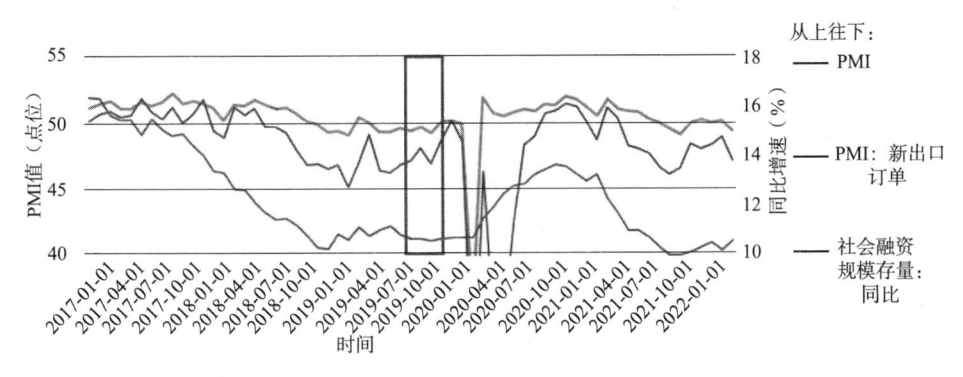

图 3-26　PMI 与社融同比增速（阶段 4）

资料来源：Wind。

信用环境（见图 3-27）：2019 年 9 月、10 月产业债违约频率同比略有缓和；2019 年 10 月 18 日召开贵州省债券市场投资者恳谈会，信用利差短暂收窄 10bp 后又有所上行，市场对于弱地区融资平台债务压力的担忧仍在。AA+ 和 AAA 信用利差区间震荡上行，AA 信用利差在消息面边际利好下于 2019 年 10 月收窄 15bp 左右。

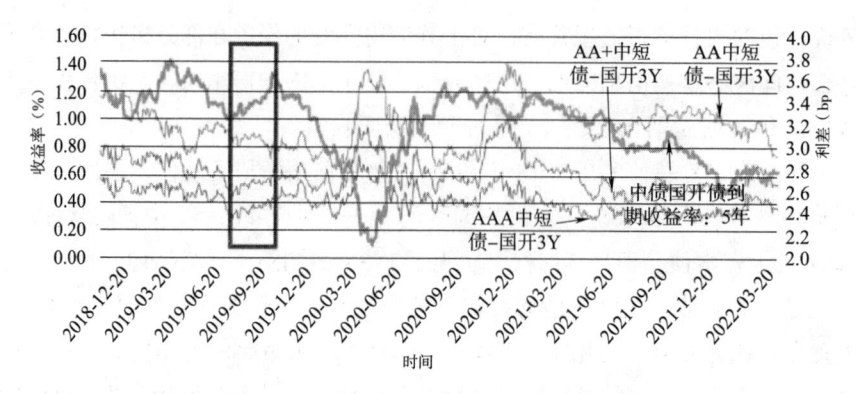

图 3-27　不同隐含评级信用债利差及基准利率走势（阶段 4）

资料来源：Wind。

股票市场：在 2019 年在 4 月短暂的调整后维持震荡，小幅收涨。产业链上游具有进口依赖或出口敞口较大的上游和轻工普遍出现下行。整体大盘仍然收涨，市场整体情绪波动，对于贸易敏感性行业的担忧加重。

二级资本债（见图 3-28）：各等级收益率全面下行；AAA−、AA+ 信用利差和品种利差全面收缩 25~50bp（AA+ 长端）不等，AA 长期限品种利差收缩，短期限品种利差走扩。此区间中对于信用下沉的态度明显谨慎，主体资质下沉的意愿弱于条款和资质下沉的意愿。此外，2019 年 9 月 6 日央行宣布全面降准 50bp，进一步促使二级资本债品种利差收窄。

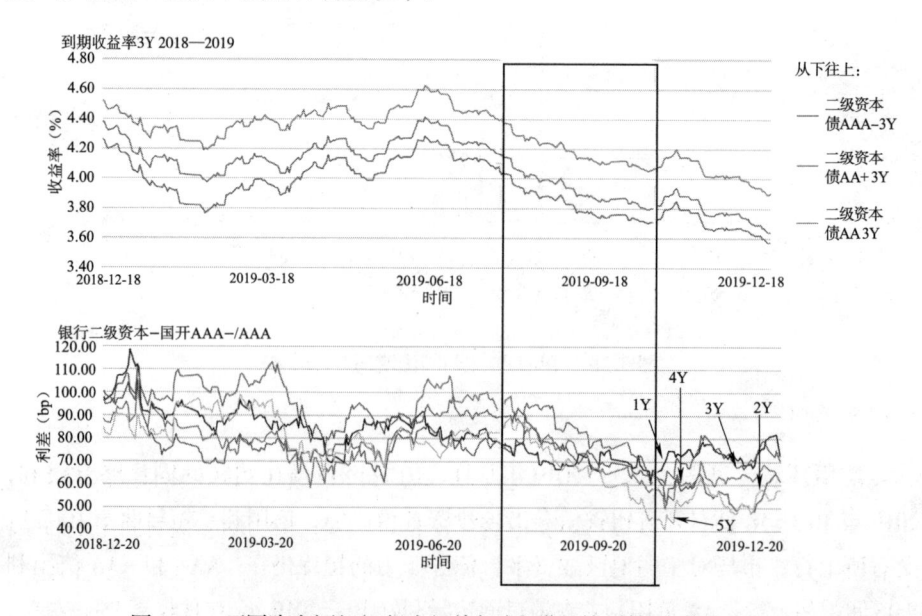

图 3-28　不同隐含评级银行次级债与中短期票据利差走势（阶段 4）

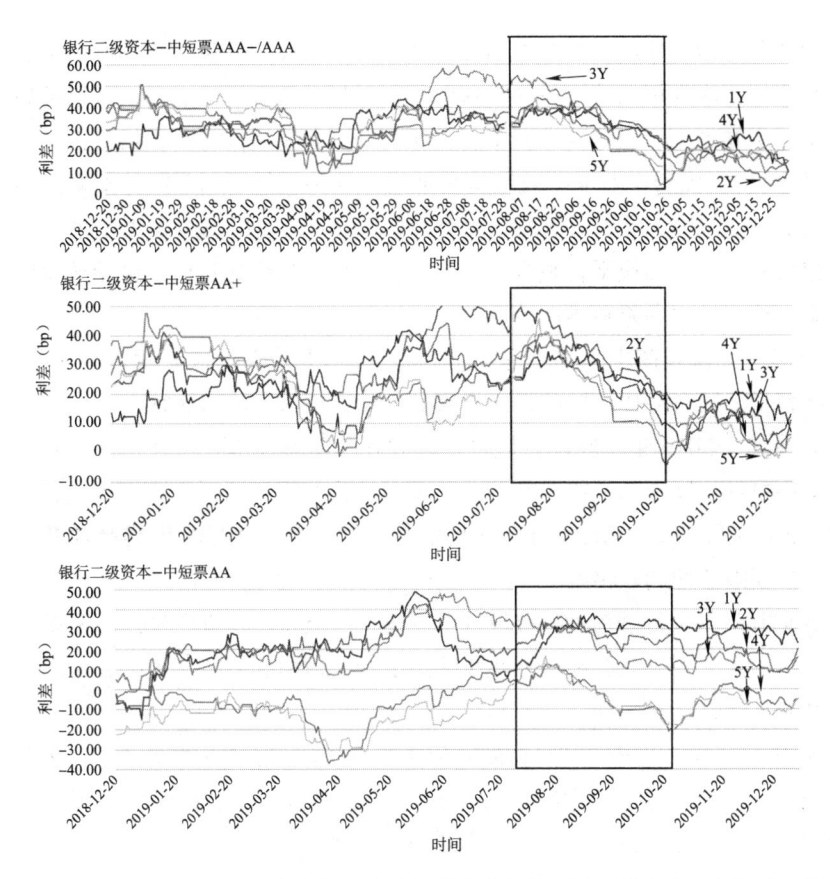

图 3-28　不同隐含评级银行次级债与中短期票据利差走势（阶段4）（续）

资料来源：Wind。

小结：在利率缺少明确长趋势方向，而外患仍在（中美贸易摩擦），信用风险偏好处于敏感期，中小银行资质存疑时，大银行和股份制银行二级资本债成为为数不多的静态收益不错且尾部风险可控的品种。

阶段5（2019年11月至2020年1月19日）：货币超预期宽松，中美"第一阶段协议"达成；民企违约加剧，同时支持政策持续加码，信用利差窄幅震荡；二级资本债品种利差震荡收窄，长期限品种利差走扩。

宏观和利率环境：2019年11月央行超预期调降政策操作利率，推动10年期国开债等利率债的收益率快速下行；此后11月制造业PMI超预期回升，市场对经济预期有所改善，叠加中美"第一阶段协议"可能达成，市场风险偏好缓和；在流动性方面，央行持续大额净投放，流动性持续宽松，资金利率维持低位，在多空因素交织下，债市收益率震荡上行。

信用环境：一方面，信用债违约风险事件发生频率有所增加，东旭集团等知名民营企业的公开债券违约，呼和浩特经济技术开发区投资开发集团的定向工具发生技术性违约，成为第二例城投平台违约案例；另一方面，交易所信用保护凭证试点落地，中共中央、国务院印发了《关于营造更好发展环境　支持民营企业改革发展的意见》，民营企业支持政策持续加码，低等级信用利差维持窄幅震荡格局。此外，2019年12月19日，央行货币政策委员会委员马骏就城投平台违约风险发出警示，建议加快平台整合，通过兼并重组方式优化负债，带动城投信用利差小幅上行，信用利差整体保持震荡上行状态。

股票市场：大盘震荡中小幅上涨5%~7%；成长板块三季报业绩普遍不弱，中美贸易战背景下国产替代长期逻辑逐步确立，创业板指上涨18.6%。

二级资本债：2019年年底民企风险事件和呼和浩特经济技术开发区定向工具违约等信用事件一度影响二级资本债收益率上行，但相对国开债及信用债利差持续收窄，AAA-和AA+在此区间品种利差震荡收敛，AA中3Y以内品种基本维持震荡，长期限品种利差收敛。

阶段6（2020年1月20日至2020年4月底）：全球风险资产暴跌；利率&信用策略分析框架受到挑战；利率分两段陡然下行，信用利差急速走扩，二级资本债品种利差大幅收窄。

宏观和利率环境（见图3-29）：2020年1月23日央行公开市场投放1.2万亿元，下调7天、14天逆回购利率。期间因美债遭抛售，引起国内债券短暂上行。2020年4月3日定向降准＋超额存款准备金下调。

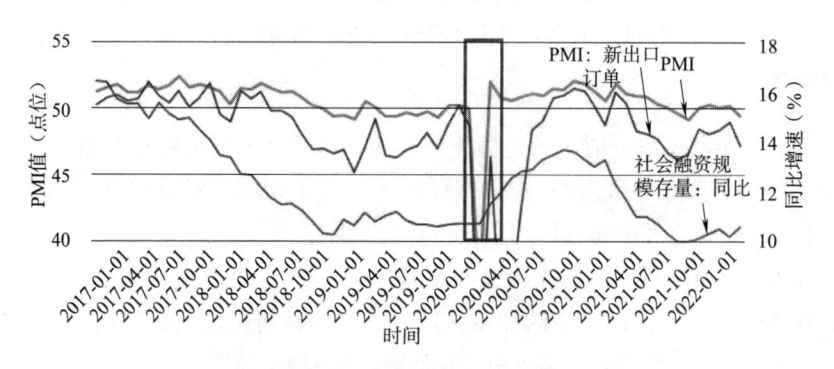

图3-29　PMI与社会融资同比增速（阶段6）

资料来源：Wind。

信用环境（见图3-30）：受益于宽松加码，风险资产偏好下行，流动性宽松，信用债收益率跟随利率债大幅下行，信用利差大幅走扩，等级利差收窄。银行信用面相对友好，2020年2—3月信用消息面有北大科技、新华联、力帆实业相继违约，风险偏好边际弱势，信用利差转而走扩。

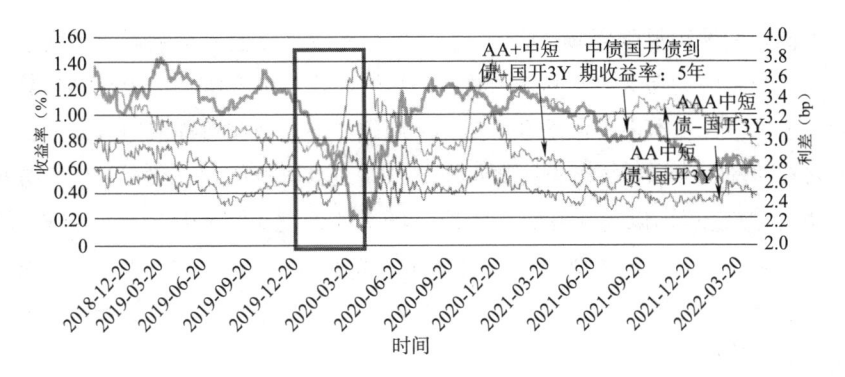

图 3-30　不同隐含评级信用债利差及基准利率走势（阶段 6）

资料来源：Wind。

股票市场（见图 3-31）：权益市场普遍大跌，但农林牧渔、医药生物受供需格局大幅改善而上涨。上证综指下跌 7.0%，深证成指下跌 2.12%，创业板指上涨 7.09%。

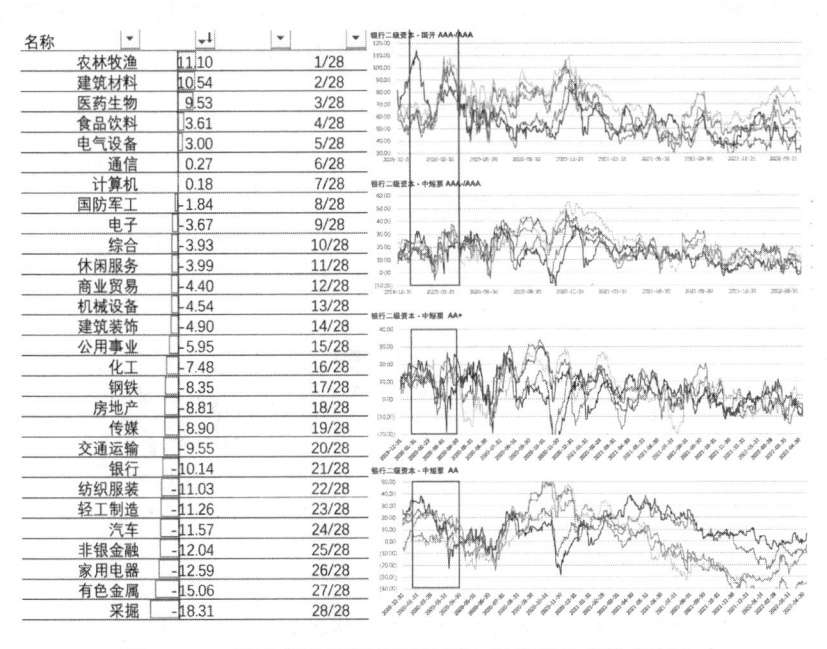

图 3-31　A 股分行业涨跌幅及银行次级债利差走势（阶段 6）

资料来源：Wind。

二级资本债（见图 3-31）：品种利差先大幅压缩后大幅走扩，1Y 品种利差波动最大。2020 年 1 月 20 日至 2020 年 3 月货币、财政双宽松，但随后 4 月的定向降准＋超额存款准备金，导致银行二级资本债信用利差和品种利差迅速收窄，AAA-、AA+、AA 短期限品种利差均下探到负值，创历史新低。其中，1Y 期限受基本面预期波动最强影响,以及1Y利率品种收益率波动最大影响,其信用利差和品种利差波动最大。但从3月底、4月初开始二级资本债信用利差和品种利差大幅走扩,在基本面上似乎看不到具体原因,笔者猜想可能的原因如下:一是疫情防控债的集中稀释了部分配置诉求;二是交易盘对前期二级资本债收益率下行过快的"修正",以及3月底在股票市场暴跌情况下银行理财产品发行提速,募集情况乐观,大量配置盘涌入二级资本债市场;三是3月底、4月初对国内疫情发展和经济在刺激下的走向出现一定分歧,交易盘止盈部分高等级中、短期限二级资本债品种。

阶段7(2020年5月至2020年年底):基本面持续修复;地方债发行放量,"两会"政策加码;收益率上行,信用利差急速收窄后震荡,年末永煤;二级资本债交易属性显现,中、高等级品种利差箱体震荡,弱资质品种利差走扩。

宏观和利率环境(见图3-32):从2020年5月开始,基本面持续修复。同时,前期过度宽松的货币政策回归"总量适度",债市开始经历剧烈的牛熊转换。地方债供给放量,年内经济预期显著修复。债市经历牛熊转换,收益率大幅上行,信用利差普遍收窄。

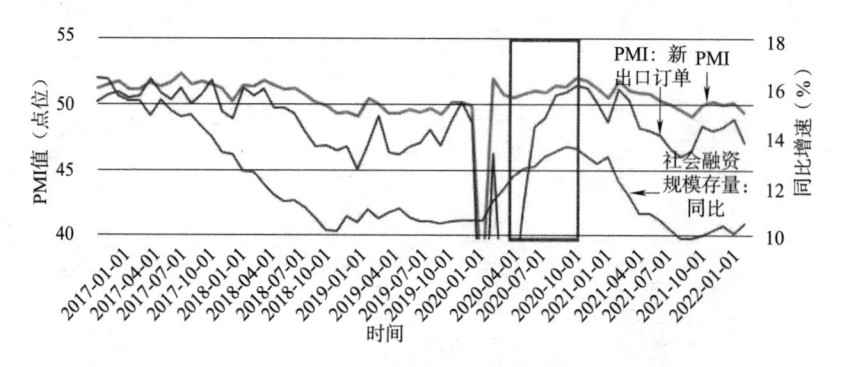

图3-32 PMI与社融同比增速(阶段7)

资料来源:Wind。

信用环境(见图3-33):风险事件频发,永城煤电控股集团有限公司(以下简称"永煤控股")推动债市整体风险偏好达到低谷;前三季度信用利差主要受利率大幅波动影响迅速收窄,区间期限利差基本稳定;加之后续两件重大事件促使信用利差迅速走扩,转债债底一度受到重估质押。7月发布的《关于公司信用类债券违约处置有关事宜的通知》,投资者保护机制进一步完善,对于缓释部分地区、企业的局部融资紧缩问题有着积极意义,市场情绪有所反弹。5—9月涉及实际违约的重大信用事件相对频发,包括宜华企业旗下MTN出现违约,泰禾集团公布引入战略投资者引发市场猜测，湖北交投与甘肃公航旅与区域银行签订置换协议，康美药业母公司康美实业存续债未按期兑付回收资金构成实质违约，泰禾集团旗下MTN实质违约（首次违约），天房信托存续债违约，铁牛集团存续债违约，泛海控股寻求债务置换；9月多家山西煤企公布重组方案，行业集中度有所提升，利好区域信用资质改善。

股票市场：经过3月的短暂调整，股票市场开始快速反弹，震荡向上的牛市一直持续到年底。

二级资本债（见图3-34和图3-35）：收益率持续上行贯穿全年，信用利差和品种利差基本箱体震荡。

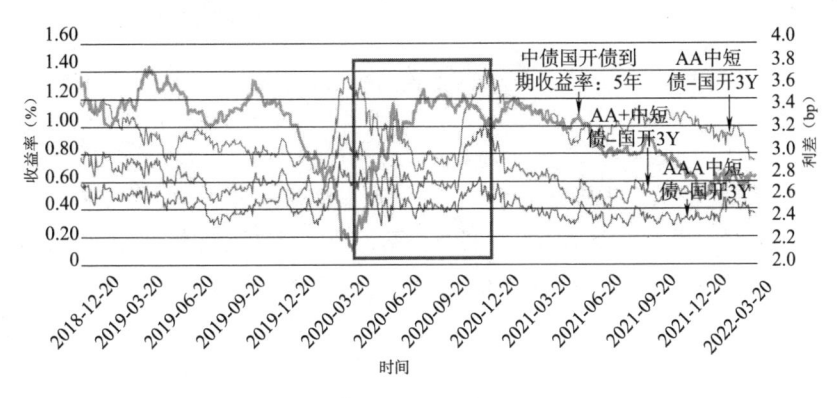

图3-33 不同隐含评级信用债利差及基准利率走势（阶段7）

资料来源：Wind。

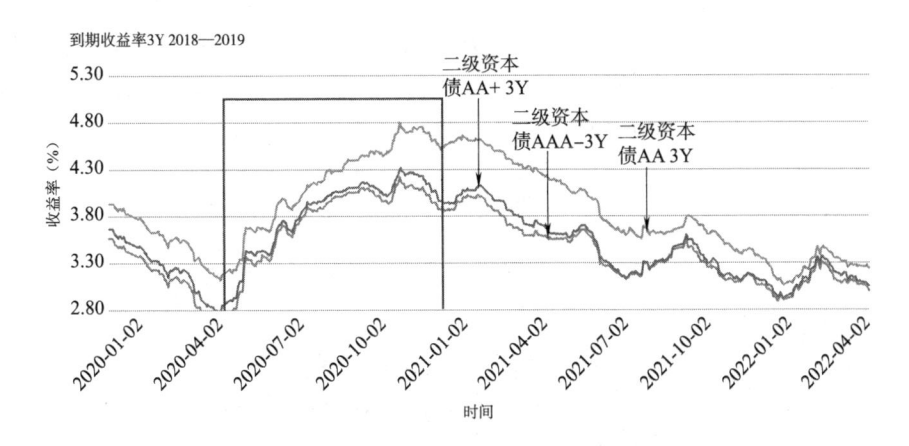

图3-34 银行次级债收益率走势（阶段7）

资料来源：Wind。

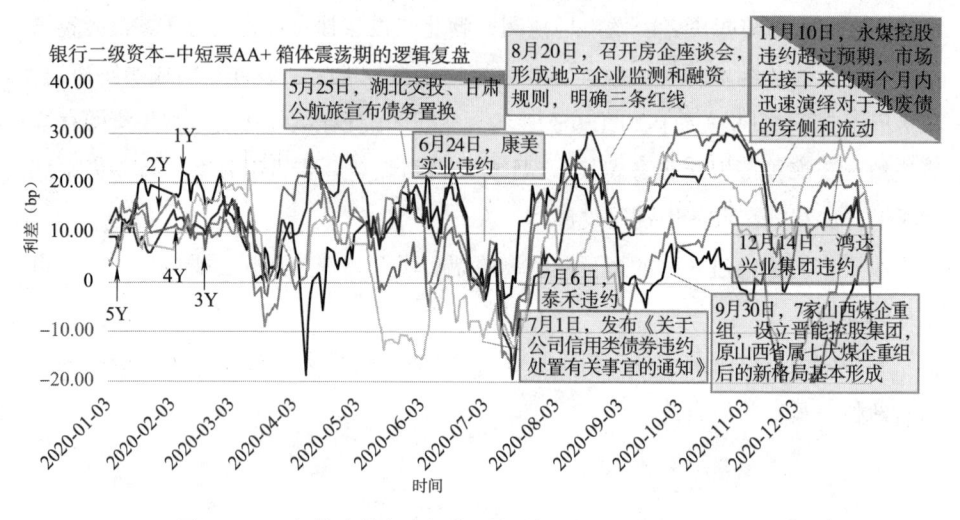

图 3-35 二级资本债与中短期票据利差走势逻辑复盘（阶段 7）

资料来源：Wind。

7月股票市场的多头气氛浓郁，市场加速上涨。

信用面利空后二级资本债品种利差压缩，利多后二级资本债品种利差扩张。

1–2Y 短期限品种利差的箱体特征更为明显，长期限品种利差在震荡后有所上行。

阶段 8（2021 年年初至 2021 年 8 月 6 日）：市场报复性反弹告一段落，金融数据和 PMI 进入下行通道；永煤控股对信用风险偏好的压制持续；股票市场再次进入"结构牛"阶段；二级资本债赚钱效应凸显，利差持续收窄。

宏观和利率环境（见图 3-36）：经过市场报复性反弹，金融数据和 PMI 从 2021 年 2 月开始进入快速下行通道。社融同比、PMI 新出口订单项从 2021 年 2 月开始断崖式下行。永煤控股对债市整体风险偏好的压制延伸至 2021 年年初，10 年期国债收益率先上 20bp（到 2021 年 2 月底），后跟随经济和金融数据转向而下行，截至 2021 年 8 月初从高点下行 40bp 左右。

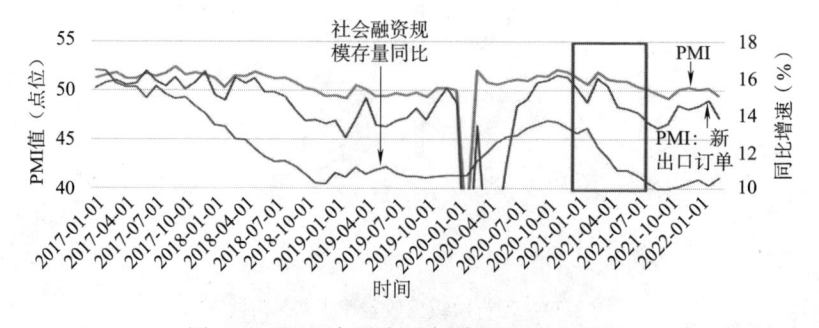

图 3-36 PMI 与社会融资同比增速（阶段 8）

资料来源：Wind。

股票市场（2021年全年）：2021年整体结构性牛市持续，年初至5月大盘出现过-33%的回撤，主要为1—2月白酒板块的显著回调，以及2—5月核心资产几乎无差别的下跌。从全年来看，成长股显著跑赢价值股，小盘显著跑赢大盘。从驱动力来看，全年为典型业绩驱动行情，前三季度全A扣非归母净利润增速为25.6%，而全年估值收缩14.95%，业绩高增长消化估值特征显著。全年A股万亿成交成常态，全年成交额创历史新高，万亿成交天数占比同样超过之前2015年的高点。从行业风格来看，"十四五"能源规划和长期碳中和目标是贯穿2021年全年的投资主线，无论是光伏、风电等新能源链条，还是煤炭等传统能源链条，2021年的超额收益均受益于新一轮能源革命的大环境。除此之外，年中涌现的元宇宙、ARVR等概念也阶段性出现极强的赚钱效应，自2021年二季度至年底都在牛市思维中度过。

信用环境（见图3-37）：2021年年初至6月信用违约情况好于2020年下半年，但市场对煤企的担忧骤升，山西煤企估值收益率快速上行。2021年5月，随着一季报公布，基本面向好基本确认，叠加此前山西省政府关于捍卫区域信用债反复表态，山西煤企估值开始回落。

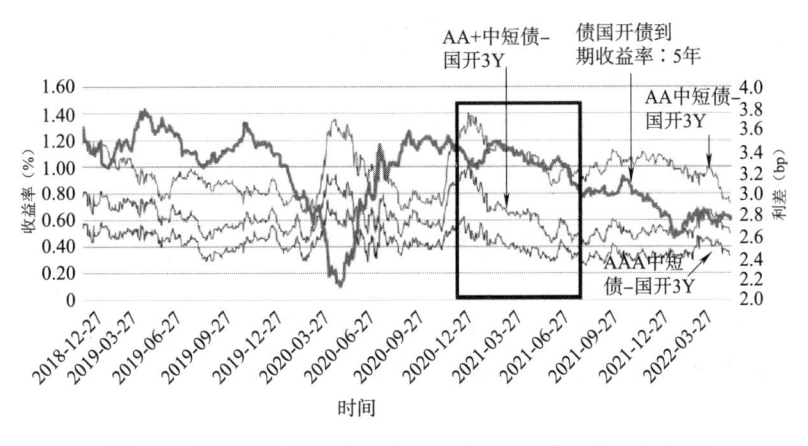

图3-37 不同隐含评级信用债利差及基准利率走势（阶段8）

资料来源：Wind。

6—8月税务部门征收土地出让收入，银保监会15号文等通知陆续出台。6月4日，财政部、自然资源部、税务总局、人民银行联合发布《关于将国有土地使用权出让收入、矿产资源专项收入、海域使用金、无居民海岛使用金四项政府非税收入划转税务部门有关问题的通知》。对城投平台的主要影响包括：①限制了地方政府隐性债务扩张；②制约了弱资质区域地方政府资源协调的能力；③城投平台流动性压力或将增加，未来城投平台获取土地需要更为足、按时地缴纳土地出让金。6月21日，永煤控股完成第一只违约债的兑付（20永煤SCP007）。7月，银保监会针对《银行保险机构进一步做好地方政府隐性债务风险防范化解工作的指导意见》（以下简称"15号文"）发布补充通知，要求金融机构审慎发行流动贷款，在不新增隐性债务的前提下，不断压降隐性债务规模。

从市场表现来看，整体信用情绪正在修复。信用债整体的估值利差压缩从1月底就开始了，对山西区域或有逃废债隐忧并没有拖累整个信用市场。隐含AA+利差压缩首当其冲。从1月的高点到8月的低点，AA+信用债利差压缩近60bp。除年初信用一直在缓和，这和股票核心资产大幅回撤有一定的关系。此外，城投利差在15号文落地后并未大幅走扩（见图3-38）。

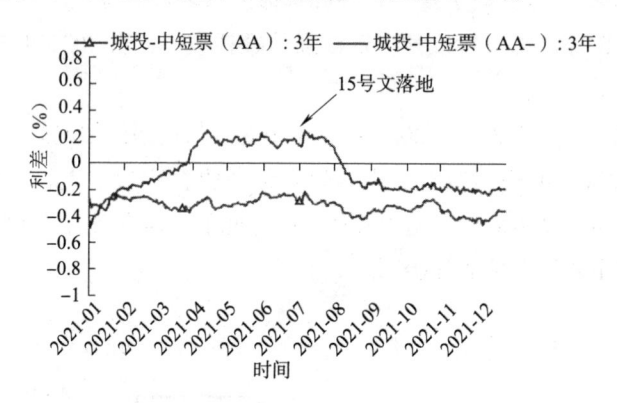

图3-38　城投利差走势变化（阶段8）

资料来源：Wind，华创证券。

二级资本债：信用利差整体压缩，但有例外且分化显著；高等级品种利差大幅压缩（见图3-39）。

AA+品种利差箱体震荡；AA品种利差分化显著，长期限品种利差显著走扩，短期限品种利差显著收窄（见图3-40）。

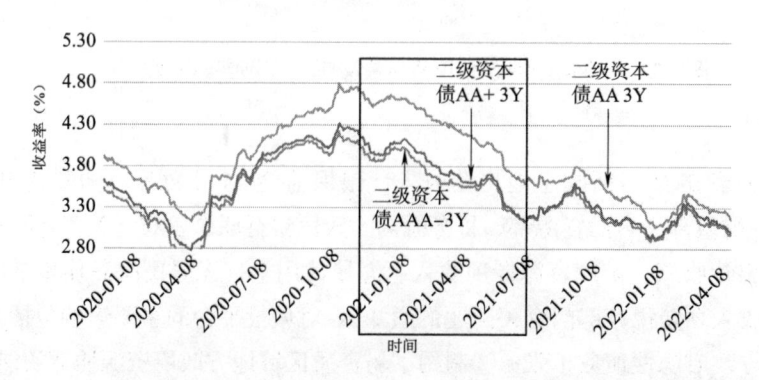

图3-39　不同隐含评级银行次级债与中短期票据利差走势（AAA-/AAA）（阶段8）

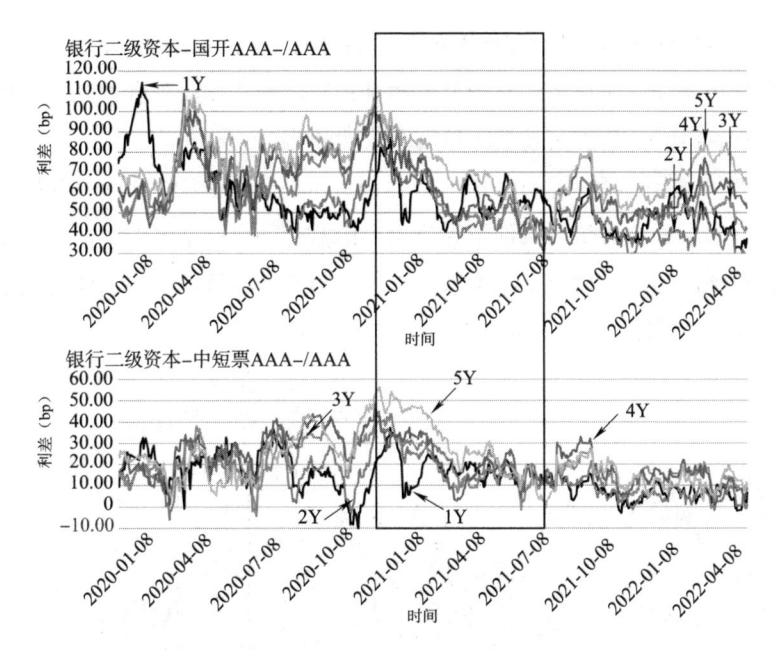

图 3-39　不同隐含评级银行次级债与中短期票据利差走势（AAA-/AAA）（阶段 8）（续）

资料来源：Wind。

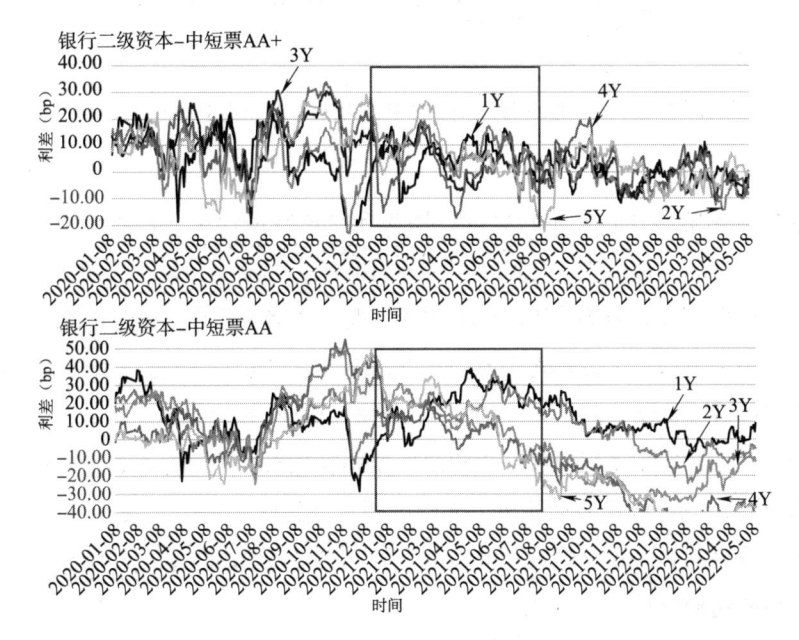

图 3-40　不同隐含评级银行次级债与中短期票据利差走势（AA+）（阶段 8）

资料来源：Wind。

阶段9（2021年8月7日至2021年年底）：理财资金交易逐渐市场化；地产行业消息面频出波动，民企地产信用利差飙升；二级资本债品种利差先显著扩张（反映需求逻辑变化），后震荡收缩（总需求依然旺盛）。

信用环境（见图3-41）：自2021年9月起，地产信用事件频出。例如，河南建业向省政府求助信流传；融创绍兴公司致信监管外泄；全国人大常委会授权国务院在部分地区开展房地产税改革试点工作；阳光城私募债展期；佳兆业理财产品兑付展期；奥园评级下调，陷入风波。

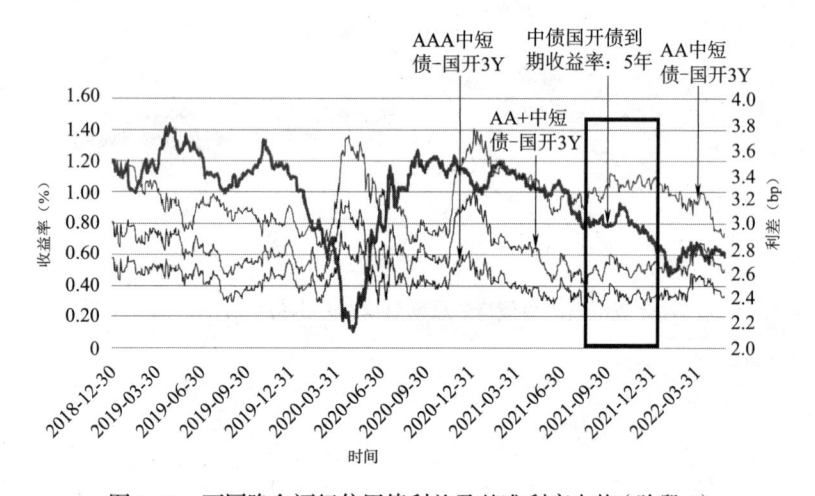

图3-41 不同隐含评级信用债利差及基准利率走势（阶段9）

资料来源：Wind。

地产基本面整体也在下行区间。销售和拿地数据均在下行通道中，尚未好转。具体来说，土地成交占比回落斜率非常陡峭，商品房交易处于历史同期偏低位置，销售数据依然弱势。当时的主要矛盾是：①各地预售资金监管政策加大了通过销售现金流回款来改善现金流的难度；②贷款政策放松的范围依然非常有限，居民购房的观望情绪依然浓厚，销售端也暂时没有改善预期。

股票市场：股票市场延续牛市思维，结构性的机会依然存在；三、四季度风格显著分化，成长板块波动放大，而受政策规划催化的风电、底部反转的传媒、提价逻辑的食品和医疗、猪周期的提前反映、困境反转的交通运输和快递等展现出了明显的超额收益。

二级资本债：利率和信用利差先上（滞胀隐忧＋理财估值范围变动）后下（地产信息恶化，二级资本债相对价值凸显）。

分类特征如下。

品种利差：在投资者需求结构变化主导时，中、高等级长期限品种波动幅度更大（AAA- 和 AA+ 5Y 及 4Y 品种）。在信用预期变化主导、二级资本债相对价值凸显时，高等级品种利差收缩幅度更大，符合次级债相对信用债价值提升的判断。

期限利差：同样在投资者需求结构变化主导时，长期限品种（4-5Y）和短期限品种（1-3Y）利差先走扩再收敛，实际上在理财估值变化预期最浓厚期间，主要被卖出的是中、高等级 4-5Y 品种，而短期限品种和 AA 4-5Y 品种利差仅小幅上行后便持续收敛；off-the-run 的 4Y 相对 5Y 波幅更大。

等级利差：后期主要受到地产债整体收益率上行的影响，AA 品种利差收敛幅度、速度最为迅猛。AAA- 和 AA+ 1-3Y 品种利差收敛和震荡均在 20bp 左右。

阶段 10（自 2022 年以来）：稳增长预期蠢蠢欲动并反复证伪，资本外流压力加大，股市急速下行；地产信用问题仍发酵，政策边际友好；收益率持续下行，"资产荒"严重；次级债品种利差随绝对收益率上行而上行至 2022 年 3 月初，随后震荡略收敛。

信用环境（见图 3-42）：产业债带动信用利差修复。周期行业景气度提升驱动产业债定价修复，地产内部则呈现强分化。

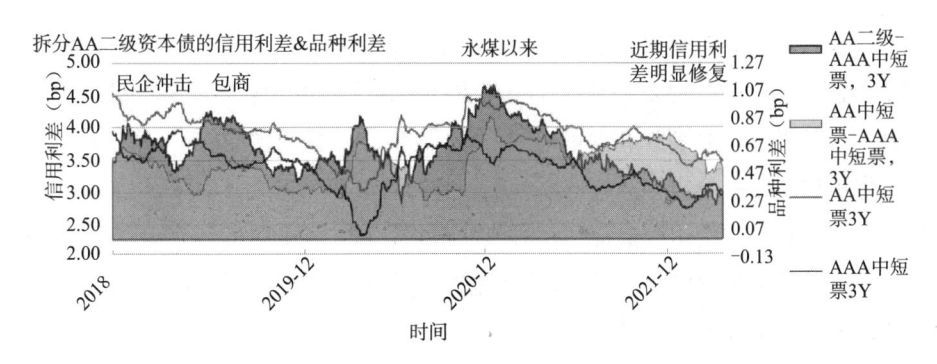

图 3-42　隐含 AA 的二级资本债相关利差复盘（阶段 10）

资料来源：Wind。

二级资本债：二级资本债利差在信用修复下小幅走扩。AAA- 品种利差走扩 5bp，AA+ 1-3Y 品种利差走扩 5bp 左右，4-5Y 品种利差走扩 10bp，AA 1-3Y 品种利差持续。

此时市场对于次级债的供需逻辑和定价机制、投资价值评估思路存在一些分歧，品种利差维持在 5~10bp 窄幅震荡。2022 年 4 月，城投中长期信心仍处于中低位、1Y 内好名字收益率进入 3% 以下区间，机构投资者面临"资产荒"，中、高等级次级债再次出现买盘，品种利差被压缩到历史极致。

第三节　证券公司债券的信用风险及投资价值

自 2020 年以来，由于非金融企业信用风险频发，机构投资者在信用策略上从传统的"信用主体下沉"逐渐转向"信用品种/条款下沉"，而金融次级债便是这一趋势下的重要选择。与非金融企业相比，金融机构的监管政策更为严格，监管标准与国际接轨，这也决定了金融类发行人的信用基本面更透明，可研究性也更强。本节将重点探讨证券公司作为债券发行人的信用基本面分析框架，并对其发行债券的投资价值进行简要点评，供投资者参考。

一、券商债券发行人的基本情况

在债券信用分析层面，金融机构与非金融企业在发行人层面最大的区别在于其不直接生产商品，而是合理使用自身资产负债表对资金和金融资产进行经营。从杜邦分析的角度来看，相对非金融企业，金融机构一般有更高的财务杠杆率。基于以上情况，要分析券商的信用资质，有必要从两个方面开始观察：一是借助传统非金融企业的信用分析范式，对其主营业务和收入来源进行拆解，这也是利息费用支付的基本保障；二是考虑到金融机构自身高杠杆的经营模式，对与杠杆率相关的风险指标进行观察，以进一步确认信用风险。

1. 证券公司的主营业务

证券公司是资本市场直接融资渠道的核心参与者，直接创造金融证券资产，其业绩景气度与资本市场的繁荣程度直接相关，呈现出明显的周期性特征（见图 3-43 和图 3-44）。

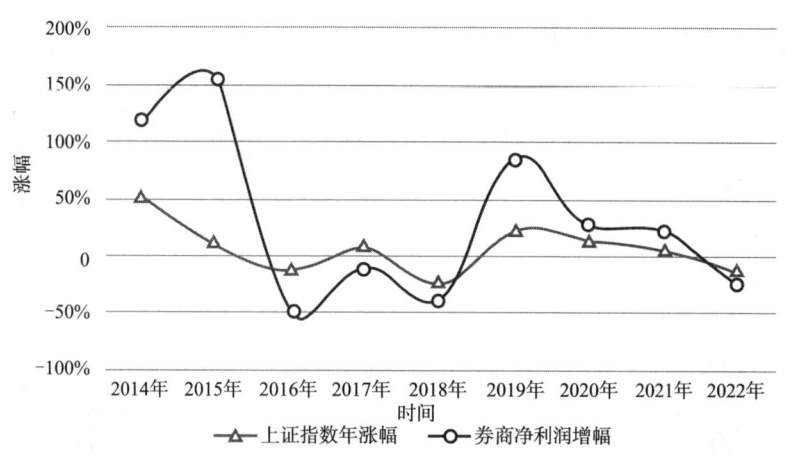

图 3-43　券商净利润与上证指数相关走势

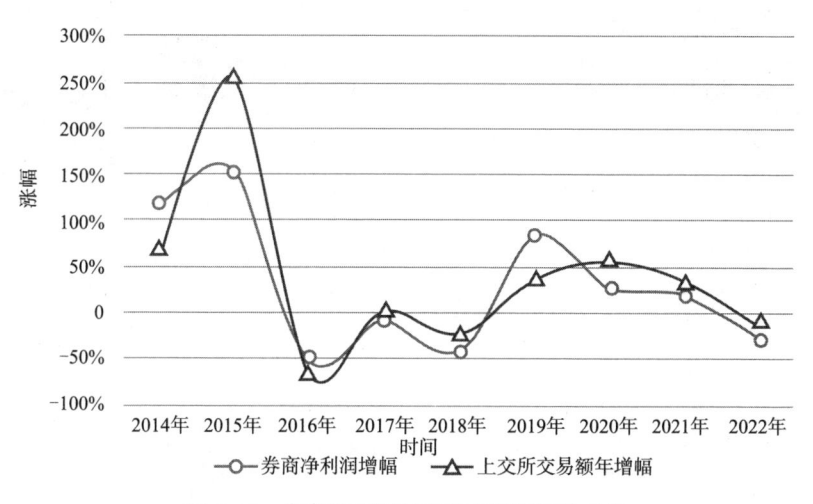

图 3-44　券商净利润与证券交易额相关走势

从一般意义上来说，券商的收入来源按照业务属性可以划分为经纪业务、投行业务、资管业务、两融业务、自营业务。从 2023 年前三季度的情况来看（见表 3-4），自营业务和经纪业务合计贡献了 60% 的收入，而其他业务各自的贡献在 10% 左右。从长期商业逻辑来看，资管业务、自营业务和两融业务都与股指涨跌和市场交易量强相关，经纪业务、投行业务、两融业务则属于券商牌照优势下的"特许经营业务"。按照是否占用证券公司的资产负债表，又可以分为轻资本的收费类业务和重资本的用表类业务。前者由于不受资本金约束，因而没有规模限制；后者在风险指标控制下受净资本规模限制，由于其对券商资产质量的影响更为直接，因而在信用分析中更为重要。

表3-4 2023年前三季度上市券商分业务收入结构（单位：亿元）

项目	2023Q3	2022Q3	同比	增量
营业收入	3 819.17	3 749.24	1.9%	69.93
归母净利润	1 099.73	1 032.98	6.5%	66.75
其中：收费类收入	1 468.50	1 652.61	−11.1%	−184.11
资金类收入	1 513.86	1 155.47	31.0%	358.38
分业务收入			
经纪业务	768.76	878.36	−12.5%	−109.60
投行业务	352.43	431.59	−18.3%	−79.16
资管业务	347.31	342.66	1.4%	4.65
投资业务	1 171.36	716.81	63.4%	454.54
信用业务	342.50	438.66	−21.9%	−96.16
其他业务	208.67	206.16	1.2%	2.51
分业务收入占比			
经纪业务	24.1%	29.1%	−5.0%t	
投行业务	11.0%	14.3%	−3.3%	
资管业务	10.9%	11.4%	−0.5%	
投资业务	36.7%	23.8%	12.9%	
信用业务	10.7%	14.6%	−3.8%	
其他业务	6.5%	6.8%	−0.3%	

资料来源：Wind。

2. 券商的杠杆及负债情况

从券商ROE拆分来看，ROA处于逐年下滑的态势，同时杠杆率略有提升。ROA的下降主要是由于经纪业务佣金率的压力和过度再融资导致的摊薄效应；而杠杆率的提升过去主要依靠产品创新，近年来主要依靠衍生品和自营盘的贡献。截至2022年年底，券商平均杠杆率为3.31倍，对比国际一线投行10~12倍的杠杆率，我国券商整体杠杆率过低。

此外，券商的负债成本较高。与其他金融机构相比，银行可以吸收存款，保险可以吸纳保费，而券商缺乏面向大众的融资方式，主要依靠公司债、收益凭证和短期融资券，平均负债成本在3%左右，基本随行就市，且长久期的负债来源偏少，余额仅有净资产的一倍。而在合意资产方面，虽然两融和股权质押的收益率较高（5%~6%），但以客需为导向，顺周期属性明显，市场增速非常有限；而银行间债券收益率近年来持续维持在低位，假设4%的收益率扣税再减去负债成本后，对ROA的贡献仅有1%左右，ROE勉强超过3%，作为自营投资交易的大头也只能摊薄股东回报。因此，券商的ROE也长期低于银行和保险的ROE（见表3-5）。

表3-5 金融机构ROE和杠杆率对比

年份	ROE			杠杆率		
	银行	保险	券商	银行	保险	券商
2016年	14.9%	10.9%	8.0%	13.32	7.74	2.65
2017年	14.2%	12.4%	6.5%	12.92	7.74	2.75
2018年	13.5%	10.7%	3.6%	12.74	8.06	2.82
2019年	12.9%	14.4%	6.3%	12.32	7.42	2.95
2020年	11.9%	11.4%	7.3%	12.51	7.46	3.13
2021年	12.3%	11.2%	9.2%	12.10	7.93	3.44
2022年	12.5%	8.2%	5.4%	12.53	9.03	3.31
2016—2022年平均	12.6%	11.2%	6.3%	12.44	7.98	3.13

资料来源：Wind。

虽然在ROE视角下，券商的相对竞争力不如银行和保险，但券商的PB估值往往是更高的。从基本面的角度来看，高PB隐含了更低的风险和更稳定的盈利或收入预期。另外，券商的杠杆率更低，资产端公允价值更透明，资产变现更快，且与实体经济相关性不高，无大幅让利的压力。因此，券商在当前阶段面临的整体信用风险实际可能是低于银行和保险面临的整体信用风险的。

二、券商主营业务及信用风险来源

虽然与银行和保险类似，券商债券信用风险的主要来源是其较高的财务杠杆和潜在的资产质量问题，但不同业务结构的券商发行人面临的实际信用风险并不相同。因此，我们有必要对其各项主营业务的基本情况和对应的信用风险进行差异化分析。

1. 经纪业务

全行业经纪业务的佣金率变化经历过两轮急速下跌，目前平均费率稳定在万分之二点五，扣除营业场所和人员等费用，盈利空间极小，佣金价格战已经难以为继。而部分券商近年来开展的差异化竞争策略也并不奏效，过去多年，头部10家券商的经纪业务收入合计份额事实上并没有显著提升，行业集中度仍然非常分散（见表3-6）。而背后的业务逻辑是牺牲利润换取份额，以获得更多资源，实现与其他业务的协同。向后看，经纪业务的长期定位还是获客引流产品。

表3-6 券商各项业务收入集中度情况

分项业务收入CR5	2013年	2014年	2015年	2016年	2017年	2018年	2019年	2020年	2021年	2022年	2023Q3
经纪收入	33.1%	35.0%	35.4%	34.8%	34.2%	34.9%	34.3%	34.4%	34.1%	34.0%	34.3%
投行收入	42.2%	39.6%	36.1%	36.0%	38.0%	44.1%	43.6%	46.3%	48.0%	51.6%	49.5%
资管收入	52.6%	59.5%	55.4%	53.9%	50.1%	53.2%	52.3%	59.4%	64.8%	61.5%	61.4%
利息收入	44.3%	43.0%	41.0%	48.3%	54.6%	57.2%	45.0%	41.8%	46.1%	45.0%	40.9%
投资收入	47.6%	44.0%	41.8%	44.4%	45.5%	37.3%	40.7%	41.9%	42.0%	57.2%	46.9%

资料来源：Wind。

虽然经纪业务差异化程度低且竞争激烈，但却是券商主要业务中最不容易出现负面舆情，也很难出现重大亏损的业务。因此，从信用分析的角度来看，经纪业务占比较高对其信用资质而言是加分项。

2. 投行业务

投行业务的景气度主要取决于资本市场的融资规模，从历史上看波动较大难以预测，在券商营收中的占比为15%~20%。在分项结构上以承销保荐为主，呈现出以下特点：自2008年以来，IPO仅占市场股权融资额的20%左右，占比最高的仍然是再融资，如定向增发、可转债发行等；新股供应的波动非常大，主要和监管政策有关，例如，2023年决策层在提出"活跃资本市场"的同时也对IPO和再融资进行了限制；融资额/日均成交额反映了股权融资给市场造成的抽血效应及负担，这一比例近年来有所降低，但仍然偏高（国际上一般认为1.2倍是合理水平）。

从目前投行业务的竞争格局来看，中信、中金和建投的份额位居前三，基本在10%市占率附近；第二梯队是国君、海通和华泰，市占率都在6%附近。以上6家合计市占率约为50%，并且持续提升。而2012年以前投行业务出色的平安、银河和国信已经逐渐落后。此消彼长的背后反映了投行业务的底层逻辑：作为人力密集型的商业模式，需要保荐代表人队伍、激励机制和国际布局等多方面配合，以及雄厚资本金带来的跟投机制，这些都是头部券商具有的优势。预计券商投行业务的马太效应将会持续强化（见图3-45）。

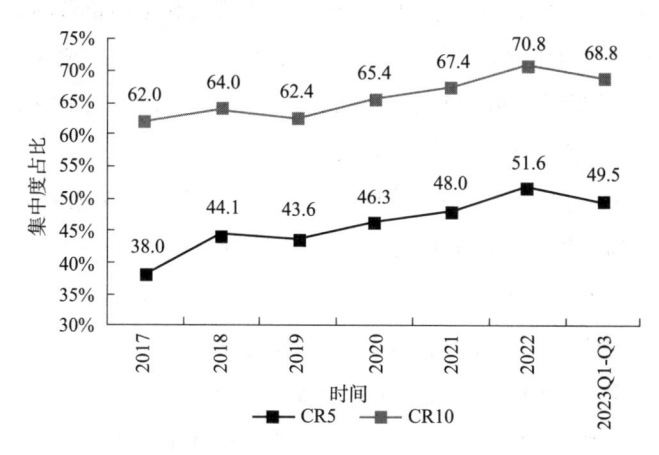

图3-45 券商投行业务净收入前五大（CR5）和前十大（CR10）集中度情况

资料来源：Wind，财通证券。

从信用分析的角度来看，虽然投行业务属于轻资本业务，与资产质量相关性较弱，但也需要考虑到目前法律对中介机构的责任认定趋严。如果证券公司投行客户涉及严重虚假陈述并导致投资者承受巨大损失，那么证券公司可能会被判决承担连带赔偿责任，进而影响其经营业绩、现金流和偿债能力。此外，证券公司还可能因此被监管处以暂停相关业务等处罚，需警惕此类或有事件对证券公司的负面影响。对此，我们可以多关注监管对证券公司投行业务违规行为的处罚，并对因存在严重财务造假而面临退市的上市公司及因存在严重财务造假而面临债券爆雷的发债企业保持高度关注,从而对证券公司投行业务风险进行排查。

3. 资管业务

券商资管业务的发展始于 2012 年监管创新大会,当时对资管业务由审核制改为备案制,从此行业开始进入快速发展期。2014 年,信托作为银行理财业务通道的功能受限,券商资管开始承担起主要通道的职能,定向资管从此快速发展,直到 2018 年资管新规下通道业务开始收缩。

券商资管的产品形态包括四类:一是定向资管,类似公募基金的一对一专户,历史上也是通道业务主要的产品载体;二是小集合资管,类似公募基金的一对多专户,申购金额 100 万元起步,投资者不超过 200 人,以主动管理为主,但也有部分类通道业务;三是大集合资管,目前全部参照公募基金标准进行改造,因此可以视同公募证券投资基金;四是专项资管,大部分属于交易所 ABS 产品,是投资银行业务在资管领域的延伸。其中,专项资管和定向资管的费率较低,收入贡献不显著,而以主动管理为主的集合资管是收入贡献的主要来源,平均费率在 0.4% 左右,接近公募偏债型基金的水平,投资方向也以固定收益为主,资金来源方面由以个人为主逐步转变为以机构为主。

按照"一参一控一牌"的监管要求,券商可以分别参股和控股一家基金公司,同时旗下券商资管可以单独再申请一张公募牌照,目前已有 13 家券商资管获得了公募基金牌照。由于私募资管市场份额相对公募资管市场份额逐年下降,因此券商资管的整体管理规模也从 2016 年最高点的 17 万亿元下滑到 2022 年的 6.2 万亿元(见图 3-46)。虽然近年来规模萎缩,但从长期来看券商资管依旧有一定的发展前景,因为券商本身多数业务和资本市场联系紧密,且二级市场的投研文化较为成熟,只是需要时间在公募资管市场上积累业绩与口碑。

在信用分析层面,资管业务需要警惕的是:①证券公司持有资管产品的劣后级份额,或为资管产品提供增信措施;②证券公司通过资管产品向股东及其关联方输血。对此我们可以进行如下操作:①多关注资管业务涉诉情况,以及公开资料披露的相关舆情;②对于股东背景存在瑕疵的证券公司,需要格外留意其资管业务是否存在规模逆势增长、底层资产透明度低、底层投向牵涉股东及关联方;③对同时满足"并表资管产品规模显著高于同业"且"跟投比例较低"这两个特征的券商保持关注。

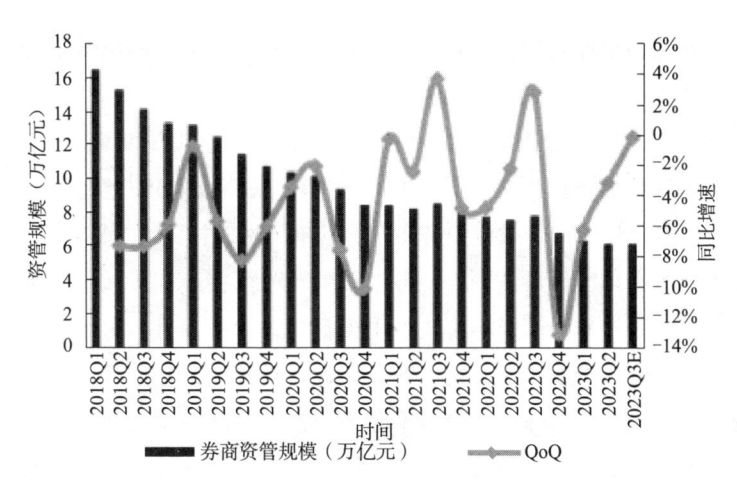

图 3-46　券商资管规模变动情况

资料来源：Wind，招商证券。

4. 信用业务

信用业务主要分为两融（融资和融券）业务和股权质押业务，两融业务涉及的资金和证券都在专用信用账户内部不可转出，而股权质押贷款资金流出券商体系外并不可控，因此前者的业务风险远低于后者的业务风险。两融业务采取技术手段控制操作风险和市场风险都较为便利，而股权质押业务则存在一定的信用风险。2018年，股权质押业务出现了系统性风险，之后对券商营收的贡献度大幅下降（见图 3-47），当然这也和监管收紧、券商主动控制风险有关。信用类业务的收益率往往和利率环境高度相关，近年来随贷款市场报价利率（loan prime rate，LPR）同步下降。

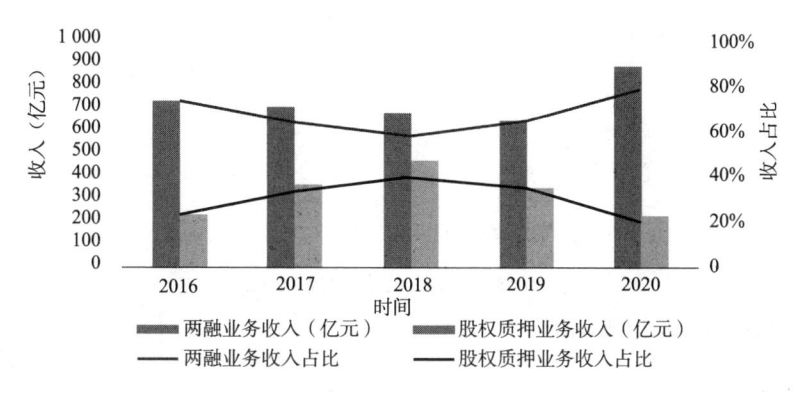

图 3-47　券商两融业务和股权质押业务收入变动情况

两融业务是经纪业务的下游业务，二者高度相关，各券商两融业务份额与经纪业务份额基本接近，两融业务的竞争格局和经纪业务的竞争格局也比较接近。同时，融资业务也是A股市场重要的资金来源，目前全市场两融业务余额为1.6万亿元，在A股流通市值中占比为2.2%，与历史最高点4.5%还有很大差距。另外，融券业务占比显著低于融资业务占比，仅有6%，主要还是受制于券源。

从信用分析的角度来看，两融业务的风险较为可控。在股权质押式回购业务方面，由于不少证券公司已经不再或者很少新增该业务，目前主要处于存量风险化解阶段，虽然仍有少数证券公司该业务涉诉金额较大，并且存在减值计提不充分的风险，但整体上该业务后续应该不会导致整个行业的系统性风险，大概率是局部存量风险的暴露。

5. 自营业务

自营业务属于主动管理型的重资本业务，从会计上来看，所持有资产基本都适用公允价值计量方法，这也体现了券商自营业务主要依靠市价波动获取利润。但近年来各家券商对提升业绩平稳度和保持熊市时期韧性的倾向越来越强，因而大力拓展非方向性业务，减少方向性的投资，特别是波动较大的权益类投资持续下滑（见图3-48），其中包括科创板跟投、PE投资等，真正的二级市场直接投资股票很少，这也导致自营业务的弹性持续钝化。

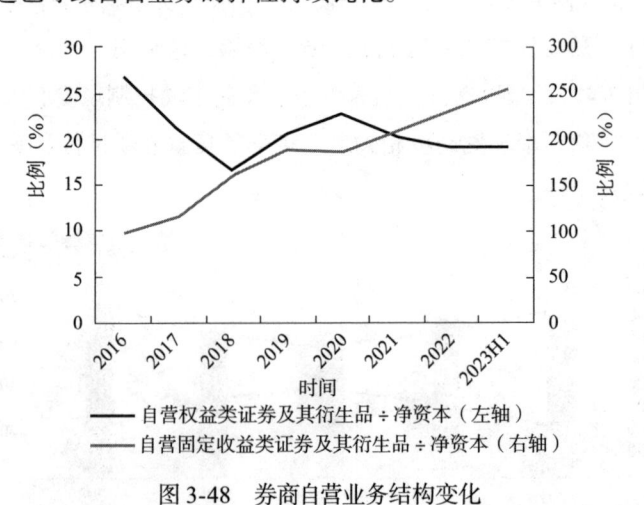

图3-48 券商自营业务结构变化

资料来源：Wind，广发证券发展研究中心。

归根结底，纯粹方向性的自营投资波动过大，属于"看天吃饭"的商业模式。而头部券商"去方向化"的倾向更为明显，以中金公司为例，从其交易类金融资产中的权益持仓结构来看，90%的持仓是衍生品交易对冲，场外衍生品的交易对手是其主要的需求来源。

从信用分析的角度来看，自营业务是最容易引发信用风险的领域（特别是自营信用债投资），甚至可以类比银行的表内信贷业务，其损益直接反映在券商的资产负债表上，且方向性投资本身具有很强的周期性特征，对资产质量的边际影响较大。

三、其他信用分析要点补充

1. 业务结构和定位

如前文所述，券商的主营业务，根据其对资产质量的影响程度、收入和利润的边际弹性，可以定性分析其对信用资质的决定程度。同时需要关注各项业务实际的结构分布和市场份额情况，以此观察其在行业内的相对水平。

从业务结构来看，相对均衡且全面的券商资质好于依赖单一业务的券商资质，后者盈利能力下滑，抵御市场和政策风险的能力更弱；市场份额是直接体现券商相对竞争力排序的重要标准，且在行业发展过程中"强者恒强"和"马太效应"的趋势越发明显，在多项业务上占据较高份额的券商更容易获得政策支持。

2. 股东背景和支持力度

与非金融企业的信用分析方法类似，券商的股东支持同样是公司稳健经营的重要因素。强大的股东背景有利于券商获取优质客户资源、拓宽融资渠道。按照实际控制人或主要出资机构划分，国内券商主要由中央和各地国资委、财政部、财政厅履行出资管理人职责。在股东层面需要关注券商是否有实控人、实控人属性、国资股东占比及其层级、国资股权的集中度等。实控人行政层级越高的券商，其平均资产规模和杠杆水平一般也越高。目前国内大型券商的股东多以央企和发达区域的地方国企为主（见表3-7）。

表3-7 部分中、大型券商股东背景及持股比例

公司名称	第一大股东	持股比例	公司名称	第一大股东	持股比例	公司名称	第一大股东	持股比例
中信证券	中国中信有限公司	15.5%	国信证券	深圳市投资控股有限公司	33.5%	东方财富	东方财富信息股份有限公司	99.9%

续上表

公司名称	第一大股东	持股比例	公司名称	第一大股东	持股比例	公司名称	第一大股东	持股比例
华泰证券	江苏省国信集团有限公司	15.1%	东方证券	中能（集团）有限公司	25.3%	浙商证券	浙江上三高速公路有限公司	54.8%
国泰君安	上海国有资产经营有限公司	21.3%	平安证券	平安信托有限责任公司	55.7%	东吴证券	苏州国际发展集团有限公司	23.8%
海通证券	上海国盛（集团）有限公司	6.6%	光大证券	中国光大集团股份公司	25.1%	国元证券	安徽国元金融控股集团有限责任公司	21.7%
中金公司	中央汇金投资有限责任公司	40.1%	安信证券	国投资本股份有限公司	100.0%	财通证券	浙江省金融控股有限公司	29.2%
招商证券	深圳市招融投资控股有限公司	23.5%	兴业证券	福建省财政厅	20.3%	东兴证券	中国东方资产管理股份有限公司	45.0%
申万宏源	申万宏源集团股份有限公司	100.0%	中泰证券	枣庄矿业（集团）有限责任公司	32.6%	天风证券	武汉商贸集团有限公司	7.9%
银河证券	中国银河金融控股有限责任公司	51.2%	方正证券	北大方正集团有限公司	27.8%	华西证券	泸州老窖集团有限责任公司	18.1%
广发证券	吉林敖东药业集团股份有限公司	16.4%	长江证券	新理益集团有限公司	14.9%	长城证券	华能资本服务有限公司	46.4%
中信建投	北京金融控股集团有限公司	34.6%	中金财富	中国国际金融股份有限公司	100.0%	国金证券	长沙涌金（集团）有限公司	14.7%

资料来源：Wind，华安证券。

3. 资本实力和监管指标

资本实力较强的券商，其经营风险也更低，一般使用净资本和风险覆盖率来衡量券商的资本充足性（见表3-8）。其中，净资本是监管部门为券商设置的风险控制指标，主要扣除了净资产中的存出保证金、长期股权投资、固定资产等非流动性资产项目；而风险覆盖率＝净资本÷各项风险资本准备之和×100%，用来刻画证券公司净资本对其风险资本的缓释及保障效果，也是重要的监管指标之一。

表 3-8　重点监管指标及计算规则概览

主要监管指标	预警标准	监管标准	公式	简化版
净资本				净资产 – 永续次级债及优先股 – 长期资产、固定资产、保证金 + 券商母公司担保承诺 = 核心净资产 + 次级债 = 净资本
资本杠杆率	296%	28%	核心净资本 ÷ 表内外资产总额 ×100%	表内外资产：（表内资产 - 客户资金 + 表外衍生品、资管产品、承销承诺等）× 转换系数（大多数是 100%）
净稳定资金率	≥120%	≥100%	可用稳定资金 ÷ 所需稳定资金 ×100%	可用稳定资金：净资产 + 存续期大于一年的长期负债等 所需稳定资金：（股票、债券、衍生品、两融等）× 折算比例（流动性越低、风险越高的，折算比例越高）
风险覆盖率	≥120%	≥100%	净资本 ÷ 各项风险资本准备之和 ×100%	风险资本准备：（自营资产 + 两融 + 业务收入 + 资管规模 + ABS 等）× 各类折算比例 × 分类评级折算系数
流动性覆盖率	≥120%	≥100%	优质流动性资产 ÷ 未来 30 日现金净流出 ×100%	优质流动性资产：（货币资金、结算备付金、优质债券、货基）× 折算比例 未来 30 日现金净流出：（未来 30 日到期的负债、或有负债、衍生品 – 未来 30 日现金流入

资料来源：Wind。

同时，根据券商的资本健康程度和风险管理能力，每年证监会都会公布"券商监管评级"，这也是券商信用风险评价重要的参考信息。包括中金公司、招商证券、中信证券、华泰证券、中信建投、国泰君安在内的 6 家头部券商已经获得了"并表监管"的特殊待遇，这批券商的风险资本准备计算系数也得到了调降，这对其信用资质有较大的提升作用。

四、券商债券的风险收益特征

1. 券商次级债

券商次级债是指券商向股东或机构投资者定向借入的清偿顺序在普通债之后的次级债务，以及向机构投资者发行的清偿顺序在普通债之后的有价证券，用于补充券商附属资本。自 2021 年以来，对非金融企业信用风险的担忧使得投资者的主流策略由"信用下沉"转向"品种下沉",具有品种溢价且违约风险相对可控的金融机构次级债品种成为投资者的票息追逐对象,券商次级债的市场关注程度由此明显上升,成为以公募基金为代表的资产管理机构的重仓品种(见图3-49和图3-50)。

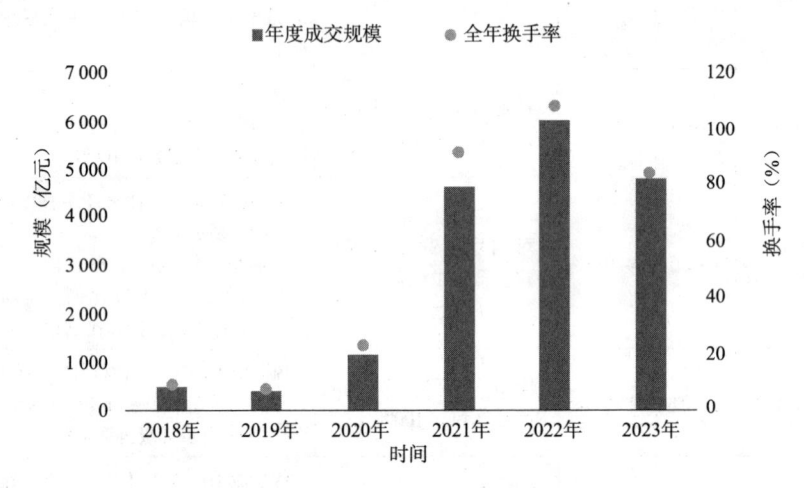

图3-49 券商次级债年度成交规模和全年换手率统计

资料来源:Wind,华福证券。

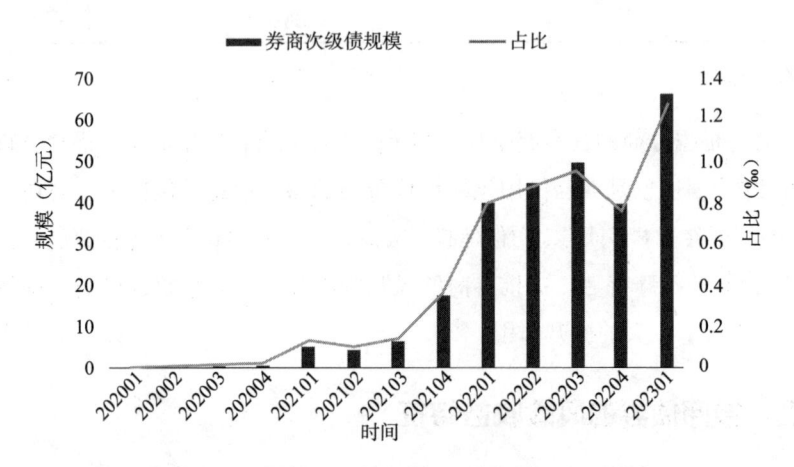

图3-50 公募基金重仓券商次级债规模和占比统计

资料来源:Wind,华福证券研究所。

券商次级债又分为永续次级债和非永续次级债。前者主要包含可续期选择权、利息递延权和调整票面利率等条款,可类比银行永续债和一般企业永续债(见表3-9);后者主要包含赎回权、调整票面利率和回售权等条款,可类比银行二级资本债(见表 3-10)。

表 3-9 券商永续次级债与银行永续债、一般企业永续债对比

项目	券商永续次级债	银行永续债	一般企业永续债
清偿顺序	公募券商永续次级债清偿顺序均在普通债和次级债之后;私募券商永续次级债因披露信息有限,仅能确定其清偿顺序劣后,无法确定是否劣后于次级债	劣后于存款、一般债权人和次级债	既可以等同于普通债,也可以劣后于普通债
期限	目前均为 5+N 年	目前均为 5+N 年	以 2+N 年、3+N 年、5+N 年为主
发行方式	2020 年 10 月之前均为私募,之后出现公募	公募	公募、私募均可,以公募为主
赎回权	无明确要求,不受券商资本充足水平限制	发行后至少 5 年方可赎回,不得形成赎回预期,且行使赎回权须银保监会事先批准,并需满足使用同等或更高质量的资本工具替换被赎回的工具,或者行使赎回权后的资本水平仍明显高于监管资本要求的条件	无明确要求
利率跳升机制	基本均包含,幅度基本为 300bp	不得含有	大部分包含,幅度以 300bp 为主
票息支付	基本均可递延,但不能取消	在任何条件下均可取消	基本均可递延,但不能取消
减计或转股	尚无	必须有	无

资料来源:Wind,债券募集说明书。

表 3-10 券商非永续次级债与银行二级资本债对比

项目	银行二级资本债	券商非永续次级债
期限	要求原始期限不低于 5 年,实际发行中以 5+5 年期为主	无明确要求,实际发行中期限为 90 天到 10 年不等
清偿顺序	劣后于普通债	劣后于普通债
赎回权	发行后至少 5 年方可赎回。行使赎回权须银保监会事先批准,并需满足使用同等或更高质量的资本工具替换被赎回的工具,或者行使赎回权后的资本水平仍明显高于监管资本要求的条件	无明确要求

续上表

项目	银行二级资本债	券商非永续次级
发行方式	以公募为主	2020年10月之前均为私募，之后出现公募
利率跳升机制	不得有	可以有，大多和赎回权搭配出现
回售权	无	可以有，大多和赎回权搭配出现
减计或转股	必须有	无明确要求，目前尚无
担保	无	部分私募债有担保
计入资本	都能计入资本，距到期日最后5年可计入二级资本的金额按100%、80%、60%、40%和20%的比例逐年递减	发行期限1年以内的不能计入净资本，发行期限1年以上（不含）的可计入净资本，其中到期期限在3年、2年、1年以上的，原则上分别按100%、70%、50%的比例计入净资本

资料来源：Wind，债券募集说明书。

与银行二级资本债和永续债有严格的条款设置要求不同，《证券公司次级债管理规定》中仅规定券商次级债的清偿顺序在普通债之后，对于其他条款未有硬性要求。从实际发行情况来看，券商次级债主要附带的特殊条款包括赎回权、调整票面利率、回售权、可续期选择权、利息递延权等。对比来看，虽然券商非永续次级债和银行二级资本债均属于次级债，在清偿顺序上均具有劣后性，但银行二级资本债的次级属性明显更强，包括行使赎回权需满足一定要求、不得含有利率跳升机制及其他赎回激励、必须含有减计或转股条款等。

相较于银行永续债，券商永续次级债在条款设置上其实与一般企业永续债更为接近，大多包含利率跳升机制、一般可递延利息但需累积且有孳息、没有损失吸收条款、部分债券可在税务政策或会计政策变更时进行赎回等。两者的主要区别在于，券商永续次级债具有清偿顺序上的劣后属性，且从公募券商永续次级债的条款来看，清偿顺序在次级债之后，而一般企业永续债的清偿顺序既可以等同于普通债，也可以劣后于普通债，而且由于非金融企业除永续债外没有其他形式的次级债，因而不存在清偿顺序较次级债更为劣后的情形。

总体而言，公募券商次级债发行的增多能够为投资者提供一定的配置资产。考虑到目前非金融类信用债仍面临民营地产风险和城投的尾部风险，金融机构次级债作为打底仓的品种仍具备配置价值。而其中的券商次级债虽然近年来在结构性资产荒格局的推动下利差已显著下行，流动性溢价和品种溢价均已压缩至低位，但考虑到券商次级债的发行人以高评级为主，与银行二级资本债相比具有明显的条款优势，券商次级债在金融机构次级债中仍具有一定的性价比。

2. 券商转债

金融行业发行转债的主体主要是银行和券商机构，其中银行发行转债较多，但是部分发行转债的中小银行主体评级可能低于AAA，而目前存续的券商转债发行人主体评级均为AAA，整体信用资质更好。目前券商发行转债有7只，分别是中银转债、浙22转债、华安转债、长证转债、国投转债、财通转债、国君转债。其中，国投转债发行人国投资本包括安信证券、安信基金、国投泰康信托等综合金融，剩余6只是纯券商转债，所有券商转债主体评级均为AAA。

从券商股行情复盘的角度来看，监管周期和市场周期共同决定了券商股行情。前者决定了券商中长期的盈利能力，监管框架决定了业务范围、产品价格、创新可能、资产质量等各个方面，最终决定了券商股是否有相对收益；后者决定了券商短期的盈利能力，成交额和股指涨跌是券商利润最大的决定因素，最终决定了券商股是否有绝对收益。此外，券商股行情往往短期且剧烈，这是因为券商的基本面信息没有太多的传播壁垒，市场定价反映得全面且迅速。历史上券商股既有绝对收益又有相对收益的大牛市往往都是监管周期和市场周期形成共振的环境。自2023年以来，受益于"活跃资本市场"等一系列举措，券商股和对应的转债均获得了明显的超额回报（见图3-51）。

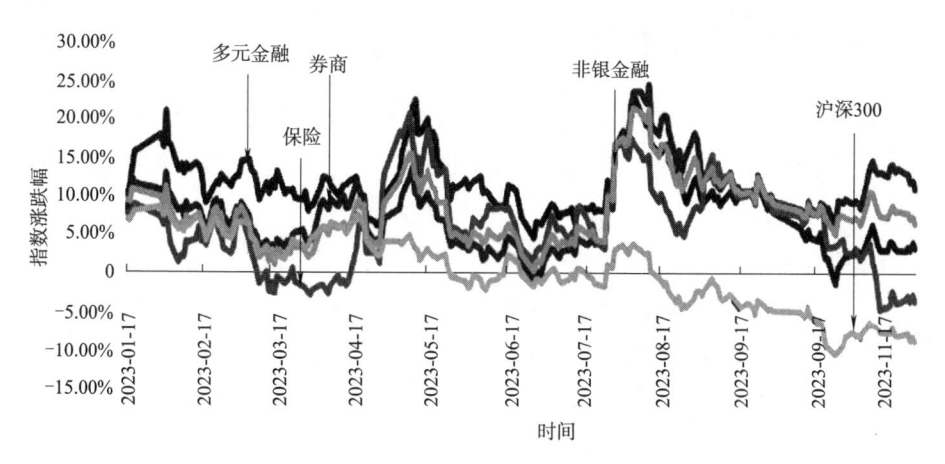

图3-51 自2023年以来券商、非银金融等行业的股指表现情况

资料来源：Wind，海通证券。

与银行转债相比，券商转债虽然存续规模较低，给投资者的选择范围较窄，但却具有一些独特的优势：①在金融机构向实体经济部门让利的大背景下，券商受到的影响比银行受到的影响更小，历史包袱轻，且资产质量整体更好；②券商平均每股净资产估值显著高于银行平均每股净资产估值，这也意味着券商转债进行转股价下修的空间可能更大，投资者更容易获取转债条款的隐含红利；③由于券商股行情和A股行情具有强相关性，因而券商股在特定阶段的转债弹性更大，如果投资者能够在熊市尾部提前埋伏底价券商转债，则能够同时获得"正股股价上涨、转债估值提升、相关性走扩"三重利好。

第四节　保险公司次级债基本面简析

保险公司次级债作为金融债务工具的一种，其风险收益特征与保险行业的整体状况紧密相关。本节将通过对保险公司基本面的综述、信用分析框架的构建，以及保险公司次级债发行情况的梳理，为投资者提供一个全面的视角来理解和评估这一金融资产类别。在保险行业面临偿付能力监管新挑战的当下，本节的分析将有助于揭示保险公司次级债的潜在价值与风险点，为投资决策提供参考。

一、保险公司基本面综述

保险行业是金融体系的重要支柱，主要通过分散风险和组织经济补偿来发挥作用。保险公司收取保费，并将这些资金投资于各种资产以获取收益，同时为客户提供保险服务。

主要有以下几种保险类型。

（1）人身保险：包括寿险、健康保险、意外伤害保险等，其中寿险又可分为传统寿险和投资理财型寿险。

（2）财产保险：包括财产损失保险、责任保险、信用保险等，以车险最为常见。

（3）原保险与再保险：根据保险关系主体不同，保险业务还可分为原保险和再保险。

从保险机构分类来看，主要有保险集团（控股）公司、财险公司、寿险公司等九大类。截至 2022 年 12 月，我国保险行业金融机构总计 237 家，总资产达到 27.1 万亿元。

近年来，保险公司偿付能力监管体系逐步完善："偿一代"体系于 2008 年出台，明确了保险公司偿付能力标准；2015 年和 2021 年分别实施了"偿二代"一期和二期工程，对偿付能力监管规则进行了修订和完善。随着"偿二代"二期工程的实施，保险公司偿付能力达标要求趋严，对险企的资本补充需求产生了影响。监管政策的不断完善有助于提升保险行业的整体偿付能力和风险控制水平。

在此背景下，保险资本补充工具得以发展，保险公司通过发行次级定期债和资本补充债来弥补资本不足。2022 年，中国人民银行与银保监会联合发布通知，允许保险公司发行无固定期限资本债券，以补充核心二级资本。

保险公司的业务大致可以分为保险业务、投资业务和其他业务三大类。

（1）保险业务是保险公司的主营业务和主要收入来源，包括人身险和财产险两大类。

①人身险：长期以来，我国保险行业中人身险占比较大，大约占七成。人身险主要包括寿险、健康险、人身意外伤害险等，其中寿险占比最大。2022 年年末，人身险保费收入占比约为 72.93%，其中寿险占比约为 71.60%，健康险和人身意外伤害险占比较小。②财产险：财产险以机动车辆保险为主，但近年来车险占比有所下降，部分原因是车险综合改革的深化。2022 年年末，机动车辆保费收入占比约为 58.04%，财产险公司总保费收入同比上升 8.70%。

（2）投资业务是保险公司的重要利润来源，主要包括固定收益类、权益投资类、投资性房地产等。从投资资产结构来看，以固定收益类资产为主，占比高达 40.93%，存在一定的资产配置压力。从资金流向来看，近年来债券投资与其他投资占比较高，股票投资和银行存款占比较低。

（3）其他业务主要包括代销保险、委托投资、企业年金及养老金等，有利于平滑保险公司利润率。收入构成主要包括保单销售代理费、投资管理服务费、养老保障产品管理费等。对于保险公司而言，虽然这部分业务占比不高，但能起到增加营收构成、提高赔付能力、平滑利润率的作用。

保险行业作为现代金融体系的关键组成部分，在经济发展和社会稳定中发挥着举足轻重的作用。然而，就像任何其他行业一样，保险行业也面临着信用风险，其基本面的主要特点如下。

（1）受宏观经济影响大。保险行业的发展与宏观经济状况紧密相连。在宏观经济平稳向好的情况下，保险公司的经营状况通常会得到改善，进而提升其信用水平。具体来说，财产险公司的经济顺周期性较强，其保费增长与GDP增速有显著关系；相对而言，人身险公司的经济顺周期性较弱，市场需求主要来自人们的健康保障需求和储蓄投资需求。

（2）行业壁垒与监管。保险行业存在较高的进入门槛和行业壁垒。监管机构对保险公司的设立实行严格的审批制度，这在一定程度上保证了保险行业的整体质量和信用水平。自2017年以来，监管机构加大了对违规活动的打击力度，使得保险行业的进入门槛显著提高，新增保险机构数量维持在低位，保险机构牌照变得更为稀缺。此外，保险行业属于高度监管行业，其偿付能力监管体系非常严格。自2008年"偿一代"体系建立以来，监管机构对保险公司偿付能力的评估、报告和管理进行了规范。随后，"偿二代"一期、二期体系的出台进一步完善了相关规则，这有助于降低保险行业的信用风险。

（3）偿付能力与信用风险。尽管有着严格的监管体系，但部分险企在"偿二代"二期工程实施后，其偿付能力充足率仍然承压，尾部主体存在一定的不赎回风险。为了缓解资本补充压力，中国人民银行与银保监会已联合发布政策，允许保险公司发行无固定期限资本债券来补充核心二级资本。然而，这一新政策的具体效果仍需进一步观察。

二、保险行业信用分析框架

保险行业的信用分析不仅需要考虑保险公司的财务状况和经营表现，还需要关注公司治理、风险管理能力、偿付能力和定性因素。

（1）在财务相关方面，盈利水平和成本水平是评估保险公司信用的关键因素。盈利水平主要通过总资产收益率（return on assets，ROA）和净资产收益率（return on equity，ROE）来衡量，这两个指标能够全面反映公司的盈利能力和经营效率。而成本水平则主要通过手续费及佣金支出占比来考查，该指标在一定程度上反映了公司的成本控制能力和经营效率。

（2）在经营相关方面，规模体量和保险业务是评估保险公司信用的核心指标。规模体量主要通过公司的净资产来体现，净资产规模越大，意味着公司的抗风险能力越强，信用状况相对更好。而在保险业务方面，保费收入规模和保费收入增长率是衡量公司保险业务水平的重要指标。保费收入规模越大，表明公司的市场地位越高，业务稳定性越好；保费收入增长率则可以反映公司的成长性和市场拓展能力。

（3）公司治理是评估保险公司信用的重要方面之一。股东背景和股权结构是公司治理的关键因素。具有强大央企或地方国企背景的保险公司往往拥有更为稳健的企业战略和更强的资本实力，这为其信用状况提供了有力支撑。同时，合理的股权结构也是公司治理效率和稳定性的重要保障。大股东持股比例适中，既能够避免决策效率低下和管理积极性下降的问题，也能够减少股东之间的矛盾和冲突，维护公司的稳定运行。

（4）风险管理能力是评估保险公司信用的另一重要维度。风险管理主要包括综合风险管理和信用风险管理两个方面。综合风险管理主要考查保险公司对操作风险、战略风险、声誉风险和流动性风险等各种风险的识别、评估和控制能力。通过银保监会的风险综合评级结果，可以了解保险公司在风险管理方面的整体表现。而信用风险管理则更侧重于评估保险公司的资产质量和信用成本率，以反映公司的资产减值风险和信用风险水平。

（5）偿付能力是评估保险公司信用的核心要素之一。资本充足性是衡量公司偿付能力的重要指标，包括实际资本、综合偿付能力充足率和核心偿付能力充足率等。这些指标能够直接体现公司在持续经营或破产清算状态下可以吸收损失的能力，以及总体资本的充足情况。偿付能力充足率过低的保险公司将面临监管机构的限制和更高的信用风险。

（6）在定性因素方面，外部支持、归母净利润为负和重大负面舆情等因素也会对保险公司的信用状况产生影响。外部支持主要考虑重要央企控股子公司的股东背景支持力度，这将对公司的偿债能力产生积极影响。归母净利润为负表明公司盈利能力大幅恶化，将增加公司的信用风险。重大负面舆情（如债券展期等）可能意味着公司偿债能力出现明显问题，将进一步加剧信用风险。

三、保险公司次级债的发行情况

保险公司次级债指的是保险公司为弥补临时性或阶段性资本不足而募集的、期限在 5 年以上、清偿顺序相对靠后的债务。2004 年，我国首次允许保险公司定向募集次级债务，泰康人寿为首家发行此类债券的保险公司。

复盘政策发展与变迁，保险公司次级债发行的相关政策经过了多次修订：2004年的《保险公司次级定期债务暂行管理办法》对次级债的募集要求、资金用途等做出了初步规定；2011年的《保险公司次级定期债务管理办法》在原有条款的基础上增加了对发行人偿付能力的要求，不允许对次级债提供担保，放开了对保险公司次级债的赎回限制；到了2013年《保险公司次级定期债务管理办法》进一步修订，放开了对保险集团（或控股）公司的募集限制；2015年的《保险公司发行资本补充债券有关事宜》允许保险公司发行资本补充债券，这是与旧式次级债相比的一个重大变化，募集方式由私募改为公募，拓宽了资本补充渠道，同时对发行人的净资产、偿付能力等提出了更高要求；2021年与2022年的无固定期限资本债券政策则允许保险公司发行包含减计或转股条款的永续债来补充核心二级资本。

从发行规模来看，尽管2015—2022年间年均发行额相对较小，但2023年的发行速度加快，特别是11—12月期间保险公司永续债的推出，显著提升了发行与净融资额。截至2023年12月20日，年度发行额达到1 089亿元，同比增长385%，净融资额为354亿元。

2023年11月，保险公司永续债正式发行。截至2023年12月20日，已有5家保险公司发行了总计325亿元的永续债。这些发行主体包括泰康人寿、太保寿险等，信用等级均为AAA级。保险公司永续债的期限结构为5+N年，票面利率在3.30%~3.70%之间。与同期国开债相比，泰康人寿的发行利差较高，为109bp，而其他4只保险永续债的发行利差则在72~83bp之间。

目前存续的保险公司次级债以非永续品种为主，剩余期限多集中在3~5年，发行主体主要是人身险公司和央企，且信用等级多为AAA级。截至2023年12月20日，存续的保险公司次级债共计91只，债券余额为3 442.50亿元，其中非永续保险公司次级债余额占比超过90%。

相较于其他金融次级债，保险公司次级债的市场规模较小，其存量余额在金融次级债中的占比不足5%。自2019年以来，银行和券商的次级债年度发行额远高于保险公司的次级债年度发行额。不过，预计2024年保险公司次级债的供给可能会有所增加，特别是随着永续债的推出和保险公司资本补充需求的上升。2024年的到期额预计为594.5亿元，且3月将是赎回的高峰期。随着"偿二代"二期工程的实施，监管对资本的认定变得更加严格，保险公司的偿付能力指标有所下降，尤其是核心偿付能力充足率的下滑更为显著。

从次级债品种对比来看，保险公司永续债在资本补充、损失吸收和评级要求方面相较于非永续次级债具有一定优势。与资本补充债券相比，永续债用于补充核心二级资本，且包含减计或转股条款。保险集团（控股）公司不被允许发行永续债。永续债的发行额度受到核心资本、净资产、存续次级债余额和偿付能力充足率的限制。头部险企在永续债的潜在供给规模上具有优势。

目前已有7家保险公司获得永续债发行批文，总获批额度为677.7亿元，剩余待发行额度为320亿元。预计2024年保险公司永续债的发行将加速，保险公司次级债市场可能形成永续债和资本补充债券并行的格局。

四、保险公司次级债的条款解析

下面我们以保险公司资本补充债券和保险公司永续债为例进行条款分析。

1. 保险公司资本补充债券

（1）发行期限：保险公司资本补充债券通常采用5+5年的发行期限。

（2）清偿顺序劣后：保险公司资本补充债券的清偿顺序在保单责任和其他普通负债之后，但在股权资本等核心资本工具之前。这意味着在破产或清算的情况下，债权人的索偿权在保单持有人和其他普通债权人之后。

（3）有条件赎回权：保险公司可以在确保赎回后偿付能力充足率不低于100%的情况下，对资本补充债券设定赎回权。这种赎回权通常在债券发行满5年后才能行使。

（4）利率跳升幅度：保险公司资本补充债券的利率跳升幅度通常设置为100bp。这一设置与《保险公司偿付能力监管规则第1号：实际资本》中的规定有关，该规定影响了债券的剩余期限计算和认可价值。保险公司设置这样的利率跳升幅度，主要是为了确保债券的剩余期限按照到期日而非赎回日来计算。

（5）递延支付本息：如果保险公司的偿付能力充足率不达标，那么多数资本补充债券规定可以递延支付本金或利息。这种递延支付不是因为发行人未能按照约定足额支付，而是因为偿付能力的问题。这一规定与保险公司附属一级资本的非强制性标准要求一致。

2. 保险公司永续债

（1）发行期限：保险公司永续债通常采用5+N年的发行期限，这意味着债券在初始的5年后有可能被续期，而且是没有固定期限的。

（2）清偿顺序劣后：保险公司永续债的清偿顺序相对较为劣后，排在保单责任、其他普通负债及附属资本工具之后，但优先于核心一级资本工具。这表明在破产或清算的情况下，保险公司永续债的债权人将在其他债权人之后得到偿付。

（3）有条件赎回权：发行人在行使赎回权并确保赎回后偿付能力充足率不低于100%的情况下，有权在债券发行满5年后，于每年的付息日选择按票面利率全部或部分赎回债券。这一权利需要经过中国人民银行和金融监管总局的备案。

（4）利率和赎回激励：与保险公司资本补充债券不同，保险公司永续债不包含利率跳升机制或其他赎回激励。

（5）利息支付规定：如果保险公司的综合偿付能力充足率低于100%，那么当期利息支付义务将被取消。即使在偿付能力充足的情况下，发行人也可以选择递延支付利息，而且不受递延次数的限制，这也不会构成违约事件。

（6）减计或转股条款：保险公司永续债还包含减计或转股条款，这些条款在特定触发事件下会被激活，如保险公司的核心偿付能力充足率低于30%或金融监管机构认定保险公司无法生存等。截至2024年3月，已发行的保险公司永续债大多是减计型的。

五、保险公司次级债的风险收益特征

保险公司次级债的主要风险在于不赎回情况下的估值压力，这一特性与其他金融次级债也有一定的可比性，下面我们进行简要分析。

1. 不赎回风险

保险公司资本补充债券具有特殊的条款风险，主要体现在赎回和调整票面利率方面。这些特殊条款使得该品种的债项评级通常低于主体评级。具体来说，在行使赎回权后，发行人在偿付能力充足率不低于100%的情况下，可以选择在第5个计息年度的最后一日赎回本期债券。如果选择不赎回，则将会面临票面利率跳升的风险，从第 6 个计息年度开始，票面利率将增加 100bp（1%）。

此外，保险公司永续债还设置了减计或转股条款，以确保在无法生存触发事件发生时能进行减计或转股，从而保护债权人的利益。这些无法生存触发事件具体包括国家金融监督管理总局认定发行人无法生存、相关部门认定发行人无法生存，以及人民法院裁定受理发行人破产申请等。

截至 2024 年 1 月，市场共发行了 180 只保险公司债，其中具有 5+5 年期限结构的次级债共 157 只，而未如期赎回的保险公司债共 11 只。

险企选择不赎回的原因各不相同，主要包括偿付能力承压或经营状况不佳、触发监管限制措施及融资成本变化等。

（1）偿付能力承压或经营状况不佳：当险企的偿付能力接近或低于监管临界线时，赎回债券可能会导致其偿付能力进一步下降，因此险企可能会选择不赎回。例如，华夏人寿在核心偿付能力充足率和综合偿付能力充足率接近监管临界线时，选择了不赎回保险公司次级债。

（2）触发监管限制措施：如果险企发行的次级债原定赎回期处于监管机构接管期内，或触发监管限制措施，则无法开展赎回工作。如天安财险和天安人寿在触发监管限制措施后被银保监会接管，导致其发行的债券无法正常赎回。

（3）融资成本变化：在某些情况下，不赎回债券反而能降低融资成本。例如，当市场利率高于票面利率跳升后的利率时，不赎回债券对发行人更为有利。

从总体来看，虽然保险公司次级债不赎回事件存在客观风险，但考虑到保险公司具有较强的赎回动机及高信用资质的主体占比高，因此也无须过度担忧。

2. 与其他金融次级债的对比

相较于银行和券商的次级债券，保险公司次级债的流动性受限于其较小的规模，导致其交易活跃度相对较低。然而，2023 年 11—12 月，保险公司次级债的成交量和换手率显著增加，11 月的成交金额达到 690 亿元，月度换手率为 22.84%；而 12 月的成交金额超过 670 亿元，换手率达到 20.81%。保险公司次级债的成交活跃度提升主要受到持续的信用资产荒影响。自 2023 年 11 月以来，保险公司次级债的中长期收益率和利差显著下降，期限利差和等级利差均处于自 2021 年以来的低位。

保险公司次级债相较于银行二级资本债具有票息优势，近期溢价有所压缩。保险公司次级债在条款上为投资者提供了相对友好的条件，不强制减计或转股，且在资本补充、受偿顺序、发行期限上与银行二级资本债相似，但不含减计或转股条款。另外，保险公司永续债在期限、损失吸收、赎回、递延付息等方面与银行永续债类似，但比券商永续债更为严格。保险公司永续债补充核心二级资本，影响保险公司的核心偿付能力充足率，而银行永续债则影响银行的一级资本充足率。

自 2024 年以来，信用债市场呈现低利差和资产荒的双重格局。保险公司次级债在资产荒背景下具有一定的吸引力，尤其是对于寻求高息优质资产的机构投资者而言。然而，随着保险公司永续债的发行，市场对其流动性的改善和利差的下行趋势应保持关注。

第四章

城投债投资分析笔记

　　城投债作为地方政府融资的重要工具，也是传统信用债市场中投资者关注的焦点。在本章中，我们将首先讨论城投债定价的独特性，通过"贴标签"的方法，尝试构建城投债的定价基准和框架，为投资者提供一种简化的价值评估手段。其次，我们将讨论区域经济与上市公司市值之间的关系，为城投区域分析提供来自股票市场的信息视角。最后，我们将通过对山东省的区域经济基本面进行分析，梳理其在经济增长、产业结构、人口、财政收入等方面的特点，并讨论区域债务和城投企业的基本情况。

第一节　广义城投债定价的逻辑探讨

信用债定价一直以来都是债券市场相对难以量化的部分，而城投债作为具有中国特色的市政债券，由于财务分析有效性的局限，对政策面较为敏感，定价更困难。部分传统机构仍基于地方政府信用来认识城投债，也由此衍生出了特殊的"信仰"。本节将尝试对城投债个券做一番简单的"贴标签"运动，并尝试对不同层次的标签差异进行探讨，进而构建一个模糊定价的基准和框架，供各位读者参考。

一、泛标签化社会的运行逻辑：歧视与偏见

最近几年，网络上关于标签化思维的讨论越来越多，笔者认为标签的来源其实是歧视与偏见。所有的人与物几乎都可以被分成若干个标签的集合体，而每个标签都对应某个特别的群体。在信息碎片化、获取信息快餐化的情境下，大众倾向于认为具备某个标签的个体同样具有总体的主流特征。

标签化思维被诟病的理由众多：阻碍理性思考与独立判断，限制想象力，加剧歧视与偏见等。而容易被忽略的是这样做的好处：我们虽牺牲了一定的认知深度，却更容易获得认知广度。而这种优势在信用债领域或许更为明显：全市场存量发行人的广度令投资者望尘莫及，进行标签化的管理成为粗放经营的必然选择，而这种广泛的行为特征势必对其市场表现产生影响。

二、招聘和住宅市场：标签化定价的实例

招聘的住宅市场或多或少与信用债市场存在一定的可比性：交易双方信息不对称，中介力量强，买入持有需求强于短期交易性需求，供需驱动价格等。因此，我们能看到许多格式化的交易"暗号"。

招聘市场的情况非常类似，"招研究员，要求名校本硕，CFA/CPA/FRM 优先，相关经验若干年，熟练使用 ××× 工具等"。为了满足招聘者的需求，求职者便

会努力获取这些含金量较高的标签。但如果某个标签的群体总量增速超过招聘者对应的需求增速，则该标签也可能面临贬值。

住宅市场是比较接近信用债尤其是城投债市场的，地段是首位（包括学区房），其次是房龄、户型与朝向（内部结构），通过租赁可以获得固定收益（低租售比）。地产的一级与二级市场同样存在分割状态，同样的标签在不同的市场上可能获得的溢价也有所不同。

三、信用债市场的标签、认可度与流动性

标签化思维在信用债投资交易领域同样大行其道。最典型的是回购市场，资金融出方给质押券框定了若干个标签，如"AAA非永续非民企非负面非过剩……"，而质押券标准的来源很多与各家机构的信用评级有关，资质下沉的尺度也是对不同层次标签综合权衡后的结果。笔者整理了部分机构的标签分类。

（1）评级标签：四大评级、中债资信评级、外资评级、中债隐含评级。

（2）行业标签：城投/产业，过剩产能（标准可能不同）。

（3）财务标签：资产负债率超过80%、亏损发行人、审计保留意见等。

（4）类属标签：央企、国企、民企、金融机构、其他企业、上市公司。

（5）区域标签：东北、天津、省会、百强县、计划单列市。

（6）品种标签：非公开、永续债、含权债、浮息债、担保债。

当然，标签化定价思路想要有效，需要满足几条基本假设：一是市场上众多投资机构对信用基本面识别的精细程度并不明显强于以上罗列的标签（或更为精确细致的甄别并不显著影响全市场认可度的差异）；二是发行人流动性和偿债能力短期为慢变量；三是不同层次的标签叠加后的溢价应是简单的加法关系（虽然很可能不成立）。

"常熟市交投平台发行的非公开债如何定价？"类似的问题或许可以模糊地简化为：百强县、城投、交运、AA+、非公开等标签分别对应多少溢价。当然，如果我们以常熟市交投平台发行的债券作为定价基准，问题便简化很多，只需要知道非公开债对应的利差溢价即可。如果我们能找到另一家江苏省普通区县级AA+交投平台的债券定价基准，便能从理论上推导出"百强县"这一标签对应的溢价的模糊区间。

四、构建发行人标准券曲线

有效比较的前提在于建立一个可比的基准。目前信用债个券交易主要以中债估值作为参考定价,因此我们不妨使用中债隐含评级将市场划分为几个可比区间,这样我们可以更方便地判断信用债定价的结构。资深的交易员每日看到全市场第一笔成交便可判断出整条曲线,对于业余选手还是借助工具表达更为严谨、稳妥一些。

在图 4-1 中,左侧为中债隐含评级对应的收益率,右侧为 13 赣粤中期票据的估值信息,剩余期限为 3.96Y,估值收益率为 4.13,对应隐含评级为 AAA。因为隐含评级选取的样本券是该类别最优资质,一般该区间其他券会略弱于对应曲线,判断该券资质位于 AAA 曲线与 AAA- 曲线之间,又因为剩余期限位于 4~5Y 之间。假设两点之间为直线,根据两点所确定的斜率先求出 3.96Y 对应的 AAA 及 AAA- 收益率,得出目标券在两条曲线间的百分位点,从而近似将发行人标准券(不含权公开债)对应的整条曲线。这也是我们比较不同标签发行人利差的基础。

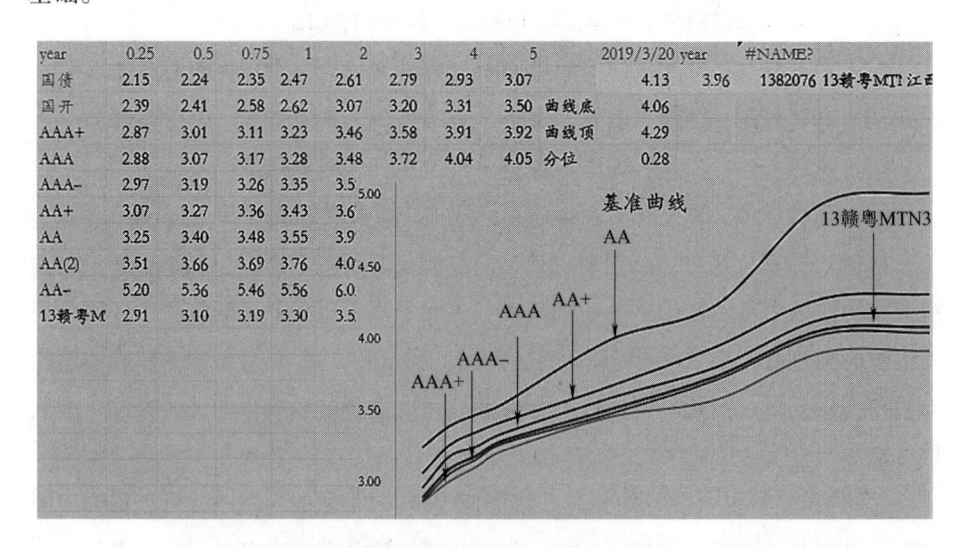

year	0.25	0.5	0.75	1	2	3	4	5	2019/3/20	year	#NAME?
国债	2.15	2.24	2.35	2.47	2.61	2.79	2.93	3.07		4.13	3.96	1382076	13赣粤MTN 江西
国开	2.39	2.41	2.58	2.62	3.07	3.20	3.31	3.50	曲线底	4.06		
AAA+	2.87	3.01	3.11	3.23	3.46	3.58	3.91	3.92	曲线顶	4.29		
AAA	2.88	3.07	3.17	3.28	3.48	3.72	4.04	4.05	分位	0.28		
AAA-	2.97	3.19	3.26	3.35	3.5							
AA+	3.07	3.27	3.36	3.43	3.6							
AA	3.25	3.40	3.48	3.55	3.9							
AA(2)	3.51	3.66	3.69	3.76	4.0							
AA-	5.20	5.36	5.46	5.56	6.0							
13赣粤M	2.91	3.10	3.19	3.30	3.5							

图 4-1 信用曲线定价示意

而标签化定价思路在城投债上的应用更为合适(相对产业债而言)。由于财务数据失真及政策的高敏感性,城投债的实际资质判断往往定性指标多于定量指标,同时具备一定的金边属性,违约风险可控,因此利差隐含的违约预期可能相对较少,与标签和认可度关联更大。

五、区域标签对广义城投债定价影响的实例

区域标签可以算是平台类债券最重要的标签。虽然投资者长期以来习惯了城投债的刚性兑付，但实际上仍然会根据区域的财政实力和政治地位给出不同级别的利差。"技术性违约"会让整个地区发行人的信用利差出现系统性的抬升，其本质便是区域标签的价值重估，同样的情况在广义城投债领域也有类似的影响。

下面我们不妨来观察一下港口行业的实例。相对传统城投债而言，港口行业虽然比较市场化，但其景气度与腹地经济关系紧密，呈现出较为明显的区域特征。但究竟区域标签和行业标签哪个对港口债的影响更显著呢？我们试着来探索一下。

图 4-2 中的信用利差选择兴业研究统计的城投债中位数。这里使用辽宁与天津区域的城投债信用利差中位数作为区域标签的比较；个券层面选择两个区域功能和体量都比较类似的龙头港口发行人，并通过前面所述方法拟合出不同发行人对应的整条标准券曲线作为利差定价基础。可以观察到两个龙头港口发行人利差与区域利差呈现出比较明显的同向变动。虽然大连作为计划单列市相对辽宁省有一定的经济独立性（可能因此导致一定的观测误差），但其在本行业内利差的相对变动仍然与区域利差波动存在明显的相关性。

区域利差与个券利差：相关系数为0.74

图 4-2 区域和个券利差相对走势

当然，从统计上来看的强相关性并不一定具备因果关系，也可能只是另一个原因导致的连带结果而已。接下来我们剔除行业标签变动的影响，观察区域标签对港口债券的影响是否确实显著（见图4-3）。

自2015年以来相关系数为0.93，自营口港事件以来相关系数为0.64

图 4-3　港口行业个券利差相对走势

图 4-3 同样利用标准券拟合方法进行利差对比。观察同区域港口发行人相对另一区域类似主体的利差变动。自 2015 年以来，两组利差的相关系数达到 0.93。虽然我们无法求出该利差的分布和置信区间，但"辽宁"或"东北"的区域标签的认可度变化似乎能够解释多数情况下营口港和大连港相对天津港的利差变动。

2018 年 6 月，营口港某期融资计划违约，导致整个存量债券利差大幅走扩。如果从那时计算至今，两组利差的相关系数下降为 0.64。对此可能的解释是：虽然营口港事件导致区域标签出现了系统性的价值重估，但同样加剧了区域内部结构的分化，致使显著性降低；同时，虽然理论上以天津港作为基准（剔除行业标签变动），但可能引入新的"违约"标签。

六、再议信用利差

本轮债券牛市与上轮债券牛市相比的重要不同便是低等级信用债利差的收敛大幅落后于利率下行的节奏，以往信用债"牛市越牛，熊市越熊"的波动特征似乎已经被证伪。对此可能的解释主要有：2018 年信用违约创下历史新高，投资者对低等级信用债券的学习效应增强，同时货币对信用端传导不畅，广义信贷利率居高不下，非标融资渠道被阻塞。目前 AA 城投债及产业债利差已经呈现筑顶形态（见图 4-4），笔者认为后续收窄的概率相对较大。我们不妨来讨论一下近期的一些迹象。

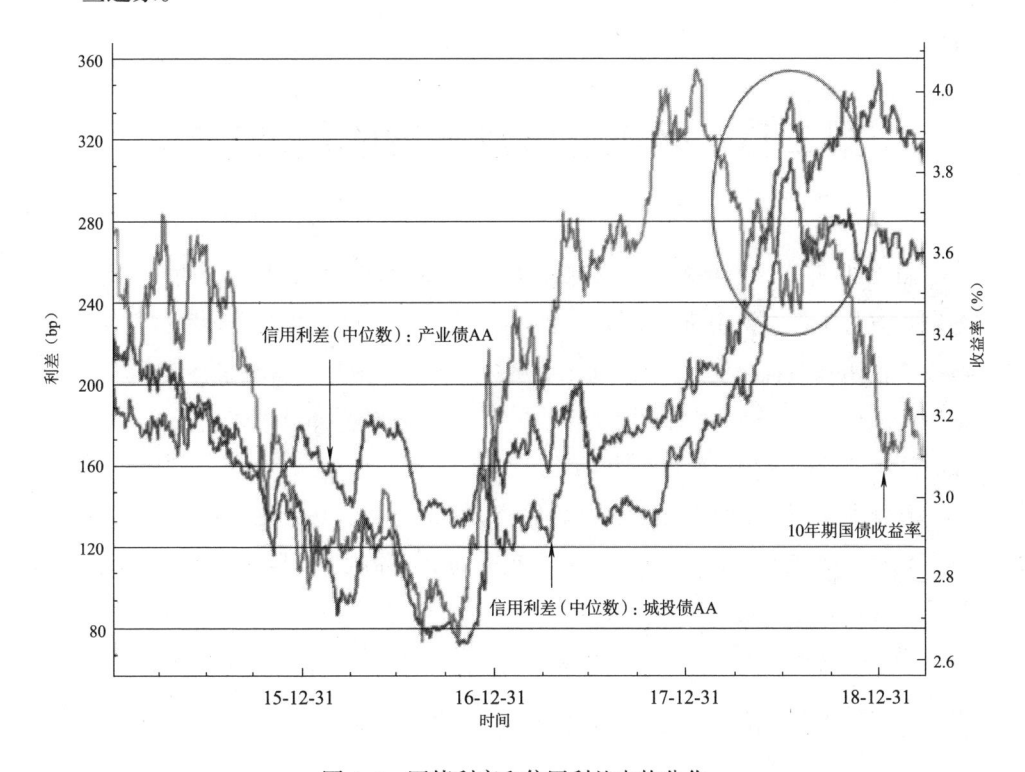

图 4-4 国债利率和信用利差走势分化

资料来源：Wind。

第一，年初社融数据显示，非标融资止血明显，委托＋信托贷款量位于 0 值附近。虽然去杠杆仍为长期政策，但短期该类融资渠道仍可能作为必要手段得到保护。

第二，市场主流预期逐渐转向"股债双牛"，一是流动性持续宽松导致的资产价格普涨，二是经济筑底阶段两个市场对预期反应时滞的差异。如果该预期得到充分反映，那么介于两者之间的高收益债理论上将受益。

第三，商业银行信贷扩张的资本约束逐渐打开，大量银行转债上市、永续债发行等，为后续补充一级资本打开通道。

第四，资产荒或将持续（转债极低中签率），不断精确下沉评级将是投资者的必然选择。同时，信用违约潮加剧市场出清速度，大浪淘沙后可能机会反而大于风险。

第二节　区域经济景气度的代理指标

自2023年以来，债券投资者肉眼可见地加大了对城投债发行人的研究力度，各家卖方几乎都在组织全国范围内的区域调研。一级市场再融资环境修复明显，城投债信用利差也再度压缩到2022年年初的水平。根据笔者观察，市场一致预期倾向于认为2023年发生信用风险的概率是比较低的，但对于"平台信仰"更长时间维度的持续性却存在一些分歧。

在此背景下，对城投债所在区域的经济财政分析势必会更关注税收收入端，特别是对区域产业结构的研究已经越来越受到市场重视。而区域内上市公司作为当地优秀企业的代表，其市值总和能在一定程度上反映资本市场对区域产业竞争力的看法。更重要的是，相对于其他反映区域经济状况的数据而言，上市公司总市值更新频率更高（日度），前瞻性和时效性更强，是值得深入研究的区域经济景气度的代理指标。

下面我们来简单讨论区域GDP与上市公司总市值之间的关系。

一、区域GDP与上市公司总市值的关系来源

在全面推进注册制之前，A股上市公司的总体门槛是比较高的，除了一些真正"闷声发大财"的企业（如Wind）和部分互联网科技巨头（如华为、腾讯、阿里巴巴），基本上国内收入体量大的企业都已上市。从统计口径来看，企业营业收入与GDP的概念接近（都存在不同部门间的重复计算）。而公司市值则是由盈利和估值共同决定的，抛开估值变化，盈利和收入在给定的利润率条件下存在稳态关系，而企业营业收入又是区域GDP贡献的大头，这也是区域GDP和上市公司总市值之间关系的基石。

从 2019 年度省级行政单位 GDP 和总市值的统计关系来看（见图 4-5），确实存在明显的对应关系，即市值较高的区域往往 GDP 体量也更大。

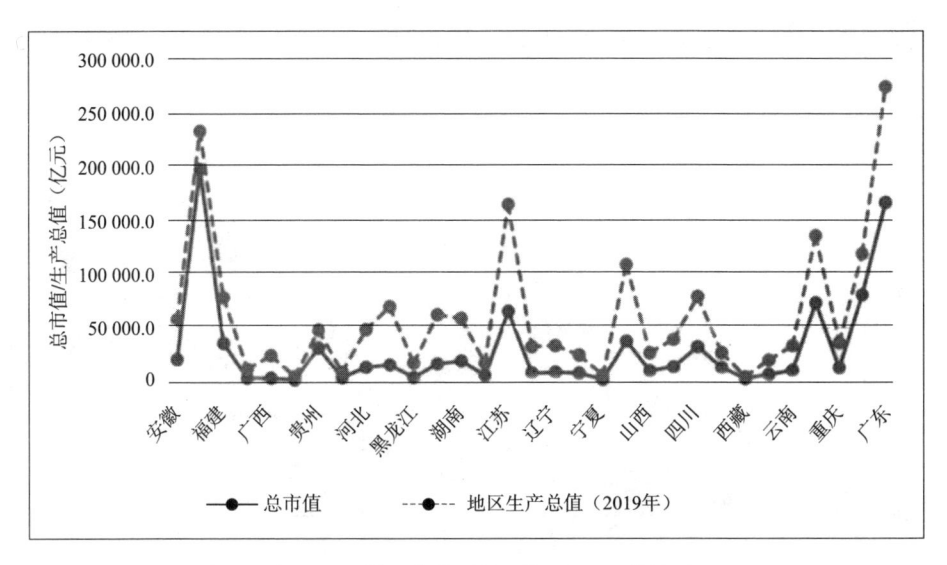

图 4-5　区域上市公司总市值和 GDP 的关系

资料来源：Wind。

二、两者之间是否存在一定程度的因果关系

从逻辑上来看，显然区域 GDP 和上市公司总市值更可能是同一个原因导致的两个结果，即地方政府的"招商引资"政策。之前笔者去四川宜宾调研，参观了宁德时代投产 240 亿元的动力电池厂，深感核心产业对地方经济的拉动效应，可谓"静水流深"。

虽然两者之间不一定存在因果关系，但笔者猜想，或许上市公司总市值的变化对区域 GDP 存在一定的预测效应。毕竟上市公司总市值的更新频率更高，也更能反映资本市场对企业远期成长空间的预测；而区域 GDP 是按年度更新的，反映的信息相对滞后。

这里我们不妨以几个城市的案例来尝试验证（见图 4-6 和图 4-7）。时间区间选择 2003—2023 年，样本城市选择成都、青岛、长沙、大连。

从这几个城市 GDP 和上市公司总市值的相对变化来看，不难得出一些初步结论：①成都的上市公司总市值大概在 2006 年超过青岛，2007 年超过大连，而

GDP 则在 2010 年前后才超过这两个计划单列市；②长沙作为"中部崛起"的典型代表城市，2005 年上市公司总市值便超过青岛、大连，而 GDP 则在 2014 年超过大连，2018 年开始接近青岛。

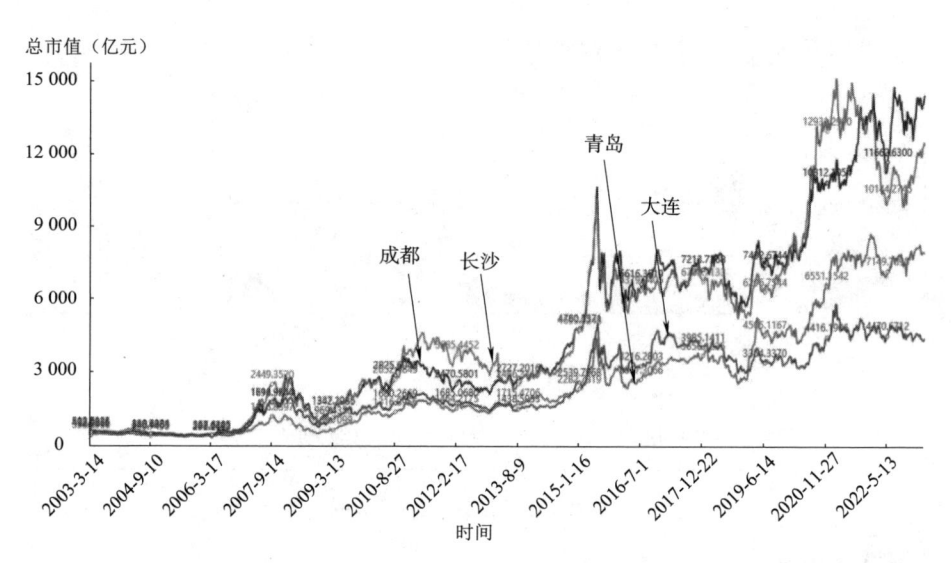

图 4-6 成都、青岛、长沙、大连上市公司总市值相对走势

资料来源：Wind。

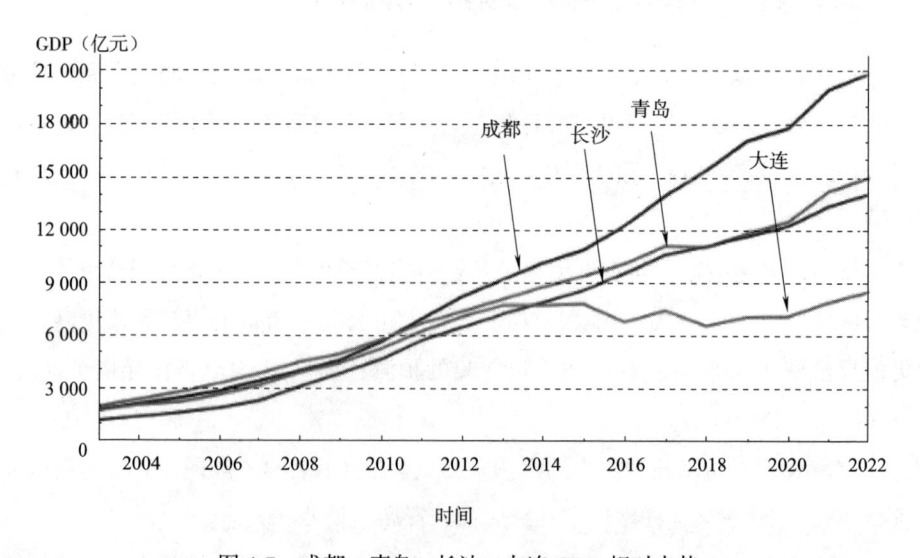

图 4-7 成都、青岛、长沙、大连 GDP 相对走势

资料来源：Wind。

如果我们能遍历所有城市或省份的相对变化，便能更清晰地得出结论。当然，这样做的误差也是显而易见的，后面我们也会继续说明，这里仅提出一种观察视角供大家讨论。

三、分项指标的相关性统计结果

表 4-1 为上市公司市值和其他区域经济指标相关性统计。

表 4-1　上市公司市值和其他区域经济指标相关性统计

	上市公司数	总市值（亿元）	流通市值（亿元）	平均市值（亿元）	平均流通市值（亿元）	平均市盈率（动）	平均市净率	地区生产总值（亿元）	人均生产总值（元）
上市公司数	1								
总市值（亿元）	0.842**	1							
流通市值（亿元）	0.866**	0.996**	1						
平均市值（亿元）	0.050	0.330	0.352	1					
平均流通市值（亿元）	−0.012	0.218	0.250	0.984**	1				
平均市盈率（动）	−0.140	−0.072	−0.081	−0.071	−0.068	1			
平均市净率	0.047	0.123	0.106	−0.098	−0.122	0.257	1		
地区生产总值（亿元）	0.850**	0.611**	0.646**	0.000	−0.035	−0.144	−0.007	1	
人均生产总值（元）	0.720**	0.774**	0.759**	0.176	0.062	−0.057	0.015	0.497**	1

** 表示在 0.01 水平（双侧）上显著相关。

资料来源：Wind。

从统计结果来看，相对总市值而言（与 GDP 的相关系数为 0.61），上市公司数量似乎和 GDP 的相关性更强，达到 0.85，原因可能是前文提到的，GDP 和营业收入的统计口径都包含了重复计算（比如一车煤，挖出来算一次，变煤化工算一次，煤化工下游的布料算一次，布料变衣服算一次……），而公司数量多在这种统计口径下显然更有优势。

有趣的是，市盈率、市净率等估值指标和 GDP 似乎没有明显关系。笔者猜想，一方面，估值反映的预期实现和 GDP 实现的"时间差"可能比较大；另一方面，区域经济发展需要的是实打实地促进税收和就业，而 A 股的高估值被证伪的概率较大（预期增速越高，被证伪的概率越大），因此可靠性比较弱。

四、用上市公司总市值描述区域经济的局限性

尽管上市公司总市值和区域 GDP 之间存在一定的相关关系，许多信用研究人员也会把上市公司总市值作为衡量地方经济实力的重要参考标准，但在实践中仍然面临较多的误差和局限性。

（1）部分上市公司的注册地、经营地、分支机构实际纳税区域不一致可能会造成较大的误差。

（2）容易低估非上市行业聚集的区域经济。不可否认的是，上市公司存在一定的"行业偏好"，一般偏好规模经济效应较强的企业。对于资本证券化率较低的区域，上市公司总市值并不能很好地描述其经济实力。

（3）上市公司总市值天然包含泡沫属性，流通盘过少、盈利预测高估、估值透支未来业绩等因素都会导致市值所隐含的信息质量下降，甚至会出现阶段性的误导倾向。

第三节　区域信用基本面分析示例

本节我们以城投债的发行大省——山东省作为案例，力求为读者展示一个相对全面的区域信用基本面分析框架。

一、区域经济基本面分析

山东省作为中国东部沿海的经济大省，其经济总量和产业布局对区域发展具有深远影响。本节将综合考量山东省的地理优势、人口结构、经济实力和政策环境，对其区域经济基本面进行全面分析。

1. 省域经济和财政情况

山东省位于中国东部沿海地区，交通网络发达，具有显著的地理和港口优势。尽管 2022 年该省的经济增长速度略有放缓，但其经济总量依然稳居全国第三。该省不断推进新旧动能转换，并受益于相关政策，这些政策不仅促进了区域发展，还进一步优化了产业结构。

从地理位置来看，山东省位于中国胶东半岛，地形多样，包括平原和丘陵，这种地形条件使得该省能够承接京津冀和长三角地区的经济辐射。同时，山东省拥有淮河、黄河、海河、小清河及胶东五大水系，海洋面积广阔，海洋资源丰富，这为经济发展提供了得天独厚的条件。此外，山东省已构建了完善的水陆空综合交通运输体系，成为一个港口强辐射省份。其"四横五纵"的综合运输大通道正在加速形成，省内高铁网络已经形成环形运行。2025 年，山东省将基本建成互联互通的基础设施主骨架，实现"市市通高铁、县县双高速、户户硬化路"的目标，在现有的"四横五纵"综合运输大通道基础上，进一步推动"四横五纵沿黄达海"的战略布局。

在人口方面，山东省人口基数庞大，城镇化率已接近全国平均水平。截至 2022 年年底，山东省的常住人口达到 10 162.79 万人，人口自然增长率为 −0.93‰，虽然首次出现负增长，但常住人口数仍仅次于广东省，位居全国第二。同时，山东省的城镇化率也在稳步提高，比 2021 年提高 0.6 个百分点，达到 64.54%，但仍略低于全国的城镇化率。

在经济方面，山东省的经济总量稳居全国第三，人均 GDP 也处于全国中上游水平。2022 年，该省的地区生产总值达到 87 435.1 亿元，GDP 增速为 3.9%，略高于全国平均水平。其固定资产投资增长也高于全国平均水平。同时，山东省的人均 GDP 也在稳步提升，排名全国第十一。到 2023 年上半年，山东省的经济继续保持稳步增长，地区生产总值同比增长 6.2%。

在产业结构方面，山东省持续推进新旧动能转换，工业制造业和服务业仍然是经济增长的主要动力。作为中国的工业大省，山东省的产业结构正在不断转型升级。目前，该省的第二、三产业占据主导地位，规模以上工业增加值位列全国第四。在第二产业经济方面，山东省进一步推进新旧动能转换，化解过剩产能，并着力布局新兴产业。以新技术、新产业、新业态和新模式为代表的"四新"经济正逐渐成为经济增长的新动力。在第三产业经济方面，服务业增加值对经济增长的贡献率达到50.6%，其中信息传输软件和信息技术服务业、租赁和商务服务业、科学研究和技术服务业增长迅速，产值贡献较高。

此外，山东省的海洋经济发展也十分迅速。根据相关数据，2022年山东省的海洋经济生产总值增长7.6%，占全国海洋生产总值的17.2%，对全国沿海经济发展起到了明显的推动作用。特别是海洋渔业、海洋交通运输业和海洋旅游业，已经成为山东省海洋经济的重点支撑产业。

在政策方面，山东省获得了中央政策的大力支持，新旧动能转换将进一步深化。港口建设的地位也被进一步强化，世界级港口的建设预计将助力重点产业的发展。国务院及相关部门已多次发布支持山东深化新旧动能转换、推动绿色低碳高质量发展的意见。这些政策明确了山东省作为我国重要的工业基地和北方地区经济发展的战略支点地位，并要求进一步深化新旧动能转换和推动绿色低碳转型发展。

在一般公共预算收入方面，山东省持续稳居全国前列，且表现出良好的稳定性。具体来看，2022年山东省此项收入达到7 104.04亿元，位列全国第五，经过同口径计算，收入增长率为5.3%（尽管自然口径下降了2.5%）。值得注意的是，其税收收入占比大约维持在75%的水平，显示出较为合理的税收结构。同时，财政自给率大约维持在60%的水平，显示出山东省在财政管理上的稳健。进入2023年上半年，山东省的一般公共预算收入继续保持增长态势，同比增长7.8%，达到4 258.58亿元。

不过，受到土地市场和房地产市场低迷的双重影响，山东省在2022年及2023年上半年的政府性基金收入均出现了下滑。特别是在2022年，尽管山东省的政府性基金收入仍位列全国第三，达到6 080.41亿元，但相较于2021年却下降了23.78%，这主要是由于房地产市场的不景气造成的。其中，国有土地使用权出让收入占据近90%的比重，进一步印证了房地产市场对政府性基金收入的重要影响。这种下滑趋势在2023年上半年并未得到缓解，政府性基金收入同比下降30.1%，仅为1 637.86亿元。

山东省的综合财力持续增长，在2023年年底已经跻身至全国第四。其中一个重要因素是山东省从上级政府那里获得了大规模的补助。2022年，这一补助金额达到3 849.05亿元，约占山东省综合财力的20%。

至于政府债务方面，山东省的整体债务负担处于全国中游水平。根据2022年的数据，山东省地方政府的负债率和债务率分别为26.98%和144.17%。

2. 主要地级市的经济状况

在山东省内，济南和青岛两大城市在经济实力上显著超越其他地级市，并且展现出强大的人口吸引力。胶东经济圈凭借其坚实的产业基础和明显的地理优势，展现出良好的发展潜力。与此同时，省会经济圈中的济南，其总部经济效应尤为突出。然而，其他地级市的经济表现大多处于山东省中下游水平。相对而言，鲁南经济圈的主要地级市经济实力维持在省内中游以上水平。

山东省下辖16个地级市，并在"十四五"规划期间构建了具有特色的"一群两心三圈"区域发展布局。其中，"一群"指的是打造在全球具有影响力的山东半岛城市群；"两心"指的是支持济南和青岛发展成为国家级的中心城市；"三圈"指的是推动省会经济圈、胶东经济圈和鲁南经济圈的一体化发展。

从产业布局的角度来看，山东省各地级市都是基于自身的资源优势来发展相关产业的，目前已有1个国家级新区、29个国家级高新区或经开区及306家A股上市公司。各地级市正围绕"5+5"十强现代优势产业体系进行战略布局。特别是青岛、济南和烟台，由于自身的产业基础和交通优势，其产业集群更为多样化。

在经济实力方面，省会经济圈和胶东经济圈的表现尤为强劲。济南和青岛作为核心城市，其经济规模在省内处于领先地位。而从各地级市的GDP总量来看，济南和青岛的GDP均已超过万亿元，分别占山东省GDP的17.06%和13.76%。在省会经济圈中，济南的总部经济效应显著，产业体系也相对完善。胶东经济圈的青岛凭借其区位优势，已经形成了以港口物流、现代渔业、海水利用等为支撑的海洋经济产业。此外，烟台和潍坊的经济实力也相当可观，特别是烟台在2022年的GDP增速位居全省之首。在鲁南经济圈中，临沂、济宁和菏泽的经济实力均处于中游以上水平，而枣庄的GDP则排在全省最后。经历了2022年的增速放缓，得益于经济的恢复和产业结构的持续优化，2023年上半年各地级市的GDP增速有所回升。

在人均GDP方面，青岛和东营尽管人口相对较少，但其人均GDP在省内却名列前茅。2022年的数据显示，青岛、东营、烟台、济南和威海的人均GDP都相对较高。而临沂作为山东省除青岛外人口最多的地级市，由于人口基数大，其人均GDP处于较低水平。

从人口的角度来看，临沂和青岛的常住人口都超过千万。就人口增速而言，2022年青岛、济南、潍坊、东营和威海都呈现出人口净流入的态势，而其他地级市则表现为人口净流出。这从总体上反映了核心城市的人口虹吸效应，以及省内经济实力较弱地区的人口向经济实力较强的地级市转移的现状。

依托于经济优势，2022年核心城市青岛和济南的一般公共预算收入位于省内前列。在省会经济圈中，除济南外，其他地级市的一般公共预算收入规模比较均衡，大部分地级市2022年的一般公共预算收入有所下滑。在胶东经济圈中，各地级市的一般公共预算收入普遍有所下降，其中潍坊因税收收入明显下降，其一般公共预算收入滑落至全省第四。在鲁南经济圈中，各地级市的一般公共预算收入基本与其经济排名相对应。在一般公共预算收入增速方面，2022年受宏观经济环境下行及减税降费力度较大影响，山东省大部分地级市的一般公共预算收入有所下滑；2023年上半年，除潍坊外，山东省其他地级市的一般公共预算收入均有所回升。

从一般公共预算收入的构成来看，2022年山东省各地级市的税收占比普遍下降，其中潍坊的税收占比下降幅度最为明显，同比下降16个百分点，各地级市的税收占比为60%~73%。在财政自给率方面，2022年各地级市的财政自给率普遍下降，仅济南同比保持正增长，临沂、聊城、菏泽和德州的财政自给率相对较低，为40%~50%。

2022年受房地产市场低迷影响，大部分地级市的政府性基金收入下降明显，且2023年影响持续。从规模上来看，2022年受经济驱动影响，青岛的政府性基金收入规模远超其他地级市，潍坊的政府性基金收入高于700亿元，其余各地级市的政府性基金收入规模与青岛差距较大，日照和东营的政府性基金收入规模较小。

山东省城镇化率较低的地级市如临沂、菏泽、聊城及德州的上级补助收入占比较高，其他各地级市获得上级补助收入整体规模不大，对综合财政收入的贡献度一般。从综合财力来看，50%以上的地级市综合财政收入均未破千亿元。

3. 金融资源和产业资源

针对 2021 年山东省各地级市的金融机构人民币存款情况进行分析，可以看出明显的地区差异。青岛、济南和潍坊三市表现突出，存款余额分别达到 2.24 万亿元、2.11 万亿元和 1.01 万亿元，稳居前列。相比之下，其他地级市的存款余额均未超过 1 万亿元，特别是滨州、日照和枣庄三市排名较为靠后。

在金融机构人民币贷款余额方面，青岛和济南依旧领先，青岛的贷款余额高达 2.41 万亿元，济南的贷款余额也达到 2.07 万亿元，远超省内其他地级市。贷款余额在 6 000 亿元至 1 万亿元之间的地级市包括烟台、潍坊和临沂。而其余地级市的贷款余额均低于 5 000 亿元，特别是枣庄，其贷款余额甚至低于 2 000 亿元，显示出其金融资源的相对匮乏。

从存贷比的角度进行分析，2021 年青岛位列第一，存贷比为 1.08；紧随其后的是济南、日照和烟台；而聊城、菏泽和德州的存贷比相对较低，排名靠后。

在金融机构的布局上，青岛虽然仅有青岛银行和青岛农村商业银行两家城农商行，但这两家银行的总资产规模均位于山东省内城农商行前三，显著高于省内其他地区。济南则拥有齐鲁银行和莱商银行两家城商行，同时山东省内的券商中泰证券和股份制银行恒丰银行的总部也设在济南，凸显了其作为区域金融中心的地位。

综上所述，山东省的金融资源主要集中在济南和青岛两市。这两个城市在人民币存贷款余额上远超其他地级市，显示出经济持续稳定增长的态势。同时，在金融机构的规模上，济南和青岛也占据优势，这为其城投公司获取更多支持提供了有利条件。

在产业资源方面，山东省传统产业发展较为成熟，区域内冶金、化工、轻工、建材、纺织服装、机械等优势产业规模靠前。近年来，随着工业总量的扩张和外部环境的变化，山东省面临经济换档升级压力，从长期发展战略来看，山东省产业结构调整尚需更长时间。在 2021 年山东省按行业分规模以上工业增加值构成中，化工及燃料加工业占比为 23.6%，电力热力生产和供应业占比为 9%，食品加工业占比为 8.8%，金属冶炼及压延加工业占比为 8.6%，纺织服装业占比为 3.4%，整体经济结构仍较为依赖传统产业，产业面临持续升级压力。

从产业结构来看，长期以来，山东省形成了经济结构偏"重"的局面，以重工业为主要产业，能源和资源消耗比较大，空间和容量都受到很大的影响，导致山东省经济发展后续动力不足。在此背景下，山东省开启了"新旧动能转换"的转型之路，近5年山东省一直保持"三二一"的产业结构并持续优化，第一产业和第二产业占比不断降低，第三产业占比显著升高。

2021年山东省第三产业占比排名第一的为济南，第三产业占比为61.8%，城市经济转型较早，产业结构较优；其次为青岛，第三产业占比为60.8%；排名靠后的为淄博和东营，两个城市第二产业占比均超过第三产业占比，转型压力较大。

截至2023年2月，山东省共有290家A股上市公司，总市值为37 855.8亿元。16个地级市均有A股上市公司，其中，胶东经济圈有161家上市公司，省会经济圈有108家上市公司，鲁南经济圈仅有21家上市公司，可见上市公司多集中于胶东经济圈和省会经济圈，鲁南经济圈产业聚集度低。

山东省16个地级市上市公司数量和总市值分化较大。在上市公司数量方面，截至2023年2月16日，青岛上市公司数量最多，有64家，烟台、济南、淄博和潍坊上市公司数量分别为50家、43家、31家和30家，其余地级市上市公司数量均少于30家。从总市值的角度来看，烟台上市公司总市值居于榜首，总市值为8 458.2亿元；其次为青岛，上市公司总市值为8 189.6亿元；济南、潍坊、威海、淄博和济宁上市公司总市值高于2 000亿元；德州上市公司总市值高于1 000亿元；剩余地级市上市公司总市值均低于1 000亿元。

在上市公司行业分布方面，山东省化工、机械设备、医药生物及电力设备行业的上市公司数量居多，分别为39家、32家、30家和22家，且行业市值总计居于前列，其中化工行业39家上市公司市值总计最高，为6 892.3亿元；其次为医药生物行业，30家上市公司市值总计为3 471.0亿元。

二、相关城投信用分析

接下来我们将综合考量山东省的区域经济实力、财政状况、政府债务水平及城投企业的财务健康度，对城投信用进行细致分析。通过对山东省城投债的存量规模、发行情况及区域化债进展的深入探讨，为投资者揭示山东省城投企业的风险收益特征，为投资决策提供有力支撑。

1. 区域债务情况

在观察2021年地方政府债务规模时，我们发现青岛、济南、潍坊和烟台的债务余额排名靠前，具体数额为青岛2 559.1亿元、济南2 119.5亿元、潍坊1 672.9亿元和烟台1 540.8亿元，而其他城市的债务余额均未超过1 500亿元。对于城投债余额，青岛以3 855.8亿元显著领先，紧随其后的是济南的1 634.5亿元和潍坊的1 196.2亿元。进一步从城投有息债务的角度来看，青岛仍以11 059.1亿元位居榜首，济南和潍坊分别以4 824.7亿元和4 263.1亿元紧随其后，而其他城市的债务规模均在2 000亿元以下。

各城市对城投融资的依赖程度存在显著差异。以青岛为例，其城投有息债务规模远超其他城市，2021年年末该数据为政府债务余额的4.3倍。潍坊、济南和威海也表现出较高的依赖度，其城投有息债务余额分别为政府债务余额的2.6倍、2.3倍和2.3倍，这反映出市场化的债务在这些城市中占有较大比重。值得注意的是，尽管威海的经济总量相对较小（GDP为3 463.9亿元），但其城投有息债务余额与GDP的比值却相对较高。

从债务率（地方政府债务余额与地方综合财力的比值）的角度来看，济宁、东营、滨州、烟台和泰安的债务率均超过100%，分别为136.9%、134.2%、117.1%、100.7%和100.7%；相比之下，济南和日照的债务率较低，分别为77%和78%。

再来看负债率（地方政府债务余额与GDP的比值），滨州、聊城和枣庄的负债率较高，分别为35.2%、31.0%和28.8%；而烟台、东营、青岛和济南的负债率则相对较低，分别为17.7%、17.9%、18.1%和18.5%。

综合考虑各城市的收入与债务状况，通过对比综合财力和负债率，我们可以发现，青岛和济南在综合财力上明显优于其他城市，同时它们的负债率也保持在较低水平，均低于20%；相反，滨州、聊城和枣庄虽然综合财力较弱，却面临着较高的负债率。从宽口径债务率［（地方政府债务余额+城投有息债务余额）÷地方综合财力］的角度来看，青岛的宽口径债务率最高，为485.7%；紧随其后的为济宁和潍坊，分别为336.9%和325.5%；枣庄、聊城和菏泽的宽口径债务率较低，分别为112.9%、118.7%和132.8%。

综合来看，山东省各地级市的债务偿还压力有差异。济南和青岛的财政实力雄厚，债务偿还能力强；相比之下，滨州和济宁的债务偿还压力相对较大。

从各区域的相对信用资质排序来看，主要分为以下几档。

一是济南、青岛。

济南作为山东省的省会及中心城市，在经济状况、金融资源及债务压力等诸多层面均展现出显著优势。同时，凭借其政治资源的集聚，对省内其他地区产生了强大的吸引力，形成了所谓的虹吸效应。从风险安全性的角度进行分析，济南的债务水平保持在相对较低的状态，这为其稳定性提供了坚实的基石。无疑，济南是整个山东省最为稳固的经济堡垒，无论是在标准化债务还是在非标准化债务方面，其风险均处于较低水平。

青岛则是山东省内除济南外的另一重要中心城市，其经济实力不容小觑，经济增速依然保持在较高水平。尽管青岛的债务增速也相对较高，但其风险仍然处于可控范围之内。深入分析青岛债务增速较高的原因，我们不难发现，这主要归因于青岛所拥有的众多项目。几大重要平台均已完成市场化改革，其主营业务聚焦于基础设施建设和房地产领域。特别是由于青岛的主营业务涉及房地产开发，其土地价值颇为可观，从而使得青岛能够承受较高的财务杠杆率。

二是烟台、临沂、菏泽。

烟台的产业发展呈现出良好的态势，其上市公司总市值位居全省之首。值得一提的是，万华化学在其中扮演了行业龙头的角色。在动能转换方面，烟台做得尤为出色，与山东省新兴产业的发展方向高度契合。此外，烟台的债务水平也保持在较低状态。

临沂则拥有显著的人口优势，其工业基础也相当坚实，整体经济展现出充分的活力。商业在这里得到了迅猛的发展，临沂正致力于打造成为北方的义乌城，专注于小手工业和小批发零售业务。同时，临沂的房地产市场也相当繁荣。

菏泽在经济和产业方面均处于中等水平，但它在政治资源方面拥有特殊地位，拥有丰富的政治资源。

三是日照、泰安、威海、德州。

尽管日照的经济规模相对较小，然而其在工业领域有着不可忽视的地位，这主要得益于山东钢铁在日照的基地。山东钢铁作为宝武集团旗下的一个核心组成部分，同时也是山东省的支柱产业，其重要性不言而喻。目前，该基地的园区建设和员工迁移工作均已顺利完成。为了进一步推动山东钢铁的发展，日照市政府在人才引进政策上也给予了大力支持，这使得山东钢铁在日照的未来发展具有更广阔的空间和更多的可能性。

泰安、威海和德州的情况类似，均有一定特色的地方产业、如泰安的旅游，威海的海洋资源、德州的食品和加工等，但体量较小，对地方财政的支持力度偏低。

四是枣庄、滨州、东营。

枣庄、滨州和东营的经济数据比较差，但总体债务率不算高。

五是淄博、聊城、济宁、潍坊。

潍坊和济宁的总体债务率较高，此前舆情不断，信用环境较差，叠加区域内民企担保较高，市场整体认可度不高。

2. 城投企业梳理

山东省发债城投企业主体信用级别以 AA 和 AA+ 为主，高信用级别城投企业主要集中在青岛和济南。

截至 2023 年 8 月底，山东省内有存续债券的城投企业共 271 家，其中省级城投企业 5 家、地级市城投企业 99 家、区县级城投企业 167 家。从各地级市的发债城投企业数量来看，青岛和潍坊的发债城投企业数量较多，分别为 59 家和 48 家；其次，潍坊、济宁、济南、威海的发债城投企业均超过 15 家；其他各地级市的发债城投企业数量在 15 家以下。从级别分布来看，最新主体级别为 AAA 的城投企业共 21 家，其中省本级和济南各 5 家、青岛 7 家；AA+ 和 AA 城投企业分别为 93 家和 138 家。

2022 年，山东省共有 152 家城投企业发行债券，发行数量合计 415 只，规模为 3 192.54 亿元，债券发行数量和规模同比均有所下降，其中德州、东营、聊城和青岛下降幅度较大。青岛的发债城投企业发债规模最大，占全省的 28.45%。2023 年 1—10 月，青岛、济南、潍坊、菏泽等大多数地级市的债券发行规模已超过 2022 年全年发行规模。但潍坊、威海的净融资额下降明显，聊城的净融资额由正转负。

在推行积极财政政策的环境下，各城市地方政府的债务增速维持在一个较高水平。然而，随着城投融资环境的逐渐收紧，相较于 2022 年，多数城市的城投有息债务余额增速呈现下降趋势。值得注意的是，区县城投有息债务的增速存在较大差异。那些经济和财政实力较强、债务规模相对较小的区县城投，其有息债务的增速反而较高。

鉴于中央政府对地方政府债务实施的分类管理策略，预计未来山东省的城投转型步伐会进一步加快。同时，对于那些债务率较低且经济发展状况良好的区域，其城投仍有机会获得新增债券。这意味着山东省的城投债将会逐渐集中到更具优势的区域。

作为重点化债区域的潍坊在2023年获得了相当规模的特殊再融资债券和政府专项债券。因此，与2022年年底相比，山东省城投有息债务规模有所减少。对于省内债务率较高的区域，其城投平台债券目前仅限于"借新还旧"的模式。而产业化运营主体则可以在债券市场上寻求新增资金。此外，在一些债务率较低且经济财政实力雄厚的区域，非产业化的城投也获得了新增债券的额度。

下面我们选取山东省城投债余额较大的部分发行人进行简要介绍。

（1）山东高速集团有限公司（简称山东高速）：本公司是山东省管国有独资企业，已被确立为省内三大政府融资平台的重要一员，肩负着省政府赋予的资金调控与融入的重要职责，其实际控制人为省国有资产管理部门。在主营业务方面，公司的业务范围主要覆盖省内高速公路、铁路等交通基础设施的投资、建设与运营。其旗下有多家上市公司，包括山东高速、山东路桥、山高金融及通过2020年合并齐鲁交通而来的齐鲁高速。数据表明，截至2022年6月底，公司所运营的收费路段总长达7 282千米，均为经营性路产，其中省内路段收费里程达到6 205千米。

从财务状况来看，截至2022年年底，公司的总资产已经达到13 225.46亿元，而资产负债率则稳定在74.53%。公司的有息债务总额为5 430亿元，其中长期债务占据主导地位，占比高达84%。此外，债券余额为1 027亿元，非标债务为241亿元，银行贷款则高达3 868亿元，其他形式的有息债务为248亿元。在资产方面，主要由存货（价值184.83亿元）和其他应收款（250.52亿元）等构成。值得注意的是，截至2021年年底，公司提供的对外担保金额达到78.19亿元，以国有企业为主，因此，我们需要密切关注可能产生的或有负债风险。

另外，公司在金融投资领域以房地产投资为主，投资对象曾包括恒大、佳兆业、泛海控股、奥园等知名房企。然而，近年来公司正在逐步退出这一领域，但资金回收进程受到一定的阻碍。例如，公司在2020年年底以250亿元的价格出售了其在恒大地产的5.662 5%股份，买方为深圳人才安居。此外，公司曾向佳兆业提供1.25亿美元的贷款融资，最终通过以物抵债的方式解决了未偿还的贷款问题。同时，山高金融在2021年10月进一步认购了佳兆业价值1.2亿美元的高息票据，该票据的期限为1年。对于奥园违约的1亿美元债务及泛海控股涉及的21.42亿元债务，公司正在采取相应的法律措施，以维护自身权益。在当前房地产行业政策持续紧缩的大背景下，我们需要高度关注以子公司山高金融为代表的金融投资板块可能面临的投资风险敞口，以及这对公司存量债券估值可能产生的负面影响。

（2）青岛城市建设投资（集团）有限责任公司（简称"青岛城建"）：青岛市国资委是公司的实际控制人。公司的主营业务可以被划分为产城开发建设、实业经营、金融服务和交通建设四大板块。

在产城开发建设板块，涵盖了土地整理与开发、基础设施建设、房地产开发及产业园区构建等多个领域。其中，土地整理与开发主要聚焦于红岛和青钢片区，虽然历经十余年的项目已经过半，但未来可供整理的土地资源有限，并伴随着一定的资金回笼压力。

截至2023年3月，公司在基础设施代建项目上的总投资计划已达311.32亿元，目前已完成投资197.48亿元。在房地产开发方面，公司主打商业地产，总投资计划为162.49亿元，至今已投入95.42亿元，但回款压力相对较大。此外，商品房的开发已近尾声，截至2023年3月底，仍有162.49亿元的在建项目投资需要进行，其中67.07亿元的投资尚未落实。在产业园区建设上，已有两个项目完工，其余项目则已暂停。到2023年3月底，该板块已投资36.12亿元，前期的资金回收情况值得密切关注。另外，房地开发项目的总投资为53.99亿元，至今已完成20.10亿元的投资。

在实业经营板块，公司主要经营新能源、智能制造和贸易三大业务。新能源项目以风力发电和光伏发电为主，由公司旗下的新能源集团负责运营。智能制造领域则主要涉及双星集团下属的橡胶轮胎等业务，该业务在2022年已实现扭亏为盈。贸易业务则主要经营铁矿石、氧化铝和不锈钢等产品，但毛利率相对较低。

在金融服务板块，涵盖了担保、小额贷款、融资租赁、委托贷款和基金管理等众多领域，服务范围遍布全国。然而，随着经济下行的压力，坏账风险逐渐凸显，因此，我们需要高度关注业务相关的负面舆情对债券估值稳定性的影响。

在交通建设板块，公司主要聚焦于高速公路的建设与投资。截至2022年年底，该板块的总投资已达181.37亿元，仍需追加投资33.96亿元。

鉴于公司业务的多元化和庞大的整体规模，我们的分析主要从母公司的角度出发。截至2023年3月底，母公司的总资产已达2 302亿元，其中长期股权投资占35%，其他应收款占28.7%。母公司的资产负债率在60%~70%之间波动。有息债务余额为1 157.51亿元，其中长期债务占主导地位（占比为71.8%）。银行贷款、债券和非标债务分别占比21.32%、55.68%和23%，显示出公司对债券市场的较高依赖性。从有息债务的使用情况来看，资金主要流向了长期股权投资、可供出售金融资产和其他应收款三个领域，但具体的客户明细并未公开。

综上所述，公司业务展现出高度的多元化特征，涵盖多个领域。虽然其城投属性有所减弱，但由于公司层级较高，再融资能力得到一定的保障，整体资质依然强劲。

（3）济南城市建设集团有限公司（简称济南城建）：济南市国资委作为公司的控股股东，掌控着公司的主营业务，包括土地熟化、房地产开发、基础设施建设、工程施工及其他多样化业务。

关于土地熟化，西城集团、滨河集团及小清河公司是主要的运营实体。这些业务占据了土地出让收入的80%，并且款项通常在一年内得以回收。目前，仍有11 267亩土地已完成整理并等待出让。正在进行的项目预计总投资将达到1 960亿元，而目前还需进一步投入450亿元。

在地产业务方面，公司采取自主开发和合作开发两种策略。当前在建项目全部为自主开发，而已完成的项目总投资为161亿元，已成功销售126亿元。对于仍在进行中的项目，预计总投资为99亿元，目前已投入69亿元，并已回收销售款项21亿元。

基础设施建设业务规模庞大，正在进行的项目预计总投资高达519亿元，目前已完成397亿元的投资，而计划中的项目预计需要投资1 196亿元。

工程施工业务在2021年黄河路桥被划出后经历了显著的规模缩减。目前，城建公司是主要的运营实体，手中持有的项目大多是市政项目，合同总金额达到564亿元。此外，公司在省外也有少量的业务布局。

公司的其他业务，如油品销售和项目管理，虽然对公司整体业绩的影响有限，但仍是其业务多元化的一部分。

从财务的角度来看，公司的总资产近年来持续上升。截至2022年年底，公司的总资产已达3 355.86亿元，而资产负债率维持在71.9%。公司的有息债务总额为2 025.51亿元，其中长期债务占比高达79%。债券余额为389.4亿元，非标债务约为460.61亿元，银行贷款为509.77亿元，其他形式的有息债务为665.73亿元，这主要包括政府置换债务和政府专项债。在资产方面，主要包括存货（价值1 099.29亿元，主要是开发成本和土地价值）、在建工程（533亿元）、其他非流动资产（353亿元，主要是管廊资产和公共租赁住房）、无形资产

（284亿元，主要是特许经营权）、货币资金（195亿元）及应收账款（217亿元，主要来自事业单位和国有企业）。此外，预付款项为51亿元，多数与地方公司相关，因此我们需要关注其潜在风险。另外，公司提供的对外担保总额为72.4亿元，主要担保对象是区域内的城投主体，因此应警惕或有负债的风险。

综上所述，目前公司业务表现稳定，其城投属性十分明显。未来需要密切关注其后续回款情况和土地市场的繁荣程度。

（4）济南城市投资集团有限公司（简称济南城投）：济南市政府为了整合资源、优化管理，由25家单位合并组建了本公司，并由济南市国资委担任唯一的股东及实际控制者，这也使本公司成为济南市新设立的六大重要集团中的一员。作为济南市的主要经济平台，本公司在多个方面得到了政府的大力支持，包括但不限于土地出让金的返还、基金的注入、政府的各类补贴及债务的置换等。

从公司的职能与定位来看，本公司在基础设施建设业务领域与济南城市建设集团有限公司有一定的重叠。然而，在政府的统筹与协调下，本公司主要负责特定区域的土地开发与整理，如雪山片区、济钢片区、国际医学科学中心片区及马山片区等。同时，本公司还承接了棚户区改造、旧城改造及安置房的建设等项目。

在土地整理业务领域，截至2023年3月底，公司已成功完成4 682亩土地的开发整理工作，总投资达到168亿元。同时，公司还有正在进行的土地开发项目，计划总投资为410亿元，并已投入193亿元，这使得公司的资本支出压力相对较大。此外，在配套基础设施建设业务方面，在建项目的计划总投资为150亿元，目前已投资42亿元。至于房地产开发业务，截至同一时间点，主要在建项目的总投资为218亿元，已投资部分高达133亿元，进一步加大了公司的资本支出压力。

从财务的角度来看，截至2022年年底，公司的总资产为2 027.13亿元，而资产负债率为74.35%。公司的有息债务总额为993.09亿元，其中长期债务占比为51%。值得注意的是，公司的债务期限结构呈现出短期化的趋势，这使得流动性压力逐渐上升。详细分析债务结构，我们发现，公司的债券余额为242.24亿元，银行贷款为240.43亿元，非标债务为403.69亿元，其他形式的有息债务为106.73亿元。同时，再融资环境的稳定性并不理想。

在资产方面，公司的主要资产包括在建工程（价值918亿元）、存货（460.49亿元）、其他应收款（253.71亿元，主要来自政府和事业单位）及货币资金（88

亿元）等。此外，截至 2022 年年底，公司提供的对外担保总额为 54.49 亿元，主要担保对象是区域内的国有企业，因此我们需要警惕或有负债的风险。

综上所述，目前公司面临着相对较高的资本支出压力，债务期限结构和再融资环境的稳定性也并不理想。然而，得益于其所在区域强大的综合实力，公司的整体资质仍然保持在可接受的范围内。

（5）济南轨道交通集团有限公司（简称济南轨交）：本公司由济南市国资委实际控制，作为济南轨道交通建设与运营的核心主体，肩负着轨道线路建设、土地整理及保障房建设的重任。其业务范围不仅覆盖地铁、市域铁路、有轨电车，还包括机场等相关交通设施的建设与运营。数据显示，截至 2022 年年底，公司已有 9 条地铁线路在建，总投资计划高达 1 911.02 亿元，已完成投资 635.23 亿元。济南市及区级财政已全额承担项目资本金，而对于资本金以外的资金需求，公司则通过银行贷款等多元化融资渠道来满足。尽管如此，预计未来公司仍将面临不小的投资压力。

在安置房项目方面，这一重任由公司的子公司资源开发公司来承担。截至 2022 年年底，该项目的总投资计划已达到 229.31 亿元，实际已完成投资 184.93 亿元。

从财务状况来看，截至 2022 年年底，公司的总资产规模已达 2 052 亿元。这些资产主要集中在在建工程（主要为安置房、土地整理和轨道交通建设项目，总计 1 138 亿元）和其他非流动资产（主要为预付征地补偿款及拆迁安置费，总计 355 亿元）。自 2018 年以来，公司的资产与在建工程均呈现持续增长态势。预计未来几年，随着公司拟建项目的增多，在建工程在公司资产中的占比仍将保持较高水平。

在负债方面，经过永续调整后，截至 2022 年年底，公司的资产负债率为 83.8%。在公司的总负债中，刚性债务的占比相对较高。包含 89 亿元的永续债在内，公司的有息债务规模已达到 1 324 亿元。值得注意的是，在这些债务中，短期债务的占比相对较低，仅有 151.1 亿元，因此公司短期的偿债压力并不大。从融资结构来看，银行借款、债券融资和非标融资分别占公司总融资的 54.41%、20.10% 和 25.49%，显示出公司的融资结构尚有待优化。

从总体来看，公司在区域内的专营性较强，业务具有良好的可持续性，且其城投属性明显。虽然公司的投融资规模都比较大，但由于有充足的土地储备和政府财力的支持，公司的再融资能力较强，整体资质也相对较强。

（6）济南高新控股集团有限公司（简称济南高新）：济南市高新区国资委为公司的实际控制人。公司专注于产业园区开发这一核心业务，由公司本部主要负责推进。至于园区内的住宅开发项目，则交由二级子公司济南东拓置业有限公司来执行，该公司按照市场化模式进行自主开发。园区的配套服务内容丰富，涵盖供水、污水处理、物业租赁、管理咨询及文化传媒等多个方面。其中，供水服务由济南东泉供水有限公司这一二级子公司负责；污水处理项目则经过高新区管委会的正式授权，采用 BOT 或委托运营的方式，委托专业单位进行建设和运营；而物业租赁、管理咨询服务主要由公司本部承担；文化传媒服务则交由另一家二级子公司济南高新文化传媒有限公司来运营。

在土地整理业务方面，公司本部主要负责高新区中心区的相关工作，而各家二级子公司则分别负责其所属片区的土地整理。该业务的收益计算方式是基于整理成本加成 2%~5% 的合理利润来支付。当前，安置房项目的建设已由项目承接主体公司接管。

未来公司面临着巨大的资本支出压力。数据显示，截至 2023 年 3 月底，公司产业园区开发板块有多个在建项目和拟建项目，总投资额巨大。同时，园区住宅开发项目也在稳步推进中，既有在建项目，也有拟建项目，总投资额同样不容小觑。

从财务状况来看，截至 2022 年年底，公司的总资产规模、资产负债率及有息债务规模等关键指标均显示出公司的财务实力与风险状况。资产端以存货、其他应收款、货币资金和投资性房地产等为主。此外，公司还存在一定规模的对外担保，担保方较为分散且以民企为主，因此存在一定的代偿风险。

总体而言，公司资产面临一定的减值风险，且短债占比逐年上升导致流动性压力不断增大，这些因素共同导致公司的资质有所弱化。尽管如此，公司仍在努力通过多元化的业务布局和稳健的运营模式来应对各种挑战和风险。

（7）淄博市城市资产运营集团有限公司（简称淄博城运）：淄博市财政局为公司的实际控制人。公司的主要营收来源包括资产销售收入、国有资产经营所得及代建工程收入。值得注意的是，从 2020 年起，公司拓展了贸易业务，进一步丰富了营收渠道。

在资产销售方面，土地处置和土地整理是两大核心业务。目前公司仍有大量待开发的土地。截至 2023 年 3 月底，正在整理的土地面积达 2 253 亩，预计总投资为 14.90 亿元，目前已投入 4.81 亿元。

在国有资产经营方面，公司的主要收入来源于淄博市市直机关办公用房的租金。截至2023年3月底，公司已出租77处房产，这部分收入相当稳定，为公司提供了可靠的现金流。

在工程施工领域，公司的业务涵盖了建筑施工、委托代建及工程管理等多个方面。数据显示，截至2022年年底，公司有8个主要的施工项目，总投资额为27.87亿元，已完成投资12.52亿元。在委托代建项目方面，截至2023年3月底，公司在建项目的总投资预计为392亿元，已投入326亿元，需要注意到公司面临的资本支出压力。同时，工程管理业务也有两个在建项目，总投资计划为78亿元，目前已投入58亿元，同样需要注意资本支出的情况。

从财务状况来看，截至2022年年底，公司的总资产高达2 001.1亿元，资产负债率为59.92%。有息债务总额为781.89亿元，其中长期债务占比为69.29%，显示公司的债务结构以长期为主。债券余额为285.32亿元，非标债务为178.33亿元，银行贷款为273.36亿元，其他有息债务为44.78亿元。在资产方面，主要包括存货（其中主要是开发成本和保障性住房，总计457.05亿元）、在建工程（主要是市政工程建设和保障性住房，总计436亿元）、其他应收款（主要以国企和政府部门为债务人，总计151.83亿元）、预付款（近期增长较快，但总体规模仍然不大，主要是预付给国企的工程款增多，总计54亿元）、应收账款（增长较快但总体规模有限，主要是应收的工程款，总计60亿元）和无形资产（主要是土地使用权，总计141亿元）。此外，截至2022年年底，公司提供的对外担保总额为96.65亿元，全部为对区域国企的担保，因此我们需要关注可能产生的或有负债风险。

综上所述，公司具有较高的层级和较大的资产规模，整体资质尚可。

（8）青岛西海岸新区海洋控股集团有限公司（简称西海岸海控）：西海岸管委会作为公司的股东，是一个控股型主体，其业务由各家子公司分板块运营，业务范围广泛，涵盖了基础设施建设、土地开发、房地产和贸易等多个领域。基础设施建设和土地开发业务由公司下属的各个功能区主体负责执行。据报告，截至2021年年底，基础设施建设领域的在建项目计划总投资达到199亿元，还需进一步投入33亿元；而土地开发业务已计划投资39亿元，目前已完成投资18亿元。

在房地产领域，公司的业务包括保障房和商品房两大块。目前，保障房业务已近尾声，而商品房业务中已完工的项目去化率高达90%以上。此外，还有在建的商品房项目计划投资81亿元，尚需投入33亿元。值得一提的是，公司还储备了 21 万平方米的土地。

公司通过收购万马股份，拓展了电力产品和高分子材料产品板块。尽管这些新板块带来了收入增长，但毛利率有所下降，同时赊销销售占比较高，这些问题值得关注。另外，在收购诚志股份后，公司又新增了清洁能源和半导体显示器等业务。不过，这些业务在 2021 年年底尚未被并入财务报表，因此我们需要特别关注节能降耗政策对这些业务可能产生的影响。

随着贸易业务的拓展，公司收入有所增长，但整体毛利率较低，对盈利的贡献相对较小。旅游酒店业务虽受到不可抗力的显著冲击，但对公司整体运营的影响仍然有限。

从财务的角度来看，截至 2022 年年底，公司的总资产为 527 亿元，资产负债率为 47%。有息债务达到 217 亿元，其中债券有 145 亿元，其余以信贷为主，显示出公司对债券的较高依赖性。在资产方面，主要集中于长期股权投资（主要是旗下控股的城投平台，以及万马股份的 23.76 亿元投资）和其他应收款（主要包括对海控投资的 70 亿元、青岛红树林旅游业的 39 亿元和董家口发展的 10 亿元）。值得注意的是，公司本部的有息债务已通过拆借转给关联方，未来能否回收主要取决于关联方的整体经营状况，因此回收风险需引起警惕。

此外，公司在 2022 年年底直接持有的万马股份市值为 21 亿元（其中 50%已质押），这引发了投资者对公司整体资产流动性的关注。同时，公司本部对外担保规模为 24.99 亿元，以区域城投为主，目前代偿风险尚在可控范围内。

从总体来看，尽管公司本部面临巨大的债务压力，但由于其较高的层级和外部支持力度，整体资质仍然可观。

（9）潍坊市城市建设发展投资集团有限公司（简称潍坊城建）：潍坊市国资委是公司的实际控制人，掌控着东兴建设、潍坊基建、潍坊文旅三大平台及上市公司美晨生态。公司的业务范围广泛，涵盖了土地出让、公用事业、资产运营、金融和旅游等多个领域，被视为潍坊市的核心平台。2020—2022 年，公司的营业收入分别达到 95 亿元、174 亿元和 168 亿元，这一显著增长主要得益于新增的业务贸易板块，该板块收入占比超过 70%。然而，由于该板块的毛利率相对较低，因此对公司的利润贡献仍然有限。

在基础设施建设方面，截至 2021 年年底，公司承接了多个规模较大的代建项目。这些项目的投资账面余额达到 215.81 亿元，但结算工作尚未完成，因此存在较大的资金占用问题。此外，公司还有自建自营项目，目前已投入

75.97亿元，并且投资仍在持续进行中。

在土地出让业务方面，截至2021年年底，公司的账面土地资产总计达到9 023.97亩，均为已缴纳土地出让金且大部分已取得土地使用权证的出让地，主要用作商住用途。

从财务状况来看，截至2022年年底，公司的总资产为1 376.04亿元，资产负债率为46.52%。有息债务为491.19亿元，其中长期债务占比高达80%，显示出公司的债务结构以长期为主。债券余额为155亿元，非标债务为64.10亿元，银行贷款为110.30亿元，其他有息债务为104.88亿元。在资产方面，主要包括存货（价值103.69亿元）、其他应收款（以城投平台为主要债务人，总计102.49亿元）、应收账款（总计43.56亿元，其中需要关注民企上海展生实业1.38亿元和全威（成都）能源1.3亿元的坏账风险）、长期应收款（总计76亿元，主要包括棚户区改造款46亿元和亚星化学12.9亿元）、长期股权投资（总计98亿元，其中潍坊银行投资49亿元，山东高速济青中线投资11.8亿元，山东高速明董公路投资5亿元）、其他权益工具投资（总计357亿元，其中潍坊海洋投资集团投资329亿元）和在建工程（总计346亿元）等。

此外，公司在产业类方面的投资较多，而区域债务压力也相对较大，因此我们需要密切关注公司的整体资质变化及对外担保规模（截至2021年年底为107亿元，均为对区域国企的担保）可能带来的或有负债风险。

3. 存量债券及发行情况

山东省的城投债务体量较大，从行政级别来看，债务主要集中在地市级。截至2022年年底，山东省城投有息债务合计5.32万亿元，多分布在地市级和区县级层面。在债券方面，截至2023年9月26日，山东省存量债券余额为1.38万亿元，其中省级1 847.19亿元，地市级5 008.93亿元，区县级4 906.86亿元，功能区/开发区1 988.96亿元，呈纺锤形分布。

（1）净融资额情况。自2022年年初以来，山东城投平台的净融资额总计3 351.57亿元，整体保持较大规模的净流入。河南省、四川省和湖南省的净融资额均低于山东省的净融资额，分别为2 030.83亿元、2 044.79亿元和1 044.55亿元。

（2）发行期限情况。自2022年年初以来，受基本面转弱影响，市场对城投债风险的担忧情绪上升。在此背景下，山东省、河南省、四川省和湖南省的加权发行期限均出现边际下降，且基本都在跨年时期触达阶段性低点。进入2023年，伴随市场对复苏预期的回落及增量资金的推动，债券市场展开修复行情，城投债发行情况有所好转，鲁、豫、川、湘四省的发行期限上升；对比来看，河南省的发行期限最短，山东省的情况稍好，四川省和湖南省的发行期限多数月份超过三年，优于鲁、豫两省。

（3）发行利率情况。从2022年下半年开始，鲁、豫、川、湘四省的发行利率中枢略有抬升，但自2023年年初以来，在资金面和风险担忧情绪缓和的共同推动下，四省的发行利率触顶回落。其中，四川省的发行利率基本回到前期低位，湖南省和河南省紧随其后，山东省的修复力度不及其他三省的修复力度，且从趋势上来看，其发行利率仍在上行通道，2023年8月为4.53%。

4. 区域化债进展

自2023年以来，山东省贯彻落实中央精神，地方化债明显提速，省会经济圈各市多措并举推进化债工作，在外部金融支持等方面取得积极进展。

自2022年以来，山东省的债务问题逐渐显露，非标逾期增多，部分区域债务压力较大且呈一定的风险外溢趋势。山东省政府提出化债"一盘棋"的思路，陆续采取公开表态与发文、积极引导金融机构达成战略合作、省属企业与地方战略合作、组织前往上交所调研、指导地方制定一揽子化债方案等系列措施，化债逐渐提速，不断向外部传达省级层面的化债决心，提振市场信心。2023年7月，中央政治局会议提出要有效防范化解地方债务风险，制定实施一揽子化债方案。2023年10月，山东省招标发行地方政府再融资一般债券和再融资专项债券（七期），合计金额282亿元，募集资金用于偿还存量债务。

自2023年以来，省会经济圈各市积极摸排资产资源，审计巡视排查风险，加强债务实时监测，在市级层面组织资源帮扶区县化债，牵头对接金融资源，济南、聊城、泰安等部分区域在外部金融支持方面取得较大进展。

济南作为省会城市，在山东省级层面可获得较多的资源倾斜，在省会经济圈中经济实力最强，但债务率也最高，化债举措较多，力度较大，市政府层面对区县债务也比较重视。2023年4月，济南市国资委发文，提出将指导督促市属企业"一企一策"制定债务风险处置工作方案，做好债券违约风险监测与处置。同时，通过审计摸清底数、巡察集中整改发现风险，将区县全口径债务风险与新增债券额度分配挂钩。2023年8月，济南市国资委再度发文，提出国企及地方平台在经营中因兑付债务、经营周转等造成负债率较高、资金流紧张等短期资金流动性困难，市财金集团可"一户一策"设计金融服务方案，缓解国企暂时性的流动资金压力，维护地方金融稳定，同时推出4种场景支持平台债务缓解。此外，在市政府的引导下，区域获得了较大的金融资源支持，自2023年以来已与中国农业银行、中国光大银行等陆续签署战略合作协议，同时积极同山东信增、券商、银行等机构对接洽谈，以争取更多的金融支持。

在淄博市级层面，市政府、市国资委、市财政局、市审计局等在会议及文件中持续强调要加大企业监管力度，守牢政府债务和平台债务风险底线，从严控制融资平台举债，加强债务实时监测，落实支付债务利息的资金来源等。自2023年4月以来，受烧烤"出圈"的影响，当地政府主动造势态度较强，提振市场信心，淄博地区政信产品一度认购紧俏，部分城投债二级成交放量，收益率估值有所回落，下半年城投净融资规模大幅提升。但随着淄博烧烤热度逐步降温，烧烤经济对当地的贡献或仍旧有限，淄博的化债压力仍然存在，对弱资质区县城投的非标风险仍需保持关注。

2023年12月，聊城市金融局官方网站发布市委第三轮巡察整改进展情况的通报，其中提到市大型企业债务风险化解实现突破，全市不良贷款余额及不良贷款率下降幅度均居全省首位，已为有融资需求且存在融资困难的省重大项目全部匹配辅导队。同时，聊城市在外部金融支持方面取得较大突破。2023年7月，在水城金融高峰论坛暨金融促进聊城高质量发展大会上，北京绿色交易所、22家总部及省级金融机构与聊城市政府达成合作协议，计划三年内向聊城提供3 830亿元以上的意向融资支持；21家市级银行机构与54家重点企业达成合作协议，计划提供342.57亿元的融资支持。此外，聊城市人民政府还与鲁信集团、省财金集团、省农业担保公司、恒丰银行等8家金融企业签署了战略合作协议，聊城安泰城投与农发行聊城市分行签约，获得了100亿元意向性综合融资支持。

泰安方面，自2023年以来，泰安市国资委开展企业外部融资摸底核查，要求全面替换年利率为9%~12%的非标融资，各市属企业建立起债务风险融资监管体系，增强融资能力，确保2026年年底前将年度平均融资成本控制在目标范围内。2023年9月，泰安市财政决算报告提出将债券额度分配与偿债情况挂钩，倒逼县市区、功能区按时足额还本付息。同时，泰安市支持国有融资担保机构、政府性融资担保机构、再担保机构通过市场化运作，直接介入重大风险企业，应担尽担、能担尽担，割断担保链条；部分区县将通过加强对融资平台公司的综合治理，无偿划拨等将资产注入公司等方式控制债务风险。此外，自2023年以来，泰安市在区域金融支持方面取得较大突破，泰安市政府先后与农发行、工行、平安银行、农行、省级银行等签署战略合作协议，争取意向信用支持逾4 500亿元，持续强化金融助力。

第五章

产业债投资分析笔记

本章主要讨论非金融产业债投资。首先从企业生命周期的角度出发，对比产业债与股票投资的异同，揭示行业供需和量价的两者在资产估值、盈利能力、现金流创造与分配机制等方面的根本区别。接下来我们以钢铁、煤炭、有色金属、港口这4个重点行业作为案例进行信用基本面分析，梳理行业短期的运行情况、行业供需和量价的长期趋势、行业周期性特点、行业竞争格局及发行主体信用，并对2024年的信用基本面变化进行简单展望，希望能为广大信用债投资者在考虑这些行业对应的产业债时提供信息和决策支持。

第一节　产业债与股票投资的异同

一、从企业生命周期看产业债投资

在信用债的分类资产中,与股票最具可比性的应该就是产业债了。从国内证券发行的实际情况来看,营收规模较大的上市公司一般都能获得较高的信用评级,因此具备大规模发行公司债和企业债的基础。发行量较大的非金融产业债主要涉及的行业包括地产、钢铁、煤炭、有色、交运、汽车、电力等。从企业生命周期的角度来看,越是处于成熟期、行业格局越稳定的产业,其债券发行规模往往较大。

如图 5-1 所示,处于不同生命周期的企业和行业往往呈现出不同的财务特征,因此,同样的基本面指标在不同阶段的适用性也存在显著差异。对处于发展期的企业而言,资本开支(潜在产能)较大,因此,自由现金流可能短期为负。这类企业可能是股票投资者的"香饽饽",虽然从短期来看资本回报率还未达到合意水平,但因为持续的投入让企业具备了远期高速增长、持续创造内在价值的潜力。但是,这种优秀的可能性无法作为扎实的偿债能力保证,从而被产业债投资者贴上"债务负担重""偿债能力不确定"的标签。

因此,从行业偏好的角度来看,产业债投资者天然更青睐处于成熟期的证券发行人,因为其业务结构和竞争格局都更稳定,行业和企业层面的新增信息和变量都比较少,研究端跟踪的必要频率和成本都更低。更重要的是,这类企业往往都有比较"硬核"的固定资产或不动产,在极端情况下具有一定的变现价值。

而处于成长期的企业则恰好相反,行业竞争格局非常不清晰,龙头的领先优势随时可能被颠覆或蚕食,甚至大量的科技创新和"专、精、特"新型公司可能依靠大量的无形资产形成竞争优势,而这无法变成具有清算价值的抵质押物。

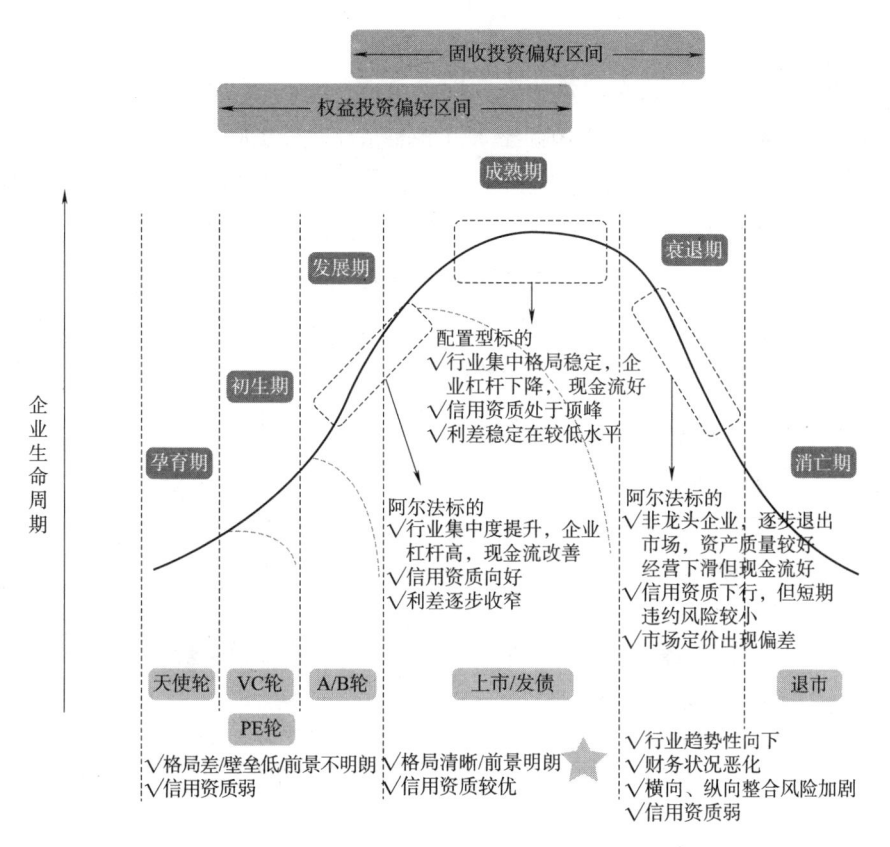

图 5-1 企业生命周期与投资时机

资料来源：《固收＋策略投资》。

二、再议股票与债券的估值差异

从资产估值的角度来看，股票和产业债之间仍然有很多相似之处，如分红收益率和票息。又如债券 YTM 与股票 PE 倒数其实也隐含着相近的信息：不考虑资产价格变化的预期回报。但两个指标的底层逻辑又存在明显差异：一是债券 YTM 对应的假设是持有到期，股票 PE 则是永续经营和盈利线性外推；二是债券 YTM 是投资者根据无风险利率和信用风险溢价确定的折现率，是资产价格的"因"，而股票 PE 则是根据 PB-ROE 对应的不同象限组合得出的，是资产价格的"果"。

如果不考虑企业的成长性溢价，那么该估值体系与债券 YTM 也有神似之处：ROE 类似杠杆后的债券综合票息，折现率即为最新 YTM，PB 则代表参照面值溢价或折价交易。归根结底，投资者需要思考的问题是：为了这家企业利用净资产赚钱（或潜在）的能力，你愿意支付几倍的净资产入股？

这个问题需要考虑的就是企业 ROE 的具体特征了，这也是股票和产业债的本质差别：基于盈利变化的非确定性现金流创造与分配机制。

图 5-2 刻画了 4 种常见的现金流风格特征，分别是价值（每年 100 亿元现金流）、成长（期初 16.82 亿元现金流，前三年以 40% 的增速增长，后续以 20% 的增速增长）、稳定成长（期初 37.25 亿元现金流，前五年以 20% 的增速增长，后五年以 10% 的增速增长）、周期（期初 140.6 亿元现金流，按照正弦曲线波动，并以 3% 的增速增长）。在 T10 之后均按照 2% 的增速永续增长，则在 8% 的折现率下，这 4 种风格的市值均应该为 1 400 亿元。

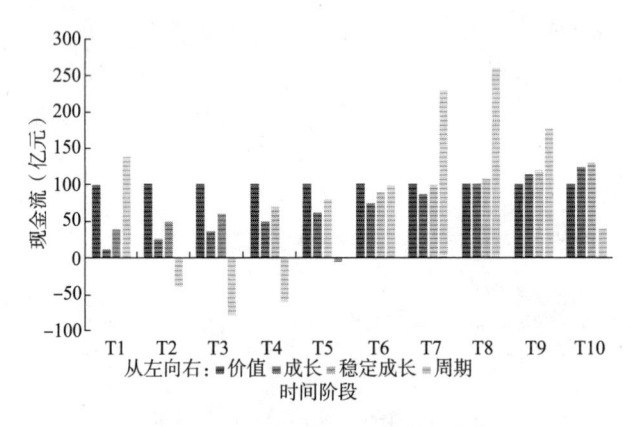

图 5-2　4 种常见的现金流风格特征

如果从 PE 估值来看，那么 1 400 亿元市值对应的 4 种现金流估值分别为价值 14x、成长 83x、稳定成长 37x、周期 10x。这也正印证了格雷厄姆说过的一句名言"股票是一种特殊的债券"，只是它的现金回报非常不均匀且难以精确预测，而线性外推无法解释的部分往往被称为"投资中的艺术"。

由于股票和债券市场投资者结构的微观差异，两个市场对资产的定价可能阶段性隐含了完全相反的信息。典型的案例便是 2019—2022 年，银行 PB 最低下探到 0.6 倍，在 ROE 尚处于较高水平的情况下，可谓反映了较高的"破产清算担忧"。但商业银行债甚至银行转债估值都处于历史相对最高的估值水平，完全没有反映这种信用风险。

而这样的预期差恰恰给了投资者获取超额收益的机会。银行的例子是"低 PB 低 YTM"，那么反过来看，"高 PB 高 YTM"意味着什么呢？我们来假想一种情景（见图 5-3）。

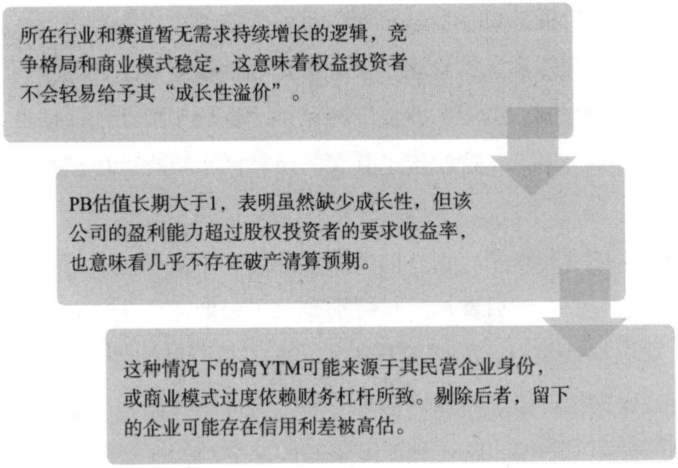

> 所在行业和赛道暂无需求持续增长的逻辑，竞争格局和商业模式稳定，这意味着权益投资者不会轻易给予其"成长性溢价"。

> PB估值长期大于1，表明虽然缺少成长性，但该公司的盈利能力超过股权投资者的要求收益率，也意味看几乎不存在破产清算预期。

> 这种情况下的高YTM可能来源于其民营企业身份，或商业模式过度依赖财务杠杆所致。剔除后者，留下的企业可能存在信用利差被高估。

图 5-3　PB 估值与信用分析的交叉验证

类似的情况如宇通客车、吉利汽车、春秋航空、福耀玻璃、碧桂园、山鹰纸业等具有较强的行业竞争力及价值创造能力，但由于"民企身份"相对类似甚至更差资质的国企存在"标签化定价"的情况，这或许是信用策略潜在的一种 Alpha。

当然，以上推论仅适用于价值型企业。对于成长型企业而言，股东和债权人的利益可能存在更明显的冲突，特别是需要依赖资本开支进行扩张抢占市场份额的公司。但这个设想的意义在于，或许对于多资产组合管理人，对单一公司的研究成果和超额认知可以同时赋能股票与产业债投资，从集约化经营的角度来看，投入产出比更高。

由于企业价值等于无杠杆企业价值＋债务的税盾效应，从股东的角度来看负债规模越大越好（MM 理论），但债务比例越高，公司破产概率越大，从而导致信用债投资者的赔率极其不合适。而基于这种情况才有了著名的权衡理论：当企业负债增加带来的边际收益（税盾效应）等于边际成本（边际财务困境成本）时，企业价值最大，成本最低，此时的资产负债结构为最优资本结构。在海外证券市场上还流行基于企业资本成本结构差异衍生的"资本结构套利"，而在国内证券市场上，基于这种范式的实践，即自下而上地对同公司不同证券进行交易的策略还非常少。

三、股票分析方法对产业债投资的启示

从自下而上的视角来看，股票和产业债面对的是相似的公司经营基本面状

况，只是两类资产投资者对企业基本面信息研究的侧重点略有不同，前者更关注利润表，而后者更关注现金流量表，但归根结底都需要对企业乃至行业的景气度进行一定的判断和预测。由于产业债的流动性远远弱于股票的流动性，持有周期一般更长，容错率也更低，这注定了其买入决策的审慎程度应该高于股票买入决策的审慎程度。

从自上而下的视角来看，传统的股票行业轮动策略和行业比较研究的结论同样对产业债投资有较大的启发意义。特别是对于周期类产业债而言，其研究框架和周期股的研究框架类似，同样应从供需出发，以判断周期品未来的价格走势。考虑到供需直接决定价格，而在供需不平衡时，价格波动会非常显著，进而影响企业的经营杠杆和毛利率，映射到产业债和股票上则都能够以价格信号作为介入投资的时点。

行业周期的视角对于产业债投资的行业选择具有较好的指导意义。一般可以把产业债的行业轮动策略划分为类似美林时钟的4个阶段。

（1）繁荣期：盈利稳定增长、产业供不应求、价格高于成本，此时是投资的最佳时机，应积极配置相关行业的债券。

（2）滞涨期：供给大于需求，价格下滑、盈利压缩，此时应谨慎操作，逐渐降低对相关行业债券的配置。

（3）衰退期：企业不断倒闭并逐步退出，此时应重点防御信用风险，避免在不景气的行业中遭受较大的净值波动。同时，可以通过配置一些短久期高收益的流动性资产来保持组合的流动性。

（4）复苏期：虽然市场仍然处于需求的相对冰点，但部分行业领先企业可能已经开始复苏。此时可以关注这些企业，选择信用资质较好、期限较长的债券进行布局。

第二节　行业信用基本面分析示例

本节将以产业债发行较为集中的行业——钢铁行业作为案例，力求为读者展示一个相对全面的行业信用基本面分析框架。

一、行业基本面综述

下面我们将通过全面审视钢铁行业的短期运行态势、长期供需格局、价格成本因素及行业竞争现状，揭示钢铁行业发展的内在逻辑和未来趋势。

1. 行业短期的运行情况

在 2023 年前 10 个月内，我国粗钢产量呈现略微增长，而出口量则显著上升。与此同时，钢材价格经历了波动性下降，导致钢铁行业的利润空间受到了压缩，行业的资产负债率也随之上升。

具体来看，2023 年 1—10 月，我国生铁、粗钢和钢材产量分别达到 7.45 亿吨、8.75 亿吨和 11.44 亿吨，与 2022 年同期相比，分别增长 2.3%、1.4% 和 5.7%。从月度数据来看，2023 年年初随着经济预期的改善，钢材产能得到释放，粗钢产量出现同比增长。然而，进入 4—5 月，由于下游需求未达预期，钢材价格的下降促使部分钢厂减少产量，导致粗钢产量同比下降。6—8 月，随着钢材需求的恢复，粗钢产量再次小幅上升。但到了 9 月，由于需求端的疲软和原材料成本的上升，钢铁企业的开工意愿降低，粗钢产量同比有所下降。

在出口市场方面，2023 年 1—10 月，我国钢材出口总量达到 7 473 万吨，同比大幅增长 34.8%。这一增长主要得益于政府在贷款、贸易审批等方面的政策支持，以及人民币汇率的下降和国内需求的减弱。与此同时，国内钢材供需的阶段性不匹配导致进口意愿降低，2023 年 1—10 月，我国钢材进口量为 636.6 万吨，同比下降 30.1%。

在价格方面，2023 年年初，随着宏观经济预期的回暖，钢材价格呈现上升趋势。进入二季度，钢材价格经历了"V"形走势，国内经济复苏的缓慢及海外银行危机导致的流动性问题使得钢材价格开始下跌。6 月，随着下游需求的阶段性释放，钢材价格出现修复性反弹。自 7 月以来，由于房地产新开工面积的减少，钢材供需保持弱平衡，价格波动幅度较小。

在经营业绩方面，根据国家统计局的数据，2023 年 1—9 月，黑色金属冶炼和压延加工业的营业收入为 61 527.1 亿元，同比下降 4.8%；营业成本为 58 991.4 亿元，同比下降 4.8%；利润总额为 227.9 亿元，同比小幅下降 1.8%。在这一时期内，钢铁行业的资产负债率也显示出上升趋势。

总体而言，2023 年上半年，钢铁行业的景气度相对较弱，政策环境没有发生重大变化。2023年8月，工信部联合其他6个部门发布了《钢铁行业稳增长工作方案》，旨在解决钢铁行业当前的需求低迷、效益下降和投资信心不足等问题。该方案提出了一个以稳定钢铁行业经济运行为核心的任务，当时设定了2023年和2024年钢铁行业工业增加值同比增长3.5%和4%的两年发展目标，并提出了三项基本原则、四大行动举措和五项保障措施。该方案的推出有助于增强钢铁行业的发展信心，并帮助企业渡过难关。

2. 行业供需和量价的长期趋势

（1）下游需求分析。建筑业作为钢铁消费的主要领域，其新签合同额及其增长速度可以作为预测钢铁需求的关键先行指标。自2020年3月以来，建筑业的新签合同额同比增长率呈现上升趋势，2020年的增长率达到12.43%，较2019年高出6.43个百分点，这为建筑相关钢铁需求提供了一定的支撑。

同时，制造业也是国内钢铁需求的重要部分。截至2020年12月，主要工业产品的产量同比大多转为正增长，特别是挖掘机、拖拉机、冰箱和洗衣机等产品的恢复较为强劲，而汽车和船舶产量的累计同比降幅也在持续缩小，这些都推动了钢材需求的增长。

（2）供给情况分析。自2014年年底起，由于需求疲软导致钢材价格大幅下跌，多数钢铁企业面临亏损，部分钢铁企业因此停产或退出市场。2015年年底，国家启动了"三去一降一补"的供给侧结构性改革，钢铁行业作为产能过剩的行业，成为"去产能"的重点对象。2016年，国家明确提出在5年内淘汰1亿~1.5亿吨钢铁过剩产能的目标，随后陆续出台了一系列配套政策。"十三五"期间累计淘汰了近1.7亿吨的落后产能。随着"去产能"任务的基本完成，产能置换成为钢铁行业的新政策导向。虽然产能置换原则上不增加产能，但由于无效或低效产能的置换及技术进步，总产量有所增加。截至2020年12月底，钢材的累计产量达到13.25亿吨，同比增长7.7个百分点。

从高炉开工率来看，2021年3月19日，唐山市政府发布了《钢铁行业企业限产减排措施的通知》草案，要求在2021年3月20日至12月31日期间，对全市大部分全流程钢铁企业实施限产减排措施。受环保限产政策从"阶段性"转向"常态化"的影响，唐山市的高炉开工率持续下降。截至2021年4月9日，唐山市钢铁企业的高炉开工率为45.24%，较2021年3月19日下降7.93个百分点。唐山市高炉开工率的显著下降也带动了全国钢铁企业高炉开工率的下降，这可能会对未来的钢铁产量产生压缩效应。

（3）价格走势分析。在价格方面，自2015年年底国内钢材价格触底反弹后，连续三年保持上升趋势，2018年达到近年来的价格高点，并在此后的一段时间内维持窄幅震荡。2019年，钢材价格有所回落，但仍然保持在历史相对较高的水平，显示出一定的抗跌性。自2020年以来，随着下游需求的恢复，为钢材价格提供了支撑，供需格局偏紧，使得钢材价格保持在较高水平。截至2021年4月8日，螺纹钢价格升至5 129元/吨，创下历史新高。

（4）成本因素分析。在成本端，由于长流程生产工艺的主导地位，铁矿石对我国钢铁行业至关重要。然而，我国铁矿石资源相对有限，品位较低，采选成本较高，加之小矿山受环保政策的影响较大，国内铁矿石产量自2014年以来逐年下降，2018年达到历史最低点，目前产量仍然较低。因此，我国对铁矿石的对外依存度一直较高，特别是对澳大利亚和巴西的进口依赖。自2020年以来，受不可抗力影响，海外铁矿石供应量有所减少，而国内需求保持旺盛，从而导致供需紧张。自2020年年底起，铁矿石价格开始大幅上涨，截至2021年4月9日，普氏铁矿石价格指数（62%Fe:CFR: 青岛港）已升至172.35美元/吨，创历史新高。此外，焦炭和废钢价格也维持在相对较高的水平。具体来说，截至2021年3月底，焦炭价格指数超过2 000元/吨，尽管较年初有所下降，但仍处于较高水平；废钢价格也处于历史高位。

3. 行业周期性特点

钢铁行业是一个具有明显周期性特征的行业，供给与需求之间的不同步是导致钢材价格波动较大的主要原因。此外，成本端的铁矿石和焦炭价格也存在较大波动，这进一步导致钢铁企业的盈利和现金流呈现周期性变化。随着供给侧结构性改革的深入实施，行业供需关系发生了显著变化，大量过剩产能得以淘汰。目前，国家对钢铁产业的供给端实施严格控制，预计"产能产量双控"政策将成为常态，对行业产生持续影响。在需求端，钢铁行业仍然受到房地产、基础设施建设和制造业等主要下游行业的景气度影响。尽管2023年的经济复苏可能促使下游行业的消费恢复，但钢铁需求端仍面临压力，尤其是房地产市场的缓慢复苏可能会抑制钢材需求的增长。

我国钢铁行业的一个重要特点是产品同质化程度高，高附加值产品的比例有待提升。作为世界上最大的钢铁生产国，我国在2022年的粗钢产量达到10.1亿吨，占全球总产量的一半以上。尽管产量巨大,但我国钢铁产品以普通钢材为主,特殊钢材产量占粗钢产量的比例多年来一直保持在大约13%,未见显著提升。此外,由于钢材产品同质化严重,市场竞争较为激烈,品牌和性能带来的附加价值有限。预计在需求增长放缓的背景下,钢铁企业将更多地关注技术和产品的性能与质量,以此作为竞争的主要方向。

钢铁的冶炼工艺主要分为长流程和短流程两种。长流程冶炼的主要原材料包括铁精矿、焦炭和喷吹煤,这些原材料的配比会因铁矿石品位的不同而有所差异。以61.5%品位的铁精矿为例,通过高炉冶炼,1.6吨铁矿石、0.5吨焦炭和0.15吨喷吹煤可以产生1吨铁水,随后铁水在转炉中转化为粗钢。短流程冶炼则主要使用废钢作为原材料,废钢与少量铁水结合后转化为粗钢,再经过炉外轧制成为成品钢材。由于短流程工艺的成本相对较高,目前我国的炼钢工艺仍然以长流程为主导。总体而言,铁矿石和焦炭是钢铁行业的关键原材料,尽管国内焦炭的自给水平尚可,但由于国内铁矿石资源的储量和品位限制,钢铁行业对上游原材料的议价能力较弱,且行业景气度容易受到原材料价格波动的影响。

根据钢材的性质,我们可以将其分为普通钢材和特殊钢材两大类。特殊钢材是在普通钢材的基础上,通过进一步的合金化和精密加工制成的。普通钢材作为使用量最大的基础材料,可以根据产品形态分为长材、板材、钢管和型材等不同类型。长材作为建筑行业的主要材料,主要用于房地产和基础设施建设等领域;板材则作为工业材料,广泛应用于机械、汽车、船舶和家电等制造业。从总体来看,钢铁的主要下游行业(如基础设施建设、房地产和机械制造业)都具有周期性特征,其中建筑行业的钢材消耗量约占总消耗量的60%。由于下游需求与国家经济周期紧密相联,因此钢铁行业的发展也表现出强烈的周期性。

4. 行业竞争格局

我国钢铁行业的集中度尚需提升,国家已出台多项政策以促进行业内的兼并重组,这在改善产能结构、增强原材料定价权和优化资源分配等方面具有重要意义。

目前,我国钢铁行业的集中度相对较低。根据2016年9月国务院的规划,到2025年,我国钢铁行业60%~70%的产量将集中于约10家大型企业集团。然而,截至2022年,我国前十大钢铁企业的粗钢产量仅占全国总产量的42.80%,虽然较2018年的35.25%有所提升,但仍低于预期目标。相比之下,日本、欧盟和美国的前四大钢铁企业的产量分别占各自总产量的75%、73%和

65%，显示出我国钢铁行业的集中度仍有提升空间。

近年来，国家陆续推出钢铁行业兼并重组的政策。2016年9月，国务院发布的指导意见提出兼并重组的"三步走"战略，强调2020—2025年间将大规模推进钢铁行业的兼并重组。2022年1月，工信部、国家发改委、生态环境部三部门联合发布的《关于促进钢铁工业高质量发展的指导意见》鼓励行业龙头企业进行兼并重组，旨在打造若干世界级的超大型钢铁企业集团。在供给侧结构性改革和国企改革的双重推动下，我国钢铁行业的兼并重组步伐加快。根据冶金工程规划研究院的数据，2021—2023年，入围钢铁企业的数量逐年减少，而其粗钢产量占全国总产量的比例逐年提升，表明行业兼并重组正在加速。

在兼并重组的实践中，国有企业如中国宝武钢铁集团有限公司（简称中国宝武）和鞍钢集团发挥了示范作用。中国宝武通过一系列兼并重组活动，已成为全球最大规模的钢铁企业。鞍钢集团通过与本钢集团的重组，显著提升了产业集中度，形成了"南有宝武、北有鞍钢"的产业新格局。此外，民营企业如德龙钢铁有限公司和敬业集团有限公司也在兼并重组方面取得了显著成效。

钢铁行业的兼并重组旨在重塑行业结构，形成健康的发展格局，而不仅仅是提高集中度或追求规模。兼并重组有助于优化产能结构，提高原材料定价权，优化资源配置，提升行业运行效率和国际竞争力。

在地理分布上，我国钢铁行业分布在华东、华北、华南等多个区域，每个区域的钢材需求各异，且均有大规模的钢铁生产企业。华北地区凭借矿产资源和交通优势，粗钢产量居全国首位，2022年的产量约占全国总产量的32%。华东地区因靠近沿海港口和下游产业的高需求，钢铁企业数量众多，市场竞争尤为激烈。

二、发行主体及信用分析

钢铁行业作为国家工业体系的基石，其发展态势和信用状况对国家整体经济具有重要影响。下面我们将剖析钢铁行业的发行主体信用状况，从发行人基本情况、债券市场表现到信用分析要点，全面梳理钢铁行业在当前经济环境下的运行情况和面临的挑战。

1. 发行人基本情况

在信用资质的相对强弱排序中，钢铁企业可分为三个不同的梯队。

第一档为低风险信用主体：包括中国宝武、宝钢股份、武钢集团、鞍钢集团等，这些企业的综合资质较为优秀，位于第一梯队。

第二档为中等风险信用主体：包括首钢集团、华菱集团、鞍山钢铁、沙钢集团、太钢集团、重庆钢铁、河钢集团、南钢股份、南京钢铁、河钢股份等，这些企业的信用风险处于中等水平，位于第二梯队。

第三档为高风险信用主体：包括攀钢集团、酒钢集团、辽宁方大、中天钢铁、山钢集团、莱芜钢铁、昆钢控股、本钢集团、包钢股份等，这些企业的信用风险较高，位于第三梯队。

下面我们对部分重点钢铁行业发行人的情况进行梳理。

1）鞍山钢铁集团有限公司

作为央企的一员，鞍山钢铁集团有限公司（简称鞍山钢铁）享有强大的股东支持。其唯一股东鞍钢集团有限公司由国务院国资委控股，确保了公司能够获得较大的外部支持。鞍钢股份作为公司的控股子公司，在深交所（股票代码：000898.SZ）和港交所（股票代码：0347.HK）两地上市，公司持有其53.36%的股份，市值达到148亿元，且所有股份均为非限售流通股。

鞍山钢铁作为国内领先的特大型钢铁生产企业，凭借其规模优势、产品多样性和稳固的市场地位，在钢铁行业中占据显著地位。公司拥有丰富的矿产资源，原材料供应稳定。2022年，钢材板块的收入占公司总收入的90%以上。公司的生产基地集中在辽宁省，形成了鞍山、鲅鱼圈和朝阳三大生产基地。截至2022年年底，公司的生铁、粗钢和钢材年产能分别达到2 653万吨、3 139万吨和2 877万吨，展现出了公司的规模优势。在原材料供应上，公司的铁矿石自给率超过50%，提供了明显的资源保障竞争优势。公司还采购进口铁矿石，但由于自产比例较高，铁矿石价格上涨的影响相对可控。在销售方面，公司采用直销和出口相结合模式，直销占比约为70%，主要销售区域为东北和华东。钢材销售价格受下游市场需求和国家政策的影响较大，我们需要持续关注。公司持有的鞍钢股份非上市部分的经营状况相对较弱。截至2022年年底，公司的主要在建项目计划总投资18.78亿元，拟建项目计划总投资68亿元，表明公司面临一定的资本支出压力。

公司的盈利能力受到行业景气度下降的影响，但现金流保持净流入状态，且财务杠杆保持在较低水平，整体流动性充足。2023年前三季度，公司实现营业收入906亿元，同比下降20.35%，主要是由于子公司鞍钢股份受到钢铁行业周期性低迷的影响，营业收入出现下滑。同期，公司实现净利润19.03亿元，同比下滑 66.28%。在现金流方面，2023 年前三季度公司经营活动产生的净现金流为 85.11 亿元，投资活动同样呈现净流入，足以覆盖筹资活动的净流出。截至 2023 年三季度末，公司的总资产为 2 087 亿元，资产负债率为 57.02%，有息债务总额为 893 亿元，其中短期债务为 244 亿元，现金短债比达到 50.61%。2020—2022 年，公司的 EBITDA 利息保障倍数分别为 6.1 倍、8.19 倍和 3.2 倍，显示出偿债指标的一定波动。在当前行业继续下行的背景下，预计该指标将维持在 3 倍左右。截至 2023 年一季度末，公司未使用的授信额度为 685 亿元，显示出公司具备充足的备用流动性。

2）河钢集团有限公司

作为河北省的省属国有企业，河钢集团有限公司（简称河钢集团）得到了河北省国资委的有力支持。截至 2023 年 3 月底，河钢集团控制着多家上市公司，包括河钢资源（持股比例为 34.59%，市值约为 33 亿元）、河钢股份（持股比例为 63.91%，市值为 159 亿元）及财达证券（持股比例为 34.54%，市值为 87 亿元）。

河钢集团是河北省最大的钢铁生产企业，拥有规模优势，并位于京津冀环渤海经济圈的中心地带，地理位置优越。尽管公司在铁矿石自给率方面表现一般，且面临较大的人力成本压力，但其产品线覆盖了除无缝钢管外的所有钢材品种。截至 2022 年 3 月底，公司的生铁和粗钢产能分别达到 4 088 万吨和 4 240 万吨，当年产量分别为 3 365 万吨、3 951 万吨和 3 637 万吨，显示出公司的规模优势。公司的原材料采购主要依赖进口，尤其是铁精粉，而煤炭和焦炭则主要通过国内采购和自产满足需求。公司靠近多个大型港口，下游市场需求主要集中在华北和华东地区，具有较好的运输条件。截至 2022 年年底，公司员工总数约为 9.98 万人，非钢业务包括矿产资源、钢铁贸易和金融业务，为公司主业提供了有效补充。公司在建项目包括邯钢老区退城整合项目等，显示出公司在产能搬迁和项目投资方面面临一定的资本支出压力。

受到行业景气度下降的影响，2022 年公司的利润水平有所下降。由于产能搬迁和环保升级等因素，公司的债务负担相对较重，财务杠杆较高，整体偿债能力有所减弱。2022 年，公司营业收入为 4 006.68 亿元，同比下降 6.1%，但由于多元化业务的发展，整体毛利率保持在 10% 以上。在现金流方面，2022 年公司经营活动产生的净现金流为 177.13 亿元，未能覆盖投资活动的净现金流出，需要依赖筹资活动维持财务平衡。截至 2022 年年底，公司的总资产为 5 395.6 亿元，资产负债率为 74.57%，有息债务总额为 2 935.46 亿元，短期债务占比为36.63%，现金短债比为28.04%。2020—2022年的总债务/EBITDA比率分别为9.47、8.75和10.67，显示出长期偿债能力的减弱趋势。母公司主要负责钢材和矿产品贸易，资产投向与主业相符，但几乎没有直接的经营资产，同时承担融资责任。截至2022年年底，母公司的总资产为1 798.36亿元，其中长期股权投资为811.68亿元，其他流动资产为509.90亿元。在当前钢铁行业整合的背景下，公司需关注成本控制和现金流稳定性。

3）首钢集团有限公司

首钢集团有限公司（简称首钢集团）作为北京市国资委的直属企业，享有强大的外部支持。其控股股东为北京国有资本运营管理有限公司，子公司首钢股份（股票代码：000959.SZ）是一家上市公司，截至2023年一季度末，公司持有其52.76%的股份，市值约为168亿元，且所有股份均未被质押。

公司在钢铁生产规模上位居国内前列，尤其是家电板、电工钢、汽车板等产品的市场占有率高，行业地位显著。铁矿石的高自给率有助于控制成本，同时公司钢铁业务与城市综合服务产业实现了协同发展。城市综合服务产业的新签合同额规模较大，而铁矿、首钢园区等在建项目的投资规模也较大，导致公司面临一定的资本支出压力。公司的主营业务包括钢铁和矿产资源，同时涉足园区开发与运营等其他领域。

（1）钢铁业务：通过搬迁调整和联合重组，公司已形成超过3 000万吨的钢铁生产能力，拥有京唐、迁钢等多个生产基地。公司产品在多个细分市场上具有竞争力，如板材产品已覆盖国内前十的车企。

（2）矿产资源业务：公司拥有丰富的矿产资源，包括品位较高的秘鲁铁矿。截至2022年年底，铁矿石储量达36亿吨，自用比例为60%~70%。

（3）园区开发与运营业务：近年来新签合同额保持较大规模，工程施工年末在手合同额充足，为业务发展提供了强有力的支撑。截至2022年年底，公司在建项目总投资380.06亿元，累计投资已达714亿元。

近年来，公司的营业收入和利润总额呈现波动增长。持有华夏银行股权为公司带来了稳定的投资收益，但资产减值损失对利润的冲减影响较大。公司的债务规模保持较大，偿债能力有所改善，但随着在建项目的后续投资，预计短期内债务水平将保持高位。2020—2022年，公司的净利润分别为5.4亿元、37.6亿元和21亿元，资产减值损失分别为17亿元、97亿元和112亿元，对利润造成侵蚀。利润总额较为依赖投资收益，主要来自对华夏银行的股权投资。公司的归母净利润保持低位，主要是由于母公司作为融资主体承担了较多的财务费用，且部分子公司经营不佳。公司的经营活动净现金流保持净流入，2022年达到235亿元，但不足以覆盖筹资活动的净流出。截至2022年年底，公司的总资产为5 188亿元，主要由固定资产、长期股权投资、无形资产、存货和货币资金构成，资产负债率为73.5%，有息债务总额为2 375亿元，其中短期债务占比为56%。2020—2022年的EBITDA利息保障倍数分别为2.19倍、3.12倍和3.19倍，显示出偿债能力的小幅提升。截至2021年9月底，公司获得的银行授信额度为5 417亿元，未使用额度为3 722亿元，流动性充足。

4）山东钢铁集团有限公司

在宝武集团的重组计划中，山东钢铁集团有限公司（简称山钢集团）预计将成为央企的子公司。截至2022年年底，公司的控股股东和实际控制人仍为山东省国资委。目前，山东省国资委正在与宝武集团就山钢集团的战略重组进行磋商，未来的股权变动值得关注。

重组后，公司将更加专注于其钢铁核心业务，主要产品包括中厚板、热轧带钢和H型钢，主要销往山东省内市场。公司的生产基地沿海岸线分布，享有一定的物流成本优势。2022年，钢铁业务占公司营业收入的58%，其他业务如建筑材料、矿山、耐火材料和物流等则作为辅助业务。

（1）钢铁业务：作为公司收入和利润的主要来源，2022年生铁、粗钢和钢材的产能分别为2 021万吨、2 140万吨和2 030万吨，实际产量则为2 150万吨、2 419万吨和2 376万吨。由于下游需求疲软和产能规模缩减，产量呈现下降趋势。公司产品线丰富，包括中厚板、热轧带钢、H型钢等，但在成本控制上面临一定的压力，铁矿石自给率约为10%，且焦煤及焦炭价格的大幅上升导致原燃料成本显著增加。

（2）非钢业务：虽然占比较小，但矿产资源、钢铁贸易和新材料等业务有效补充了公司的钢铁主业。在建项目包括山东钢铁莱芜分公司的新旧动能转换系统优化升级改造项目，以及拟建的日照项目二期工程，这些项目预计将带来一定的资本支出压力。

2022年，由于行业景气度下降和公司合并报表范围的变化，公司的盈利能力有所减弱。母公司继续扮演融资平台的角色，通过长期投资和其他应收款向子公司提供资金。尽管市场行情走弱，钢材销售量下降，但得益于宝武集团的重组计划，公司仍保持一定的财务安全垫。2022年，公司钢铁板块的毛利率下降，整体毛利率降至 7.06%，盈利能力受到较大影响。2020—2022 年，公司的 EBITDA 和经营活动现金流量净额均出现波动，投资活动现金流量净额转为净流入，而筹资活动现金净流出规模扩大。截至 2022 年年底，公司的总资产较 2021 年年底有所下降，主要是由于部分非钢业务的转让。母公司作为控股型平台，主要负责融资和管理，持有的上市公司股票市值在过去一年平均约为 112 亿元。随着宝武集团对山钢集团战略重组的推进，预计公司的融资环境将有所改善。

5）**本钢板材股份有限公司**

本钢板材股份有限公司（简称本钢板材）原本是辽宁省的省属国有企业，随着间接控股股东本钢集团的战略重组完成，现隶属于鞍钢集团，从而获得了一定程度的外部支持。截至 2022 年年底，本钢集团直接持有公司 17.95% 的股份，并通过其子公司本溪钢铁（集团）有限责任公司间接持有公司 58.65% 的股份。本钢集团的战略重组导致控股股东变更为鞍钢集团，资金管理通过鞍钢财务公司集中进行。尽管如此，公司仍保持一定的财务自主权。

作为辽宁省内的主要钢铁生产企业，本钢板材拥有规模优势和市场地位，产品结构优化，能够从关联方采购铁矿石等关键资源，确保了较高的原燃料供应保障。公司正计划进行重大资产置换，这将导致业务范围和经营定位的显著变化，相关进展值得密切关注。截至 2022 年年底，公司的年生产能力包括生铁 1 034 万吨、粗钢 1 280 万吨及各类钢材 2 322 万吨。公司产品以高附加值和高技术含量为主，如汽车表面板、家电板等，这些产品在东北及华东地区的销售额占公司总销售额的 83% 左右，且在东北地区具有显著的定价影响力。在原材料采购方面，公司依赖控股股东本钢集团的矿山资源，这为铁矿石供应提供了保障，但关联交易的情况值得关注。公司位于辽宁省，交通便利，拥有完善的交通网络和多个港口资源，为原燃料及钢材的运输提供了便利。公司正在筹划与本溪钢铁进行的资产置换，其进展情况需持续关注。截至 2022 年年底，公司的在建项目计划总投资 56.38 亿元，主要集中在产品结构优化和环保升级方面，表明公司面临一定的资本支出压力。

受钢铁行业不景气和原材料价格上涨的影响，2022 年公司的盈利能力减弱，钢铁业务的毛利率从 2020 年的 4.41% 下降至 2022 年的 0.48%，净利润出现亏损。尽管如此，公司的经营活动现金流保持净流入。2020—2022 年，公司经营活动产生的净现金流分别为 –20.39 亿元、4.14 亿元和 12.76 亿元。截至 2022 年年底，公司的总资产为 441.15 亿元，固定资产、存货和在建工程占主要比例。资产负债率为 56.08%，有息债务总额为 101.32 亿元，其中短期债务为 26.35 亿元，现金短债比为 19.44%。2020—2022 年，公司的 EBITDA 利息保障倍数分别为 3.56 倍、6.77 倍和 2.37 倍，显示出长期偿债能力的减弱。截至 2022 年年底，公司获得的授信额度合计为 367.82 亿元，未使用额度为 294.39 亿元，显示出公司具有一定的备用流动性，并且作为上市公司，公司拥有多元化的融资渠道。

6）酒泉钢铁（集团）有限责任公司

酒泉钢铁（集团）有限责任公司（简称酒钢集团），作为西北地区钢铁行业的先驱和领头羊，由甘肃省国资委全资控制。

公司的主营业务由钢铁生产、铝业加工和贸易三个板块组成。在 2022 年的经营中，这三个板块的毛利润占比分别为 15.2%、68.9% 和 2.0%。特别指出，钢铁板块的毛利率在 2022 年经历了显著下降，从 15.4% 降至 3.4%。

（1）钢铁生产板块：截至 2022 年年底，公司的生铁、粗钢和钢材的年产能分别达到 858 万吨、1 105 万吨和 1 170 万吨，产能利用率在近年来维持在 75%~80% 之间。由于公司位于西北内陆，与主要的钢铁消费市场有一定的距离，导致运输成本较高。

（2）铝业加工板块：主要由东兴铝业负责。截至 2022 年年底，公司的电解铝年产能总计达到 175 万吨，近年来该板块的毛利率保持在 20% 以上。

（3）贸易业务：主要涉及不锈钢和铝锭的贸易，2022 年公司对前五大供应商的采购额占比为 58%，对前五大客户的销售额占比为 78%。在资本支出方面，截至 2023 年 3 月底，公司计划总投资 165 亿元，已投资 47.8 亿元，显示出公司面临一定的资本支出压力。

公司的盈利能力受到行业周期性波动的显著影响。2021 年，由于钢铁和铝业市场的繁荣，公司的盈利和现金流实现了大幅增长。然而，到了 2022 年，随着钢铁市场景气度的下降，钢铁板块的核心子公司出现了亏损，导致公司整体盈利能力大幅下降。尽管如此，公司近年来的经营活动产生的现金流净额一直能够满足其投资活动的净资金需求，而筹资活动产生的现金流则持续表现为净流出。截至 2022 年年底，公司的资产负债率为 68.2%。截至 2023 年 3 月底，公司的有息债务总额为 462.7 亿元，其中短期债务为 265.4 亿元，现金与短期债务的比率为 32.7%。2020—2022 年，公司的 EBITDA 与带息债务的比率分别为 12.18%、22.82% 和 14.95%，显示出公司的偿债能力与行业景气度的波动密切相关。

7）中信泰富特钢集团股份有限公司

中信泰富特钢集团股份有限公司（简称中信泰富特钢）作为央企的一员，享有较强的外部支持。截至2023年9月底，中信泰富特钢投资有限公司为公司的第一大股东，持股比例达到75.05%，实际控制人为中国中信集团有限公司。2023年上半年，公司与关联公司的交易规模相对较小，其中向关联公司采购商品的金额为64亿元，占营业成本的7.87%；向关联公司销售商品的金额为15.03亿元，占营业收入的1.74%。截至2024年3月6日，公司的总市值为790.38亿元。

公司作为领先的特殊钢生产企业，拥有强劲的竞争力。尽管铁矿石主要依赖进口，原材料价格波动对成本构成有一定的压力，但公司仍保持了稳定的市场地位。截至2023年6月，公司拥有5家专业生产基地，具备超过2 000万吨特殊钢材料的年生产能力。在原材料采购方面，2022年原材料成本占比较高，主要原材料包括铁矿石、焦炭和煤炭，其中铁矿石的海外进口比例较高，达到46.41%。在销售方面，公司在2023年上半年实现了稳定的产销量增长，营业收入同比增长12.55%，客户集中度较低。

公司的毛利率呈现下滑趋势，存货对资金的占用较为明显，在短期内面临一定的偿债压力，但整体偿债能力尚处于可控状态。从盈利能力来看，公司在2021年至2023年三季度的收入稳定，但毛利率受原材料价格上涨和产品价格下降的影响而下降，经营净现金流保持在较为健康的水平。在资产方面，截至2023年9月底，公司的总资产为1 173.95亿元，存货规模较大，对资金的占用明显。在负债方面，公司的杠杆率呈上升趋势，有息债务规模增长较快，主要是由于银行借款规模的大幅增长。短期债务占比为48.59%，现金对短期债务的覆盖度为33.26%。公司的总负债与EBITDA的比率在2020—2022年有所上升，反映出整体债务负担的增加。截至2023年3月底，公司未使用的授信额度为410.71亿元，显示出公司的融资渠道畅通，整体偿债压力可控。

2. 债券市场表现

（1）行业融资现状：2023年钢铁行业面临景气度下降，导致企业盈利能力同比下滑，同时企业对外融资需求增加。在融资结构上，银行贷款成为主导，而对债券市场的依赖性有所减少，这反映在钢铁债券的发行与存续规模的减少上。截至2023年10月底，钢铁行业的债券存续规模相对较小，主要发行主体为信用等级较高的央企和地方国企，整体信用风险较低。

（2）债券发行情况：在2023年前10个月内，钢铁行业共发行了111只债券，总发行规模达到1 390亿元，涉及的发行主体为19家，与2022年同期相比，发行只数、规模和主体数量分别下降了9.02%、14.09%和20.83%，显示出资金净流出的状态。其中，首钢集团有限公司、山东钢铁集团有限公司、河钢集团有限公司、鞍山钢铁集团有限公司和河钢股份有限公司5家发行主体的发行规模较大，占总发行额的77.63%。在发行债券的钢铁企业中，有17家的主体信用等级为AAA，有2家的主体信用等级为AA+，表明发债主体以高信用等级企业为主，且年内未发生信用等级的变化。

（3）钢铁企业财务状况：截至2023年10月底，有27家钢铁企业拥有存续债券。在财务表现上，19家样本企业的资产规模保持稳定，但总资产周转率下降。由于市场需求减弱和成本上升，钢铁行业的利润空间受到挤压，样本企业的盈利指标普遍下滑，其中14家的营业利润率下降，5家出现亏损。经营活动现金流净额同比减少，投资和筹资活动的现金流净流出规模也有所下降，融资需求增加。尽管债务负担变化不大，但盈利能力下降影响了偿债能力。

（4）债券到期状况：近年来，钢铁企业对债券融资的依赖减少，主要通过银行贷款进行融资，导致存续债券规模持续下降。截至2023年10月底，存续债券余额为2 936.69亿元，较2022年年底减少了8.8%。尽管一年内到期的债券规模较大，但由于钢铁企业发债主要用于借新还旧，且主要发行人为信用等级较高的央企和地方国企，因此预计债券的偿付压力不会很大。

3. 信用分析要点

钢铁企业的抗风险能力主要由其在原材料价格大幅上升和产品需求下滑等压力下维持盈利和正常运营的能力决定。这种能力主要受成本控制、产品竞争力和获取外部支持能力三个因素的影响。

（1）成本控制：这反映了企业是否能够实现规模经济，稳定获取原材料，以及以较低的物流成本获得原材料。钢铁行业作为一个资源加工型行业，其同质化竞争激烈，因此成本控制能力是钢铁企业核心抗风险能力的关键。

（2）产品竞争力：这主要体现在公司的产品结构多样性、高附加值产品的实现及区域市场的占有率上。

（3）外部支持获取能力：当钢铁企业面临行业经营效益下滑和严重亏损时，股东背景的重要性将显著增加。

钢铁行业的信用分析要点如下。

（1）股东背景和外部支持：钢铁行业的发债主体多为国有企业，但与煤炭等行业相比，钢铁行业获得的政府补助相对较少。在分析钢铁企业的股东背景时，如果是地方国有企业，则应考虑其在全省国企总资产和收入中的比例。这些企业通常是当地国企的重要组成部分，对当地经济有显著贡献。例如，河钢集团在河北省的国企中占据重要地位。

（2）企业规模：钢铁企业的规模是衡量其抗风险能力的重要指标之一，通常以粗钢产量和产能来衡量。

（3）产品构成：面对同质化竞争，产品结构齐全的钢铁企业能够更好地应对需求波动风险。钢材可分为长材和板材，而特殊钢则具有特殊性质，产品类别多样。

（4）多元产业：随着下游需求放缓，一些钢铁企业开始发展多元产业，实现转型升级。国外大型钢铁企业的多元产业发展较为成熟，而我国大多数钢铁企业的多元产业发展仍处于起步阶段。

（5）原材料供应保障与成本控制：在原材料价格上涨的背景下，钢铁企业能否以较低的价格稳定获取原材料是成本控制的关键。

（6）生产效率与社会负担：吨钢综合能耗是衡量钢铁企业生产效率的指标，而国有钢铁企业的人员冗余问题可能会影响其生产效率和利润。

在"双碳"目标下，钢铁行业的产能产量双控政策预计将继续，供给端可能持平或微幅下降；需求端有望温和复苏，但结构性分化将持续；钢材价格可能呈现震荡走势，而铁矿石和煤炭供应商的强势地位可能会限制钢铁企业的盈利能力。尽管钢铁行业的发债主体多为高信用等级，融资渠道畅通，但行业信用风险可能加剧，特别是对于那些盈利能力恶化、债务负担重、债务结构不合理、短期流动性压力大的企业而言。

第三节 产业债违约案例

本节汇总了2014—2022年部分有代表性的产业债违约案例，旨在通过历史事件的回顾，为投资者提供关于信用风险评估与管理的经验和启示。从2014—

2016 年的初期违约潮，到 2017—2019 年的市场波动，再到 2020—2022 年复杂经济环境下的违约事件，我们可以观察到，产业债违约的风险因素多种多样，包括宏观经济波动、行业特性、企业经营状况、管理战略失误、财务报告质量问题、融资结构不合理、股权质押风险、法律诉讼等。

一、东北特殊钢集团有限责任公司信用事件

1. 公司概况

东北特殊钢集团有限责任公司（以下简称东特钢）自 2010 年起发行了多期短期融资券、中期票据和私募债券，累计金额分别为 76 亿元、22 亿元和 47.7 亿元。截至 2016 年 3 月，当 8 亿元的"15 东特钢 CP001"发生违约时，公司还有未到期的短期融资券 24 亿元、中期票据 22 亿元和私募债券 17.7 亿元。东特钢的信用评级经历了从 AA- 到 C 的连续下调。

2. 信用事件进展

"15 东特钢 CP001"原定于 2016 年 3 月 28 日到期。2016 年 3 月 19 日，公司公告称将正常兑付，但随后在 3 月 25 日发布了兑付存在不确定性的风险提示。主承销商国开行透露，东特钢董事长意外去世，原定的偿债资金筹措方案难以落实。2016 年 3 月 28 日，东特钢确认违约。

3. 持有人会议与法律程序

东特钢的债券持有人会议多次召开，但发行人对于提前到期、追加增信等议案多次否决。在 2016 年 5 月 18 日召开的会议上，发行人同意了不转股不逃废债的承诺，但反对投资者启动法律程序的提议。在 2016 年 7 月 21 日和 22 日召开的会议上，投资者提出了多项议案，包括要求发行人承诺不转股不逃废债、提请协会展开自律调查等，发行人对部分议案表示同意，但未同意提前偿付和追加担保等方案。

4. 破产重整

2016 年 9 月，东特钢进入破产程序。2016 年 9 月 21 日，辽宁省政府确定东特钢将进入破产程序，并预计 9 月底出台破产重整方案。2016 年 10 月 10 日，大连市中级人民法院裁定受理对东特钢集团的破产重整申请。

5. 违约风险分析

东特钢的违约风险主要与其所属的钢铁行业盈利不佳、短期债务集中、严重依赖外部融资支持有关。公司的毛利率虽高于普钢的毛利率，但财务费用高企，资产负债率基本在 85% 左右，短期债务占比超过 65%。发行人几乎无新增贷款，外部融资能力受限。

6. 经验与启示

产能过剩行业的企业面临银行新增贷款困难、债券市场风险偏好降低的双重压力，容易出现资金链断裂。同时，在地方区域性银行不良率上升的背景下，协调融资更加困难。

对于持有上市公司股权的发行人，需特别关注其股权抵质押情况，这可能是反映资金周转压力的一个重要指标。

二、广西有色金属集团有限公司信用事件

1. 公司概况

广西有色金属集团有限公司（以下简称桂有色）是广西壮族自治区国资委独资企业，主要从事有色金属矿产品的勘探、开采、选矿、冶炼、深加工、贸易和建筑安装等业务。

2. 债券发行与评级变化

桂有色在 2009—2011 年发行了四期短期融资券，2012 年发行了 13 亿元中期票据，2013—2014 年发行了五期非公开定向债务融资工具（private placement note，PPN），总金额达 28 亿元。评级机构大公给予的主体评级从 AA- 上调至 AA，但在 2015 年 6 月下调至 BB 负面。

3. 信用事件进展

桂有色在 2015 年面临信用风险，尽管"12 桂有色 MTN1"顺利兑付，但后续三期 PPN 违约。2015 年 12 月，公司提交破产重整申请，后因未能提交破产重整计划草案，法院宣告其破产。

4. 违约风险分析

桂有色的违约风险主要与其主业持续亏损、债务负担重、短期周转压力大有关。公司严重依赖外部支持，净资产中少数股东权益占比较高，而归属于母公司的资产亏损严重。

5. 经验与启示

对于积重难返的国企，投资者需关注外部支持意愿的变化。

在进行信用分析时，投资者应关注合并报表与母公司独立报表的区别，以及合并口径与归母口径的区别。

三、安徽盛运环保股份有限公司信用事件

1. 公司概况

安徽盛运环保股份有限公司（以下简称盛运环保）成立于2004年，业务涵盖环保设备产销、垃圾焚烧发电和工程施工。公司的第一大股东兼实际控制人为开晓胜，截至2018年三季度，直接持股比例为13.69%，并通过第二大股东国投高科技投资有限公司持股6.72%。盛运环保于2010年6月上市，股票代码为300090.SZ，并在2016—2018年发行了多期债券，总规模达11.55亿元。中诚信国际给予的主体评级从AA–下调至C。

2. 财务造假特征

盛运环保的季度毛利率波动异常，2017年四季度毛利率为–72.8%，而其他季度波动较大，表明可能存在收入和成本结转不匹配的情况。公司全年毛利率维持在33%，尽管归母净利润大幅下降，但行业季节性变化不明显，因此业绩波动可能指向财务调节行为。

3. 关联交易与资金占用

盛运环保的关联交易信息披露不足，应收款规模庞大，内部交易频繁，长期占用资金。截至2018年年底，关联方非经营性占用资金16.56亿元，经营性占用资金4.85亿元，计提坏账准备约5.27亿元。在其他应收款中，关联方资金往来款达20.09亿元，约占50%，多数预计难以收回。资金占用严重影响了公司的资金周转，成为违约的重要诱因。

4. 核心业务盈利能力

盛运环保的核心业务盈利质量低，即便在行业景气的背景下，利润仍持续下滑。2016—2017 年，环保行业高速发展，但盛运环保的税后净利润显著落后于行业平均水平。公司经营活动现金净流量为负，显示收入依赖赊销，对下游议价能力弱，核心能力差于行业平均。

5. 经验与启示

投资者应关注往来款占用资金规模，尤其是关联方占用的资金回笼风险。通过季度指标与行业比较，发现异常波动趋势；结合现金流、应收账款等指标，分析实际盈利质量。

四、康得新复合材料集团股份有限公司信用事件

1. 公司概况

康得新复合材料集团股份有限公司（以下简称康得新，股票代码为 002450.SZ）成立于 2001 年，康得投资集团有限公司（以下简称康得集团）为其最大股东，持股比例为 24.05%，实际控制人钟玉通过康得集团间接持有 19.24% 的股份。康得新在 2018 年 4 月发行了总计 15 亿元的公募债券，主体信用评级由联合评级机构给出，从最初的 AA 上调至 AA+。

2. 财务造假特征

康得新的银行存款显示为 122.1 亿元，但实际可动用余额为零，暴露出控股股东可能通过集团账户侵占上市公司资金的问题。康得集团通过现金管理合作协议，将康得新及其他子公司的资金自动归集到集团账户，子公司账户余额多数时间显示为零。康得新的年报中所披露的银行存款余额实际上是指其对母公司集团账户的潜在支取权，而非实际存款，这种管理模式可能掩盖了资金的真实流动性。

3. 流动性风险

2014—2018 年康得新的财务费用上升，同时账面货币资金也在增长，形成了"存贷双高"的局面。2018 年年报显示，公司有 153.1 亿元的货币资金和 40.4 亿元的应付债券，但 2019 年年初两笔债券违约，无法偿还 15 亿元本金，暗

示公司存在流动性风险。

4. 经验与启示

投资者应警惕货币资金项目中的舞弊风险，特别是某些账户资金管理模式可能带来的风险。披露的账面货币资金可能不等同于实际可支配的流动性。关注账户性质及余额管理模式，以及是否存在资金使用限制，如资金归集管理、存款质押或抽屉协议等，对识别货币资金造假而言至关重要。同时，投资者应考虑财务费用、应付债券与货币资产之间的关系，以揭示潜在的流动性问题。

五、丹东港集团有限公司信用事件

1. 公司概况

丹东港集团有限公司（以下简称丹东港）成立于2005年，由日林实业有限公司作为最大股东，持股36%，实际控制人为王文良。丹东港作为丹东港唯一的综合性港口运营商，主营装卸堆存和物流贸易业务。2014年10月，丹东港发行了10亿元的债券，初始信用评级为AA，但2017年10月信用评级被下调至C。丹东港的债务滚动模式因外部融资环境恶化而面临挑战，最终导致违约。

2. 投资激进与财务特征

丹东港在行业景气度低迷和区域经济增速放缓的背景下，依然采取了激进的投资策略。2014—2016年，尽管货物吞吐量和收入增长，但营业成本的增加导致利润率下降。丹东港计划到2020年实现2亿吨的吞吐量，由此进行了大规模的资本支出，但经营现金流无法满足投资需求。截至2017年9月，丹东港的投资性房地产、在建工程和固定资产合计占总资产的92.5%，资产流动性差，且在建工程规模庞大。

丹东港自2010年起发行了28只债券，募集资金达334.1亿元，债券融资成为主要的融资渠道。然而，债券集中到期和短期债务压力加剧了丹东港的资金链紧张。

3. 经验与启示

在行业下行期，公司决策层应审慎考虑是否继续扩张战略。丹东港的案例表明，在行业竞争加剧和利润率下滑的情况下，激进的投资策略可能加剧业务风险。

依赖外部融资进行扩张会降低财务安全性，增加违约风险。

民营企业实际控制人的风险可能会加剧再融资困难。银行和债权人对民营企业实际控制人的风险高度敏感，一旦发生负面事件，可能导致资金抽离，加速违约风险的暴露。

六、中国华阳经贸集团有限公司信用事件

1. 公司概况

中国华阳经贸集团有限公司（以下简称华阳经贸）主要从事贸易业务。2018年5月，公司完成股权转让，中国贸促会资产管理中心持股比例增至60%，成为控股股东。

2. 信用评级调整

华阳经贸的信用评级经历了多次下调。联合资信和联合评级分别在不同时间对公司的信用评级进行了下调，最终均降至C级。

3. 违约事件进展

2018年9月，华阳经贸未能按时兑付中期票据，构成实质性违约。随后，公司其他债券也陆续违约。2019年4月，公司因未遵守相关规定受到交易商协会的自律处分。

4. 股权结构变动

华阳经贸原股权结构分散，2018年5月完成股权转让后，中国贸促会资产管理中心成为控股股东。尽管公司官网显示其具有国有属性，但其核心子公司华阳投资在上市公司恒立实业的股东性质为非国有法人，导致公司的企业性质不明确。

5. 违约风险分析

华阳经贸的违约风险与其盈利稳定性弱、变现效率差、投资激进、现金流缺口持续、债务规模增长和短期周转压力大有关。公司在贸易行业中面临高风险，盈利受非经常性损益影响较大，现金流管理要求高。由于债务规模的不断增长和债券市场再融资的收紧，公司的短期周转压力明显上升。

6. 经验与启示

投资者应关注公司的股权结构变动及其对公司控制力度的影响。

贸易行业的高风险特性要求公司有更强的现金流管理能力。

对于依赖债券市场再融资的公司，短期债务的集中到期可能加剧流动性风险。

七、中国民生投资股份有限公司信用事件

1. 公司概况

中国民生投资股份有限公司（以下简称中民投）成立于2014年5月，由59家民营企业联合发起，主要从事资产管理、股权投资、保险和融资租赁等金融业务，同时涉及新能源和物业销售管理。中民投租赁控股有限公司（以下简称中民投租赁）是中民投的控股子公司，主营租赁和商务服务业。新世纪评级给予中民投及中民投租赁AAA稳定评级。

2. 信用事件进展

中民投在2019年面临多起债券兑付问题，包括"16民生投资PPN001"和"16民生投资PPN002"的违约，以及"18民生投资SCP004"的延期兑付。公司在2019年未能按期披露年度报告，并在同年多次出现债券兑付困难。2020年，中民投因未出具年度财务报告而收到上海证监局的行政监管措施决定书。

3. 境外债券情况

中民投的境外债券在2019年4月触发交叉违约条款，公司成立特别管理委员会并委任法律顾问。同年，公司完成境外美元债的兑付，并在新加坡交易所公告债券展期一年的决议。2020年4月，公司继续赎回部分美元债本金，但同年7月宣布不会按期偿付剩余本金债券。

4. 违约风险分析

中民投的违约风险与其在金融、地产、新能源等领域的激进投资、盈利不佳、股东借款、关联方往来有关。2014—2017年，公司的自由现金流缺口超过1 500亿元，导致债务负担上升。自2017年以来，公司进入偿债高峰，但投资资产流动性差，资产变现能力弱。此外，公司股权结构分散，无控股股东和实际控制人，股东支持力度弱。

5. 经验与启示

投资者应关注公司的投资行为和盈利能力。

公司的股权结构和股东背景对信用风险有重要影响。

在外部融资环境收紧的情况下，公司的偿债能力和流动性管理尤为重要。

八、北京东方园林环境股份有限公司信用事件

1. 公司概况

北京东方园林环境股份有限公司（以下简称东方园林）是一家民营上市公司，主营业务包括市政园林工程建设和环保业务，主要采用PPP模式运作。截至2018年年底，何巧女女士为公司控股股东，持股比例为38.39%，与其夫唐凯共同为实际控制人。新世纪评级对公司主体信用评级进行了多次调整，最终维持在AA+/稳定。

2. 信用评级变化

东方园林的信用评级自2014年3月起经历了上调，但在公司发生技术性违约后，新世纪评级保持了AA+/稳定的评级，而中金主体评分则从5+下调至5-。

3. 信用事件进展

2019年2月，东方园林的一笔短期融资券延迟兑付，引发市场关注。尽管公司随后解决了兑付问题，但该事件触发了交叉保护条款。公司在2018年获得市场化债转股资金支持，并成为北京市民企债券融资支持工具的签约民企之一。

4. 债券兑付与企业性质变更

2019年8月，东方园林的公募公司债部分撤销回售，与公司的企业性质变更有关。公司的实际控制人何巧女、唐凯拟将控股权转让给朝阳区国资中心全资子公司，导致企业性质由民营转为国有。朝阳区国有资本经营管理中心对相关债券提供担保，完成了实际控制人变更。

5. 违约风险分析

东方园林的违约风险与其在PPP项目的大规模投资和垫资现象、盈利变现

效率不佳、债务规模攀升和流动性紧张有关。在公司债务中，债券融资占比较高，对债券市场的依赖度大。公司融资难度自 2018 年以来加大，实际控制人股权质押比例高，银行支持力度有限。

6. 经验与启示

投资者应关注企业的 PPP 项目投资规模和回款周期。

高债券融资占比可能增加公司对市场变动的敏感性。

实际控制人的股权质押比例和企业性质变更可能影响债权人的信心。

九、中信国安集团有限公司信用事件

1. 公司概况

中信国安集团有限公司（以下简称中信国安）在混合所有制改革后股权结构分散，无实际控制人。公司业务涵盖信息产业、高科技资源开发、葡萄酒及旅游地产和商业物业等，旗下有 4 家上市公司。中信国安历史上多次发行债券，但信用评级自 2009 年以来经历了多次下调，至 2019 年 3 月降至 C 级。

2. 信用评级调整

中信国安的信用评级从 2009 年 5 月的 AA 级开始，经过多次调整，至 2019 年 4 月连续下调至 C 级。

3. 信用事件进展

中信国安在 2019 年面临多起债券违约事件，包括"15 中信国安 MTN001"永续债的利息支付违约，以及多只中期票据的利息违约和本金到期违约。至此，公司所有存续债券均已确认违约。

4. 违约风险分析

中信国安的违约风险与其股权结构分散、激进扩张策略、盈利和现金流不足、债务规模快速增长、偿债压力加大、再融资难度上升有关。公司在混合所有制改革后的投资未能带来预期的盈利和现金流，导致自由现金流缺口扩大。此外，公司银行贷款和非标领域出现实质风险，股权质押比例高，再融资渠道受限。

5. 永续债风险

中信国安的永续债违约事件凸显了强制付息条款对债券投资者的保护作用，同时暴露了在发行人流动性压力下，该条款可能加速违约风险的暴露。投资者应关注募集说明书中的强制付息条款及其触发条件。

6. 经验与启示

投资者应关注企业的股权结构和实际控制人情况。

激进的投资和扩张策略可能导致债务规模快速增长、偿债压力增大。

永续债的复杂条款可能在特定情况下加速违约风险的暴露。

十、东旭集团有限公司信用事件

1. 公司概况

东旭集团有限公司（以下简称东旭集团）是一家由自然人李兆廷实际控制的企业，东旭光电投资有限公司和北京东旭投资管理有限公司分别持其51.46%和25.28%的股份。东旭集团的子公司东旭光电科技股份有限公司（以下简称东旭光电）在A股上市，东旭集团直接及间接持股比例达到21.77%。

2. 信用评级变化

东旭集团及其子公司东旭光电的信用评级经历了多次调整。联合信用和鹏元评级机构自2015年起对东旭集团的信用评级进行了多次调整，至2020年1月，信用评级被下调至C。东旭光电的信用评级同样经历了下调，至2019年11月，信用评级被下调至C。

3. 信用事件进展

自2018年起，东旭光电面临董事长及高管层的频繁变动，同时市场对其财务状况的真实性表示怀疑，特别是其"存贷双高"现象。2019年5月，东旭光电收到深交所的问询函，要求对公司的财务状况进行说明。2019年11月，东旭光电的中期票据发生违约，导致评级机构大幅下调其信用评级。

4. 财务状况与监管问询

东旭集团和东旭光电的2019年年报均被审计机构出具带强调事项的保留意

见，主要涉及大额其他应收款的性质、未决诉讼和对外担保可能产生的损失等事项。东旭光电在 2019 年 11 月和 2020 年 7 月两次收到深交所的问询函，要求详细说明公司的货币资金情况和违约原因。

5. 股权转让与国资委介入

2019 年 11 月，东旭光电公告称石家庄国资委拟受让东旭集团 51.46% 的股权，但此后未有进一步的进展披露。

6. 违约风险分析

东旭集团的违约风险与其依赖并购实现规模扩张、并购标的与原主营业务缺乏协同、债务上升、偿债能力弱化有关。公司账面存在"存贷双高"现象，实际可动用货币资金较少，财务质量存疑。

7. 经验与启示

投资者应关注企业的并购行为及其与主营业务的协同效应。
高债务水平和现金流状况不佳可能导致企业的偿债能力下降。
企业的财务报表质量及其真实性是评估信用风险的关键。

十一、北大方正集团有限公司信用事件

1. 公司概况

北大方正集团有限公司（以下简称北大方正）是教育部下属的校办企业，主要股东为北大资产经营有限公司。作为一家多元化控股集团，北大方正的业务范围广泛，涉及信息技术、医疗医药、金融证券、大宗商品贸易、产业地产和钢铁等多个领域。集团旗下有方正证券、北大医药、方正科技等多家上市公司。

2. 信用评级变化

北大方正的信用评级经历了多次调整。联合资信在 2014 年 9 月将公司主体信用评级从 AA+ 上调至 AAA，评级展望稳定。然而，2019 年 12 月公司债券违约后，信用评级被迅速下调至 A，随后在 2020 年 2 月被进一步下调至 C。

3. 信用事件进展

2019 年 12 月 2 日，北大方正一只到期金额为 20 亿元的超短期融资券（19

方正 SCP002）未能按期足额偿付本息，构成实质性违约。此外，公司在境内外还有多只债券存续，部分债券设有交叉违约条款。违约后，公司面临流动性紧张，债券评级被大幅下调。

4. 法律诉讼与重整程序

2020年2月，北京银行以北大方正未能清偿到期债务且明显不具备清偿能力，但具有重整价值为由，申请法院对公司进行重整。法院受理了重整申请，并指定由中国人民银行、教育部、相关金融监管机构和北京市有关职能部门组成的清算组担任管理人，北大方正正式进入重整程序。

5. 债权申报与战略投资者招募

在重整过程中，管理人公开招募战略投资者，以推进重整进程。截至2020年4月，北大方正共有400多家债权人申报债权，总额达1 600多亿元。

6. 股权纠纷与管理层变动

北大方正存在股权纠纷，管理层频繁变更，公司及子公司涉及多起诉讼，信息披露问题导致监管处罚，对公司经营和融资产生不利影响。

7. 违约风险分析

北大方正的违约风险与其盈利能力弱、债务负担重、流动性压力大、股权质押比例高、内控薄弱有关。公司依赖并购扩张，但并购标的与主业的协同性差，导致偿债能力下降。

8. 经验与启示

投资者应关注公司的盈利能力和债务结构。

高股权质押比例和管理层频繁变更可能指示公司的治理风险。

股权纠纷和法律诉讼可能对公司的融资能力和资金链造成压力。

十二、康美药业股份有限公司信用事件

1. 公司概况

康美药业股份有限公司（以下简称康美药业）是一家民营上市公司，其控股股东为康美实业投资控股有限公司（以下简称康美实业），持股比例为32.75%，

实际控制人为自然人马兴田。康美药业的业务范围广泛，包括中药饮片、中药材贸易、药品生产销售、保健品及保健食品、中药材市场经营、医药电商和医疗服务等。

2. 信用评级变化

康美药业的信用评级经历了多次调整。中诚信证评自 2010 年 6 月首次给予其 AA 评级后，经过多次上调，至 2018 年 1 月达到 AAA。然而，自 2019 年 1 月起，信用评级开始下调，至 2020 年 2 月降至 C。

3. 信用事件进展

康美药业的财务报表长期受到市场质疑，特别是货币资金的真实性、盈利的合理性及股东股权质押比例等问题。2019 年 4 月，公司发布的财务报告引发了市场对其数据真实性的进一步质疑。2019 年 8 月，康美药业及相关当事人收到证监会的行政处罚及市场禁入告知书。

4. 债券回售与违约

康美药业发行的公司债"15 康美债"在 2020 年 1 月面临回售，但公司未能如期偿付本息。尽管公司通过资产处置等方式筹集资金，但仍未能避免违约。2020 年 2 月，公司正式公告无法偿付"15 康美债"的回售本息。

5. 法律诉讼与监管处罚

2020 年 7 月，康美药业公告称，实际控制人马兴田因涉嫌违规披露、不披露重要信息罪被公安机关采取强制措施。此外，公司及其子公司在股权问题、债权问题上存在诸多诉讼纠纷。

6 违约风险分析

康美药业的违约风险与其财务报表质量问题、外部再融资渠道收缩、经营层面困难增多、业绩预告大幅亏损有关。公司在面临巨额债券回售压力时，资金链难以接续，最终导致违约。

7. 经验与启示

投资者应关注公司的财务报表质量和盈利能力。
高股权质押比例可能指示公司的流动性风险。
法律诉讼和监管处罚可能对公司的融资能力和资金链造成压力。

十三、三亚凤凰国际机场有限责任公司信用事件

1. 公司概况

三亚凤凰国际机场有限责任公司（以下简称凤凰机场）是海航集团实际控制的子公司，主营业务为提供机场服务。由于机场规模和腹地经济规模较小，加之面临海口美兰机场的竞争，公司的市场地位受到挑战。

2. 债务融资与评级变化

凤凰机场自 2007 年起多次发行短期融资券和中期票据，2016 年还发行了一期私募公司债。东方金诚在 2014 年首次给予公司 AA/稳定评级，后在 2016 年 1 月上调至 AA+/稳定。然而，由于海航集团的负面消息影响，凤凰机场的信用评级在 2019 年 6 月被下调至 AA-，2020 年 3 月被进一步下调至 C。

3. 信用事件进展

自 2017 年 12 月以来，海航集团的负面消息频出，导致凤凰机场作为其子公司的再融资难度增加。2020 年 3 月，凤凰机场面临短期融资券的兑付压力，最终未能按时偿付，导致违约。

4. 违约风险分析

凤凰机场的违约风险与其复杂的关联方往来、高额的关联方担保、资产受限、偿债能力弱、银行支持力度不够有关。公司应收账款和其他应收款中关联方占比较高，导致资金占用严重。同时，公司面临关注类贷款的增加和贷款欠息，再融资能力受限。

5. 海航集团财务困境

海航集团及其子公司自 2017 年以来面临严重的财务困境，旗下多家公司的债券出现违约或展期，包括天津航空、海航集团、海航酒店、西部航空、海航控股、海航资本和凯撒同盛等。这些事件反映了海航集团及其关联企业在融资和经营方面遭遇的挑战。

6. 经验与启示

投资者应密切关注企业的关联方交易和资金占用情况。
高额的关联方担保和资产受限可能指示公司的流动性风险。

企业集团的财务困境可能对子公司的信用状况产生负面影响。

十四、泰禾集团股份有限公司信用事件

1. 公司概况

泰禾集团股份有限公司（以下简称泰禾集团）是中国百强民营房地产上市公司之一，由泰禾投资集团有限公司控股，持股比例为48.97%，实际控制人为黄其森。

2. 信用评级变化

泰禾集团的信用评级在2019年前保持在AA+，展望稳定。然而，2020年4月，评级展望被调整为负面；随后在5月和6月，信用评级分别被下调至AA-和BB；到了7月，信用评级被进一步下调至C。

3. 信用事件进展

2020年7月，泰禾集团未能兑付"17泰禾MTN001"的本息，构成实质性违约。此外，由于交叉保护条款的触发，其他债券也面临违约风险。尽管公司尝试通过股份转让协议引入新的投资者，但交易的完成取决于多个前置条件的满足。

4. 违约风险分析

泰禾集团的违约风险主要与其高杠杆扩张策略、高端项目销售放缓、债务负担沉重、再融资难度上升、短期偿付压力大、或有负债风险及股东支持力度薄弱有关。公司在限购和融资收紧的背景下，面临流动性紧缩问题，货币资金不足以覆盖到期债务。

5. 法律诉讼与股权冻结

泰禾集团的控股股东及其一致行动人所持股份已全部被冻结，实际控制人被列入失信被执行人名单，进一步削弱了股东的支持力度。

6. 经验与启示

投资者应关注房地产公司的杠杆水平和项目销售情况。
高额的债务和或有负债可能指示公司的流动性风险。
法律诉讼和股权冻结可能对公司的融资能力和资金链造成压力。

十五、永城煤电控股集团有限公司信用事件

1. 公司概况

永城煤电控股集团有限公司（以下简称永煤控股）是河南煤业化工集团有限责任公司的全资子公司，属于地方国有企业。公司因资金流动性紧张，未能按时偿付"20 永煤 SCP003"债券的本息，构成实质性违约，涉及逾期本金 10 亿元及利息 0.32 亿元。

2. 违约事件进展

永煤控股于 2020 年 11 月 10 日宣布违约。随后在 2020 年 11 月 13 日，上清所公告称公司已支付利息，但债券本金仍在筹措中。

3. 违约原因分析

永煤控股的违约主要由以下几个因素导致：

（1）煤化工和贸易等非主营板块的业务表现不佳，持续亏损，拖累了整体盈利能力。

（2）公司净利润虽然为正值，但归母净利润为负值，反映出母公司承担了较高的管理及财务费用。

（3）应收账款回收困难，尤其是对河南省内相关煤企和化工企业的大额应收款项。这些企业多数财务状况不佳，导致资金回收困难。

4. 经验与启示

投资者应密切关注企业的业务结构和盈利能力，特别是非主营板块的业务表现。

高额的应收账款和关联方交易可能增加企业的信用风险。

投资者应仔细审查母公司与子公司之间的财务关系，以评估企业潜在的财务负担。

十六、华晨汽车集团控股有限公司信用事件

1. 公司概况

华晨汽车集团控股有限公司（以下简称华晨集团）是中国汽车制造业的关键

企业之一，曾获得 AAA 级的最高债券发行主体信用评级。然而，公司因流动性紧张和资金困难，未能按时兑付"17 华汽 05"债券的本息，触发违约事件，涉及逾期本金 10 亿元。此后，评级机构对华晨集团的信用评级进行了多次下调。

2. 违约事件进展

华晨集团在 2020 年 10 月 22 日的公告中披露了流动性紧张的情况，并宣布停牌所有存续的公司债券。紧接着，"17 华汽 05"债券未能按时兑付，构成实质性违约。尽管利息已于 2020 年 11 月 5 日偿付完毕，但本金逾期问题仍未解决。

3. 违约原因分析

华晨集团的违约主要由以下几个因素导致：

（1）华晨集团对华晨宝马系列产品的盈利依赖度过高，而华晨宝马的股权转让预计将削弱公司的财务和再融资能力。

（2）自主品牌如"华晨金杯"和"华晨中华"的产能利用率低下，盈利能力有限。

（3）公司短期债务占比高，短期偿债能力恶化，面临较大的债务偿还压力。

4. 经验与启示

投资者应关注企业对单一业务板块的依赖程度及其对整体财务稳定性的影响。高额的短期债务和债务结构的不合理可能增加企业的流动性风险。自主品牌的市场表现和产能利用率是评估企业竞争力的重要指标。

十七、华夏幸福基业股份有限公司信用事件

1. 公司概况

华夏幸福基业股份有限公司（以下简称华夏幸福）成立于 1993 年 5 月 28 日，注册于河北省廊坊市固安县，是华夏幸福基业控股股份公司的子公司，后者持股比例为 23.87%。华夏幸福作为中国领先的产业新城运营商，其业务涵盖城市地产开发、产业发展服务、土地整理、基础设施建设等多个领域。

2. 债券发行与违约情况

截至 2021 年 3 月，华夏幸福累计发行 35 只债券，其中包括"20 华夏幸福

MTN001"这一一般中期票据。该债券因公司未能按期足额偿付利息 0.55 亿元而构成实质性违约，并触发了交叉保护条款。

3. 主营业务收入构成

华夏幸福的主营业务收入主要由城市地产开发、产业发展服务、土地整理、基础设施建设、物业管理服务等板块构成。2019 年，城市地产开发收入达到 667.44 亿元，占公司全年主营业务收入的 63.44%；产业发展服务收入为 274.05 亿元，占比为 26.05%；土地整理收入为 59.67 亿元，占比为 5.67%。

4. 财务状况

2019 年，华夏幸福实现主营业务收入 1 052.1 亿元，毛利率为 43.68%，较上年增长 2.06 个百分点。城市地产开发和产业发展服务的毛利率分别为 32.89% 和 84.63%，较上年分别增长 3.16 和 7.31 个百分点；而土地整理的毛利率为 6.49%，较上年减少 6.24 个百分点。

5. 违约原因与事件进程

华夏幸福的违约原因主要包括业务模式的新挑战、区域性政策收紧、销售业绩下滑、高财务杠杆、流动负债占比高、激进扩张和管理粗放等。自 2017 年以来的环京地区限购政策严重影响了公司的销售和回款能力。同时，公司触及了三道红线，流动负债占比高，短期内偿债压力较大。

6. 管理与扩张问题

华夏幸福的内部管理存在不足，在扩张过程中重视规模而忽视效益，导致投资回报不佳。公司经营活动现金流持续为负，且依赖外部融资进行投资。由于业绩对赌协议的存在，公司的财务压力进一步增大。

7. 经验与启示

投资者应密切关注房地产公司的区域性政策变动和销售业绩。
高财务杠杆和不合理的债务结构可能增加公司的流动性风险。
激进的扩张策略和粗放的管理可能影响公司的长期稳定发展。

十八、同济堂医药有限公司信用事件

1. 公司概况

同济堂医药有限公司（以下简称同济堂医药）成立于 2007 年 12 月，注册于湖北省武汉市经济技术开发区，由新疆同济堂健康产业股份有限公司全资控股，实际控制人为张美华。截至 2021 年 4 月，同济堂医药已发行 4 只债券，其中包括"18 同济 02"和"18 同济 01"，因未能按期兑付本金及利息共 4.2 亿元，构成实质性违约。

2. 债券违约情况

同济堂医药的债券违约涉及多只债券，其中"18 同济 02"和"18 同济 01"为一般公司债，应于 2021 年 4 月 25 日到期。公司的违约行为触发了交叉保护条款，导致其他债券也面临违约风险。

3. 主营业务构成

同济堂医药的主营业务收入主要由医药批发、医药零售配送和非医药商品构成。2019 年，医药批发业务收入占公司主营业务收入的 54.92%，医药零售配送业务收入占比为 33.63%，非医药商品业务收入占比为 2.44%。

4. 财务状况

2019 年，同济堂医药实现主营业务收入 44.73 亿元，毛利率为 19.34%，较上年提高 6.19 个百分点。医药批发业务和非医药商品业务的毛利率都有所增长，而医药零售配送业务的毛利率有所下降。

5. 违约原因与事件进程

同济堂医药的违约原因包括控股股东涉嫌信息披露违法违规、关联方大额占款、内部控制重大缺陷等。2020 年 4 月，控股股东因信息披露问题被中国证监会立案调查。同年 8 月，新疆同济堂健康产业股份有限公司公告称，存在控股股东及其关联方占用公司资金共计 10.47 亿元，公司内部控制存在系统性失效情形。

6. 股权质押与子公司控制权丧失

同济堂医药的控股股东股权质押比例高，公司在扩张过程中因管理分歧而丧失部分子公司控制权。2018 年 4 月，公司收购河北龙海新药经营有限公司（以下简称"龙海新药"）55% 的股权，但后续产生管理分歧，导致公司丧失对龙海新药的控制权。

7. 营业收入与盈利能力

同济堂医药的营业收入和利润水平大幅下滑，盈利能力下降。2019 年和 2020 年上半年，公司的营业收入分别同比下降 58.66% 和 55.34%，净利润分别同比下降 72.75% 和 74.8%，销售毛利率从 2019 年的 19.34% 下降到 2020 年的 12.26%。

8. 偿债压力

同济堂医药面临流动负债占比高、应收账款占比较高、银行借款逾期等问题，短期偿债压力较大。2018 年至 2020 年上半年，流动负债占总负债的比率分别为 82.22%、82.26% 和 83.26%。同时，公司现金流明显不足，货币资金从 2017 年的 9.1 亿元下降到 2020 年上半年的 1.12 亿元。

9. 经验与启示

投资者应关注房地产公司的债务结构和偿付能力。
高速扩张和激进的拿地策略可能导致公司财务风险的累积。
表外债务和受限资产的透明度对信用风险评估至关重要。
公司治理的稳定性对公司的长期发展和信用状况有显著影响。

十九、泛海控股股份有限公司信用事件

1. 公司概况

泛海控股股份有限公司（以下简称泛海控股）成立于 1989 年 5 月 9 日，注册资本为 519 620.07 万元人民币，公司总部位于北京。中国泛海控股集团有限公司为公司的第一大股东，持股比例达到 63.96%，公司的实际控制人为卢志强。截至 2021 年 8 月，泛海控股有三只债券发生违约，分别为"17 泛海 MTN001""19 泛控 01""18 泛海 MTN001"。

2. 债券违约情况

泛海控股的债券违约涉及多只债券，其中，"17 泛海 MTN001"因触发交叉

保护条款而违约,"19泛控01"因本息展期而违约,"18泛海MTN001"则因未按时兑付回售款和利息而构成实质违约。

3. 主营业务构成

泛海控股的主营业务主要包括房地产开发业务和金融业务,其中金融业务涵盖信托、证券、保险等多个领域。2020年,房地产开发业务收入占公司主营业务收入的15.19%,而金融业务收入占比达到84.52%。

4. 财务状况

2020年,泛海控股实现主营业务收入140.57亿元,毛利率为51.72%,较上年增长3.44个百分点。其中,金融业务的毛利率为25.26%,较上年增长5.3个百分点;房地产开发业务的毛利率为52.06%,较上年增长0.8个百分点。

5. 违约原因与事件进程

泛海控股的违约原因包括激进扩张、负债驱动、股权质押比例高、流动性紧张、资产负债率高企、还本付息负担沉重、频繁高比例质押、自身经营能力欠佳、地产存货周转慢、投资性房地产资金回报率低、地产业务区域集中风险、金融业务资产质量风险及政策风险应对不足等。

6. 激进扩张与资金需求

泛海控股自2014年起转型金融业务,启动去地产化,金融业务占比超过50%。公司在金融业务上的收购花费约400亿元,导致高负债、高担保、高质押等问题。在地产业务方面,公司国内外在建项目计划总投资规模巨大,面临较大的资本支出压力。

7. 负债结构与流动性问题

泛海控股的资产负债率在进军金融业后达到高峰,后虽有所下降,但流动负债占比持续增长,导致资金缺口。公司财务费用大幅上升,净利润自2017年起逐年下滑,债务融资质量下降。

8. 股权质押与市场认可度

为满足资金需求,泛海控股的股份被反复质押进行融资,高质押率影响了资产流动性和市场认可度。

9. 经营能力与资产周转

泛海控股的营业收入和净利润自2016年起持续下滑，地产存货周转慢，投资性房地产资金回报率低于融资成本，地产业务区域集中，风险难以分散。

10. 金融业务风险

子公司民生信托的资产质量欠佳，风控不严，导致信用减值损失大幅增加，净利润转为负值。

11. 政策风险

房地产开发和金融业务作为强监管领域，泛海控股在资管新规和房企融资三条红线政策下，面临业务同时施压，融资渠道受阻，开发项目投资增速趋缓。

12. 经验与启示

泛海控股的案例强调了在信用分析中考虑公司业务模式、财务健康状况、流动性状况、法律风险和公司治理的重要性。

第六章

信用债投资随笔漫谈

　　本章将结合笔者日常对信用策略分析框架的再认识,整理归纳从业期间对信用债的一些阶段性的心得和思考,包括不同视角下的信用债分析框架、亏损主体信用债券怎么看、陡峭信用债曲线隐含的信息、偏债型转债与信用债的简单对比等,供读者参考。

第一节 不同视角下的信用债分析框架

自 2018 年以来，信用债的存在感越来越强。

一方面，基本面下行叠加上下游企业盈利分化导致信用债违约创历史新高；另一方面，从去杠杆到宽信用，政策面的相机抉择对信用债市场结构持续施加影响。

但当时市场上关于信用债的研究大多更关注发行人基本面的分析，本节将从研究、交易、投资等不同视角对信用债重做一番观察。

一、评级视角——信用研究员

传统的信用风险评估模型简单来讲便是将贷款申请人的各项资质指标进行变量分组赋分，通过建模将变量分组转换为信用分数，并计算授信门槛分数。

因此，在理论上，银行信贷的逻辑与信用评价的逻辑有较多的共通之处。而实践中两者的区别可能包括：银行信贷对质押和担保更为关注；贷款只是客户经营的其中一项工具，更看重综合效益而非固定利率；更强调贷后管理、相机抉择、管控风险，等等。

从信用基本面研究的维度来看，信用研究中的基石习惯上被分为宏观、中观、微观三个维度。

（1）宏观信用环境分析，偏向于定性。对信用债的影响路径至少有以下几个方面：一是经济增长对企业盈利和负债成本的影响；二是经济周期和债务周期的共振，与违约率较强的相关性；三是宏观流动性对信用扩张的传导；四是宏观经济政策对金融机构和企业行为的控制和影响。

（2）中观行业状况分析，定性与定量相结合。从产业链的角度来看，又可分为传统的生产型企业和服务支持型企业。上游发行人受供给侧改革影响较大，部分细分行业尚处于市场出清阶段，并购整合成为常态；中游发行人受环保限产影响成本居高不下，利润率受到挤压，同时再融资有一定的压力；下游发行人民企比例较大，多数为轻资产运营模式，资产质量总体偏弱。在行业分析中，关键是要把握不同行业现金流获取的逻辑和特点，以及在经济周期中的经营特征。

（3）微观层面，分析具体企业的信用资质，偏向于定量。一般从经营面、财务面、外部支持进行分析。需要注意的是，产业债和城投债、国企和民企的微观分析框架并不相同。例如，城投平台与政府间存在大量应收账款，虽然账龄较长，但从侧面反映出与政府间的联系，同样可被认为是政府隐性担保的证据。

从信用风险的不同层次来看，一是因短期债务到期压力或负面舆情导致的估值压力；二是因实际的资金缺口导致的"技术性违约"，属于政府救急不救穷的对象；三是资不抵债，实质违约且短期内无力偿还的发行人只能通过破产重组、债务重组或债转股来解决；四是资本市场上的"老赖"，缺少还款意愿，不过此类企业较少，毕竟名声在外，再融资的窗口将永久关闭。

二、市场视角——债券交易员

从信用债曲线与利差交易来看，与利率债相比，信用债流动性相对较弱，静态价值较强，交易属性偏弱。主流的交易策略运用主要集中于高等级信用债。

在信用债曲线方面，形态上更接近国债曲线（同样属于强配置弱交易品种），同时也受国开债曲线影响（非银金融都是主力需求方，有着类似的税收政策）。

从信用债曲线上可以分别对比期限利差和信用利差的斜率，从而判断承担信用风险或久期风险，以及票息/持有收益对风险敞口的保护程度。

同时，随着国内信用衍生品的发展，未来信用利差交易值得期待。

从供需格局与市场情绪来看，信用债的供需还需要从一级市场和二级市场分开判断。二级市场是机构间博弈的"赌场"，除了出现信用风险被动减持，错误定价出现的概率相对较小。同时，由于信用债较高的票息和持有收益，除非单边行情，卖盘一般黏性较强。而一级市场是企业直接融资的窗口，存在大量的刚性供给（融资需求），因此价格空间往往更大，对情绪的领先和牵制作用也更明显。

不妨考虑如下例子：2019年年初信用债违约频发，信用债投资需求萎缩，而一级市场因价格敏感性更弱，其发行票面利率往往高于二级市场发行票面利率，新债供给往往会呈现趋势性增长的态势，从而导致一级市场发行票面利率不断创新高，同时拉动二级市场的负向循环，这也意味着大量意图抄底的投资者会逐渐拥挤到一级市场来"薅企业的羊毛"。

在这个过程中，融资刚性越强、价格越不敏感的发行人，实际利率会上的最多，如城投、地产；反之，现金流充裕的发行人，如国网、铁道，有更多相机抉择的空间，实际易下难上。而等到一级发行缩量（取消发行增加），说明当前利率已经超过多数企业的承受范围，资产供给开始收缩后，可能也意味着发行票面利率上行将告一段落。基于这种情况，应采取合理的策略来应对，初期应卖出城投、地产，买入国网、铁道，后期反而应拉长久期，信用资质下沉。

作为一名债券交易员，对信用债进行有效定价，特别是对隐含评级、流动性与特殊条款进行分析判断堪称核心能力。由于外部评级的失真，隐含评级是我们熟悉信用债价格网络的基础，定价的第一步是确认相应发行人所处的公允隐含评级区间，并依据隐含评级利率曲线进行发行人曲线的拟合定价。

而流动性则是很难被量化的指标，我们不妨采用给信用债"贴标签"的思路来看。我们给出一个观察"区域标签"相关定价的典型示例（见图6-1），可以看到，相关区域的负面信息越多，往往意味着区域标签对应的价差越大，流动性越差；反之亦然。

AAA产业债信用利差变化

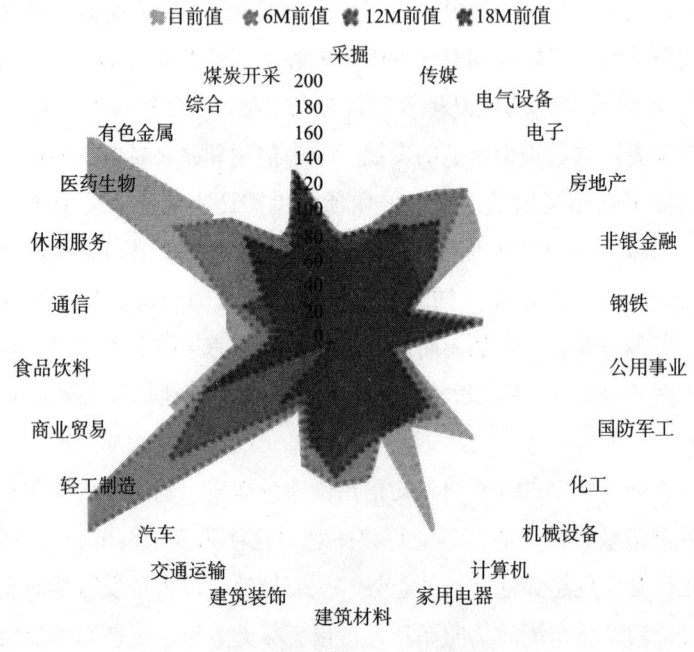

图6-1　信用利差跟踪示意

这样做的理由也与当前多数投资机构对信用债一刀切的信用评级模式有关。例如，"东北""港口""城投"在 2019 年都为偏负面标签，即使财政上独立于东北之外的大连港也未能摆脱在市场中被"错杀"的命运。

在特殊条款定价方面，主要集中于含权债和永续债，属于债券交易员相对进阶的能力。例如，重定价周期的永续债具有与浮息债券类似的定价逻辑，回售权、赎回权、调整票面利率等常见权利的组合，需要建立远期曲线和利率波动率模型方能精准定价，目前在实践中仍以经验判断为主。关于含权债定价，后续将有历史案例展开讨论。

三、组合视角——基金经理

杠杆、久期、信用资质下沉又被戏称"信用策略三板斧"，作为债券市场传统的三种策略，大家都懂，但能做到完美的并不多。在信用债投资实践中，更重要的是考虑具体品种在策略中的适用程度。

在杠杆策略中，我们考虑的是 Carry 空间、债券质押的便利程度及杠杆比例调整的灵活性，同时尽量减少在久期和信用资质上的风险敞口。

在久期策略中，除了简单地判断利率的方向而调整，还可以通过多种工具优化组合的利率期限和凸性结构，例如，浮息债用来防御和互换套利，含权债用来调整凸性博弈波动率，永续债用来提高静态收益对久期的保护，等等。

信用资质下沉又被称为高收益债策略，建立在深度信用研究的基础上，也是信用债投资中有较多机会创造 Alpha 收益的策略，尤其是对违约预期债券的"捡破烂""捡哑雷"等极限操作，往往能获得权益投资级别的收益。

此外，还需要根据投资组合的目标与约束考虑性价比。比如投资组合的目标，在业绩方面分为绝对收益目标和相对收益目标，同时追求低波动、低回撤、高胜率，在操作层面减少交易次数，等等。

约束层面则包括投资范围的限制、债券评级和久期的限制、衍生品策略和敞口的限制、发行人财务指标的限制等。这些指标往往跟委托人（出资方）的主要诉求有关。作为基金经理，不仅要熟悉资产端的主要工具及其功能性特征，还要了解负债端的情况和条件，才能有的放矢，真正实现"受人之托，代人理财"的目标。

第二节 亏损主体信用债券怎么看

第四章针对信用债市场标签化定价的思路进行过简单的讨论，其中提到了城投债发行人财务面失真，因此，发行人资质的甄别倾向于定性分析。在多数情况下，区域和行业标签是信用债最重要的类属特征，但当时发生的首都旅游（以下简称首旅）信用债券停牌事件也让我们看到，在某些特定阶段，财务标签同样会对债券定价和重估产生重大影响。值得探讨的是，这种影响究竟源于财务标签的差异，还是因为财务差异导致的类属标签调整。笔者试图通过简单的分析，进行一番模糊的探索。

一、首旅事件简要复盘

2019年4月4日，北京首都旅游集团挂出关于公司债券可能被暂停上市交易的风险提示性公告，由于连续两年归属母公司所有者的净利润亏损的公司债就要被交易所暂停上市了。虽然信用基本面并未出现明显变化，但投资者依旧将要面对两类损失：持仓的公募公司债"降格"为私募债，收益率将大幅上升；首旅公司债质押式折合标准券90元，从高等级质押品沦为不可质押。事发后，虽然中债估值并未及时更新，但市场报价和成交已有反映。

事后来看，首旅集团的亏损确实并非信用资质的问题。该发行人为北京市国资委下属的综合性集团公司，公司盈利主要源于其下属上市公司，而债务则分布于非上市的部分。之所以产生亏损，是因为目前首旅在建环球影城主题乐园，这两年属于前期投资较大的时期，债务规模有所上升，利息支出对利润的侵蚀较大。

而这类信用资质较优的发行人产生的亏损情况同样见于其他行业，甚至是一些公益属性较强的行业。相对于股票投资者而言，债券投资者更看重企业现金流的确定性，对利润表指标反应相对"钝化"。毕竟首旅在2017年全年亏损的情况下，2018年三季报的归母净利润仍然为负值，不难判断其年报情况，而这次首旅退市也算是给了市场一个典型的案例。

二、浅谈信用债财务标签

虽然财务指标是信用基本面分析的重要基石，但由于市场参与机构进行财务基本面甄别的精度有限（特别是对城投和高等级产业的区分度偏弱），主要精力用于防范信用风险（确定信用资质下沉的边界和尺度），因而对于"安全区域内"的发行人，财务瑕疵对市场定价差异的影响力可能有限。接下来我们看一个简单的案例。

图 6-2 显示，AA+ 新疆机场和 AA 苏南机场中期票据，剩余期限均在 1Y 附近，其中新疆机场 2012—2017 年均为亏损状态，但 2018 年三季报扭亏为盈（两者标签差异大概率归零），苏南机场自 2017 年以来均为盈利状态。以新疆机场扭亏为盈作为观测时间的起点，从 2018 年 10 月披露三季报至今，利差上升 54bp（负值收敛），即新疆机场相对苏南机场走弱。

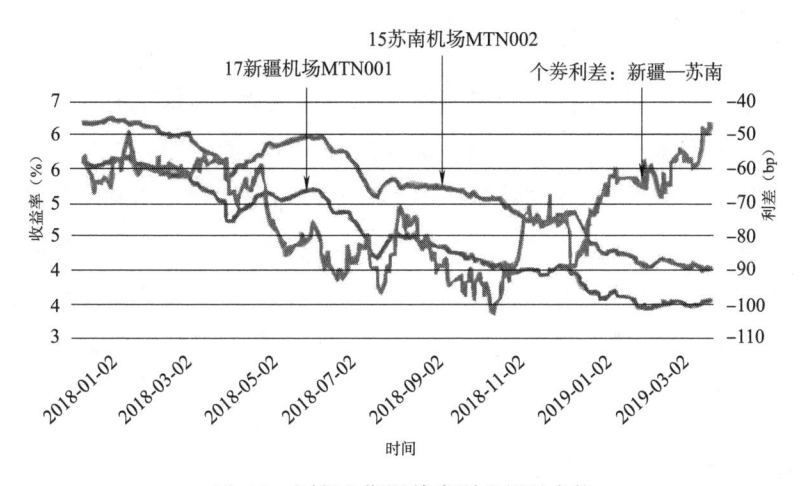

图 6-2　同行业期限债券利差相对走势

按照标签化定价的思路，两个发行人重要的三个差异分别为区域标签、评级标签和财务标签。如果我们假设在观察期内，除此之外的其他条件不变（没有能更明显的影响定价的标签差异），再剔除区域标签和评级标签差异的影响，便能够近似看出财务基本面变化对利差的影响。

机场作为区域重要的基础设施平台，往往兼具城投和产业的双重属性。这里我们用以上两个指标近似表述区域标签和评级标签差异所导致的利差变化：2018 年 10 月至今，区域利差上升 13bp，评级间利差上升 13bp（见图 6-3）。

如果我们假设亏损与否对债券定价影响明显，那么在考虑了区域利差和评级间利差的影响后，扭亏为盈的新疆机场的收益率相对苏南机场而言理应下行更多，然而在观察期内我们似乎无法验证这一假设。

图 6-3 区域利差和评级间利差走势

如果缩短观察期，以三季报披露至 2018 年年底作为时间基准，则个券利差上升 13bp，区域利差下降 2bp，评级间利差下降 7bp。即在这一时期内，虽然区域利差和评级间利差都在向有利于新疆机场的方向变化，但个券利差表现上相对苏南机场而言仍然走弱。虽然我们无法尽数剔除其他扰动因素，但至少就本案例而言，利润指标的明确改善并未对新疆机场信用债券相对定价的变化产生显著影响。当然，如果参考基准能从苏南机场换成机场类债券指数，则将会进一步剔除可比标的变化产生的误差。

三、亏损发行人概览

如果我们之前的结论成立，即对于不存在退市风险的银行间债券而言，亏损与否对信用债定价的影响并不显著，那么可以进一步推断，交易所债券的亏损标签对其定价影响的主要路径应该是"是否存在暂停上市风险"。下面我们来看目前交易所债券发行人亏损的基本情况（见图 6-4）。

截至 2019 年 4 月，交易所亏损主体债券存量规模约为 900 亿元，占交易所所有债券规模的 1.4% 左右，各行业均有分布，主要集中在材料、房地产、工业等领域。

由于连续两年亏损便会导致发行人面临公募公司债下调为私募债的情况，与首旅存在类似问题的债券应该符合两个特征：信用资质较好，特别是下调前可质押的个券；2016 年以前盈利，但 2017 年亏损，2018 年业绩表现尚不明朗。笔者按照上述标准筛选出了符合条件的债券（见表 6-1）。

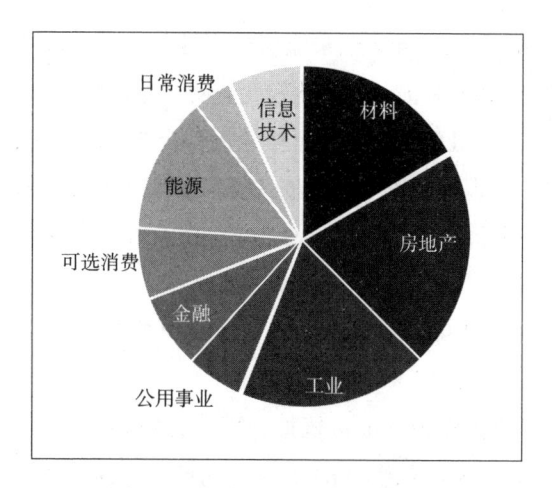

图 6-4 交易所亏损主体债券分布

表 6-1 部分财务亏损发行人存量信用债

代码	债券简称	隐含评级	外部评级	行业	净利润（万亿元）	债券类型
136134.SH16	番雅债	AA	AA	房地产	-1.8	一般公司债
136280.SH	16 北汽 01	AAA-	AAA	可选消费	-5.5	一般公司债
136080.SH	15 北汽 01	AAA-	AAA	可选消费	-5.5	一般公司债
112339.SZ	16 中航城	AAA-	AA	房地产	-0.3	一般公司债
136174.SH16	工艺 01	AA+	AA+	工业	-4.9	一般公司债
112638.SZ	18 湘电 01	AA	AA+	可选消费	-2.4	一般公司债
136031.SH	15 常发投	AA	AA+	金融	-1.5	一般公司债
136892.SH	17 北汽 01	AAA-	AAA	可选消费	-5.5	一般公司债
122323.SH	14 凤凰债	AA	AA	房地产	-1.6	一般公司债
143214.SH	17 晋然债	AA	AA+	能源	-1.6	一般公司债
136693.SH	16 晋然 02	AA	AA+	能源	-1.6	一般公司债
143005.SH	17 长发 01	AA	AA	工业	-1	一般公司债
136235.SH	16 晋然 01	AA	AA+	能源	-1.6	一般公司债

四、退市债券的定价思路

那么问题来了，类似首旅这种优质公募债下调为私募债后，中债估值往往更新滞后，在交易实践中如何重新定价？

如果我们假设短期内退市债券信用资质保持不变，那么利差上升的来源主要为品种利差和质押便利性差异。如果能够找到另一个交易所可质押债券发行人，同时拥有存量公司债和私募债，通过比较两者的利差，便可以近似求解。

遗憾的是，首旅所处的旅游休闲行业并无符合条件的可比标的（同时拥有存量公司债和私募债）。退而求其次，我们选择信达地产进行比较。

交易所私募债报价：124D135727.SH16 信地 04Bid/----/-- 中债 4.1383AA+/AA 中诚。

一般公司债报价：1.93Y136294.SH16 信地 024.30*/4.10**--(*)/4000(**) 中债 4.2363AA+ 国际。

以隐含收益率曲线作为基准进行拟合后（见图 6-5），"16 信地 04"私募债拟合后 2Y 对应估值收益率约为 4.98%，与公司债价差约为 75bp。

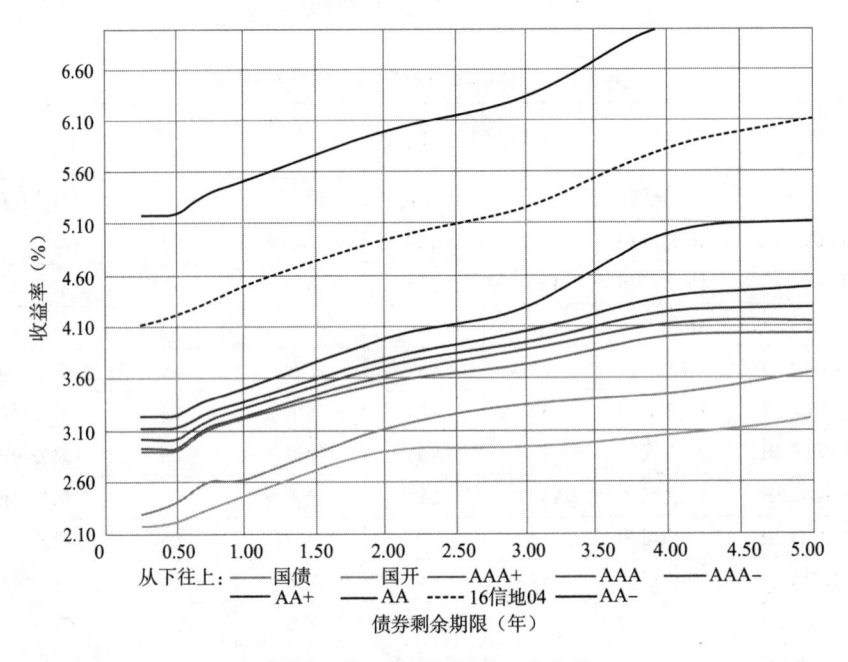

图 6-5　信达地产信用债定价曲线

同时，如果考虑到质押便利性的差异，那么信达地产公司债质押式折合标准券 70 元，低于首旅（公司债质押式折合标准券 90 元）。因此，单纯从静态估值的视角来看，首旅 2Y 公司债与私募债的价差理应大于 75bp。

五、机会与风险并存

通过关注交易所债券发行人的亏损情况和盈利变化趋势，从而对其类属未来变化的概率进行预判，相对银行间市场而言都是更有价值的。

从目前来看，对于亏损主体债券的投资交易策略，至少存在三种超额收益空间：一是通过梳理过去若干年盈利尚可，但上一财年亏损，且本年度改善存疑的发行人，提前卖出持仓的潜在风险债券；二是根据质押便利性和类属差异，对因亏损而暂停上市的公司债进行定价，把握市场超跌后的抄底机会（前提是确认信用基本面无变化）；三是持续跟踪因亏损两年而被下市的私募债券，如果企业未来扭亏为盈，那么符合相关条件后可以重新"晋升"为公募公司债，提前买入等待获利。

根据笔者观察，资本市场高收益债投资长期以来主要通过三种投资者结构的差异来赚钱，分别是机构行为差异、考核机制差异和风险控制差异。因此，投资者自身的目标和约束未尝不是另一种形式的"标签"，而我们需要思考的是，在发行人资料浩如烟海的市场里，如何寻找差异与变化中的相对确定性。

第三节　陡峭信用债曲线隐含的信息

2018年经济下行压力叠加大量债券发行人违约事件，同时宽货币对信用扩张传导路径不畅，导致各等级债券的信用利差都出现了系统性的抬升，这也是本轮债券牛市区别于历史经验的重要特征。自2019年一季度以来，信贷投放和融资数据强势，权益市场复苏提升风险偏好，信用利差终于迎来了明显压缩的拐点。虽然信用风险仍时有发生，但城投债和地产债表现较好，到2019年5月，信用利差已回归到2009年以来1/2分位点以下，其中三年AAA中短期票据收益率与三个月理财产品收益率甚至出现倒挂，信用债筹码普遍偏贵。

一、陡峭的中等级信用债曲线

仔细观察目前的信用债曲线，特别是直接反映市场定价的中债隐含评级曲线，不难发现一种有意思的现象：信用债曲线3-4Y处呈现出历史级别的陡峭状态，其中在隐含AA曲线上表现得最为明显（见图6-6）。

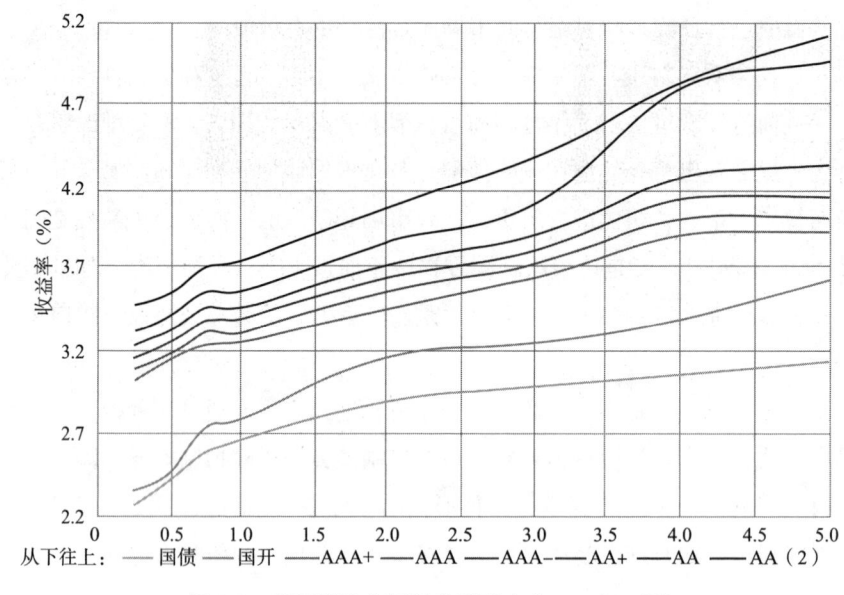

图 6-6　信用债隐含评级曲线形态（2019 年 5 月）

资料来源：Wind。

根据 2016 年年初至 2019 年 5 月的统计数据，隐含 AA 曲线在 3-4Y 上的期限利差达到历史 97% 的分位点，而国开和国债对应的期限利差却相对较窄，这也意味着 3Y 和 4Y 的"信用利差之差"同样位于极端值区间。那么，究竟是何种原因导致了如此特殊的情况？未来市场情绪可能如何演绎？其中又有哪些机会？

二、样本券的内部分化

观察信用债隐含评级曲线，我们不难发现，相对于隐含 AA 曲线而言，资质更差的 AA(2) 曲线并没有呈现出特别的斜率。笔者猜测，这可能是中债曲线样本券选择的问题，因为 AA(2) 曲线并非中短期票据收益率曲线，而是中债城投债收益率曲线，所以其所包含的样本可能不包括产业债。

那么我们进一步猜测，隐含 AA 曲线的长端极端陡峭状态是否主要来源于该曲线的产业债样本券？带着这样的疑问，我们来看几个隐含 AA 发行人的案例。

衡阳城投存量信用债估值如图 6-7 所示。该发行人外部评级为 AA+、隐含评级为 AA，省内经济地位名列前茅，算是比较典型的"弱区域龙头"中等级信用债发行人。3.85Y 衡阳城投估值为 4.63，低于 4Y 隐含 AA 曲线 17bp；而 1.93Y 衡阳城投估值为 4.08，与 2Y 隐含 AA 曲线相同，即衡阳城投个券曲线明显更平坦。

18衡阳城投PPN001　剩余期限 1.6959+2Y　票面利率 6.38%(年付)　主体/债项(隐) AA+/-(AA)
031800052.IB　衡阳市城市建设投资有限公司　到期日期 2023-01-30(一)　成交(中介/CFETS) -/-
基本资料　ALLQ　最新行情　历史行情　相关债券　相同发行人　资讯　|　深度资料F9　计算器　精简报价

代码	简称	剩余期限	久期	票息	中债	成交价	类型	买量
101800296.IB	18衡阳城投MTN001	3.85Y	3.5425	5.7800	4.6317			
101900689.IB	19衡阳城投MTN001	2.96Y+2Y	4.5352	4.7600	4.4673			3000
101760019.IB	17衡阳城投MTN001	2.91Y+NY	7.4120	5.9500	5.7088			
031778001.IB	17衡阳城投PPN001	2.9Y	2.7543	5.6000	5.1084			
031900234.IB	19衡阳城投PPN002	2.83Y+2Y	4.3467	5.4900	5.0983			
031900173.IB	19衡阳城投PPN001	2.79Y+2Y	4.2859	5.7800	5.0929	5.0800		
101656049.IB	16衡阳城投MTN002	2.44Y	2.3535	3.2800	4.1984			
101800808.IB	18衡阳城投MTN003	2.18Y+2Y	3.7147	5.2600	4.1500			
101656021.IB	16衡阳城投MTN001	1.93Y	1.8994	4.2000	4.0782			2000
101800540.IB	18衡阳城投MTN002	1.93Y+NY	7.1123	6.9700	5.5272			
031800231.IB	18衡阳城投PPN002	1.91Y+2Y	3.5998	5.8900	4.9202			

图 6-7　衡阳城投存量信用债估值

资料来源：Wind。

常州城建存量信用债估值如图 6-8 所示。该发行人外部评级为 AA+、隐含评级为 AA，位于江苏省内鄙视链上游“苏南”的末端，因地方平台数量较多、债务负担较重而沦落至中等级信用债发行人。3.85Y 常城建估值为 4.38，低于 4Y 隐含 AA 曲线 42bp；而 156D 常城建估值为 3.37，低于 0.5Y 隐含 AA 曲线 5bp，即常城建个券曲线明显更平坦。

18常城建MTN001　剩余期限 3.6247Y　票面利率 6.30%(年付)　主体/债项(隐) AA+/AA+(AA)
101800003.IB　常州市城市建设(集团)有限公司　到期日期 2023-01-05(四)　成交(中介/CFETS) -/-
基本资料　ALLQ　最新行情　历史行情　相关债券　相同发行人　资讯　|　深度资料F9　计算器　精简报价

代码	简称	剩余期限	久期	票息	中债	成交价	类型	买量
011802310.IB	18常州城建SCP006	93D	0.2575	3.9500	3.3113			
011900021.IB	19常城建SCP001	100D	0.2767	3.7500	3.3251			
011802450.IB	18常城建SCP007	110D	0.3041	3.9200	3.3407			
011900491.IB	19常城建SCP002	131D	0.3616	3.3700	3.3611			
011900708.IB	19常城建SCP003	149D	0.4110	3.4300	3.3691			1000
011901023.IB	19常城建SCP006	156D	0.4301	3.4800	3.3708			
011901008.IB	19常城建SCP004	212D	0.5836	3.4800	3.4081			
011901014.IB	19常城建SCP005	212D	0.5836	3.4800	3.4081			
031490477.IB	14常城建PPN006	18D	0.0521	7.5000	3.7578			
031490416.IB	14常城建PPN005	5D	0.0164	8.0000	3.9518			
031490780.IB	14常城建PPN007	111D	0.3068	7.2000	4.1920			
031490999.IB	14常城建PPN011	179D	0.4932	6.8000	4.2248			
145468.SH	17常城03	327D+4Y	4.4060	5.5000	4.3699			
031771017.IB	17常城建PPN001	1.07Y	1.0166	6.1700	4.3772			
101800003.IB	18常城建MTN001	3.62Y	3.3029	6.3000	4.3812			
101800327.IB	18常城建MTN003	3.85Y	3.5280	6.3000	4.3839			

图 6-8　常州城建存量信用债估值

资料来源：Wind。

如果以上两个案例具有一定的普遍性，那么很可能隐含 AA 曲线样本券中的产业债曲线将会非常陡峭。我们同样选择两个案例来看（此处为了节省篇幅省略Wind系统截图，仅列示个券）：3.85Y龙湖到期估值为4.77，低于对应隐含评级曲线3bp，而2.78Y龙湖估值为4.11。高于隐含评级曲线3bp，陡峭程度与基准曲线相近；3.9Y绿城到期估值为5.37高于隐含评级曲线57bp，而2.8Y绿城估值为4.04，低于隐含评级曲线4bp，陡峭程度明显高于基准曲线。

由于市场深度有限，我们也无法对所有隐含AA存量券进行穷举，但仅就以上4个案例而言，历史级别陡峭的中等级信用债曲线似乎更可能是由于以地产为主的产业债期限利差居高不下导致的。此处不妨也开个脑洞：或许与地产政策敏感性有关，商品房销售三年小周期，导致长端信用债投资者对地产谨慎。

结合实际的交易经验来看，长端中等级信用债的供需格局也能够验证以上结论。即对于3Y以上的中等级信用债而言，城投债比产业债的交投明显更活跃。下面列出几笔代表性成交：

5.14Y127510.SH17诸城债4.86TRD中债4.7897AA/AAA国际15:04:35

6.89Y152163.SH19汉江债5.07TRD中债5.1404AA+平安11:26:54

6.68Y1680050.IB16岳阳专项债4.92TKN中债4.8977AA+信唐11:02:46

另外，信用债曲线的陡峭化并非个例，如果从历史比较的视角来看，则可能是普遍现象（见图6-9）。

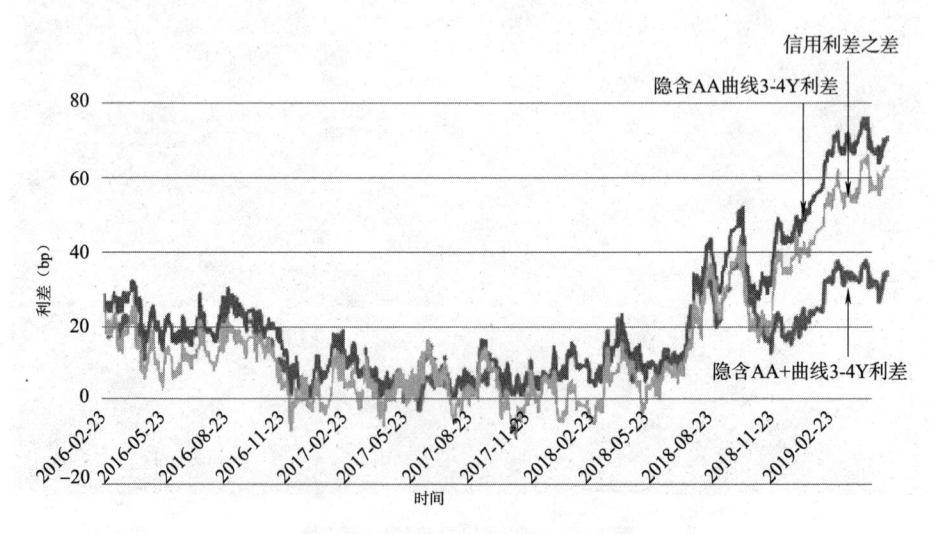

图6-9　长端信用债期限利差走势

资料来源：Wind。

从图6-9不难发现，其实隐含AA+曲线长端同样处于历史级别的陡峭，只是期限利差的绝对值不如 AA 曲线而已。这说明虽然有信贷投放和社会融资的支撑，但投资者对 3Y 以上的中等级信用债总体仍然比较谨慎。

"拉久期不如下沉资质，下沉产业不如下沉城投"，这大概是当时市场情绪的真实写照。而中等级信用债曲线的启示意义大约可以概括为：自 2019 年以来，债券投资者面对结构性资产荒的局面及宽信用谨慎乐观的预期，开始从资质和期限两个维度放宽信用债投资的准入门槛，而市场总体放宽的尺度似乎已经到了选择 4-5Y 中低等级城投债和 3Y 内中等级产业债。但从边际上来看，考虑到信用尾部风险叠加低利率环境，投资者是否会选择承担更多信用和久期敞口，取决于配置力量的约束和变化。

三、配置力量的约束和变化

如图 6-10 所示，从利率债投资者的情况来看，自 2019 年以来配置力量总体是偏弱的，表现为国债长端曲线的持续倒挂，7Y 国债的绝对收益较高。

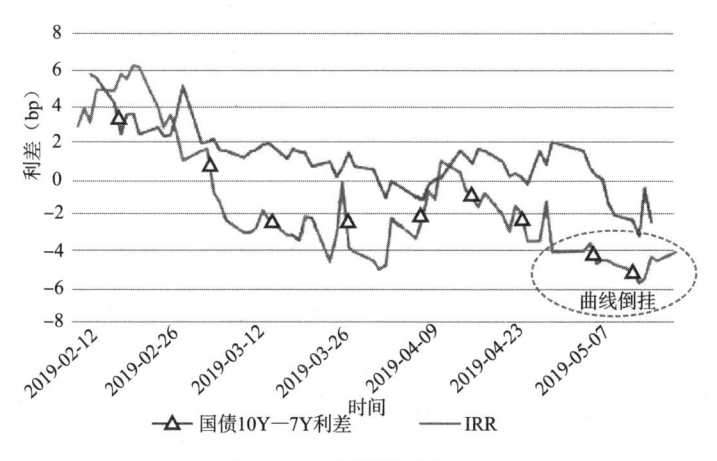

图 6-10 国债期限利差走势

资料来源：Wind。

当然，目前市场似乎已经意识到了这一点，连被踢出国债期货交割券篮子的 7Y 国债都有活跃成交记录如下：

6.56Y180028.IB18 附息国债 283.32TKN 中债 3.3125- 国利 13:18:41

往前看，配置力量面对的主要约束包括：一是自 2018 年以来虽然流动性宽松但银行仍然缺负债，表现为个人及单位存款占资金来源比重持续下降，高息结构性存款飙升；二是 2019 年上半年地方债供给高于历史同期水平，从而挤占了配置盘的资金；三是理财负债成本与资产收益倒挂（见图 6-11），这也是约束信用债主要配置力量的原因。

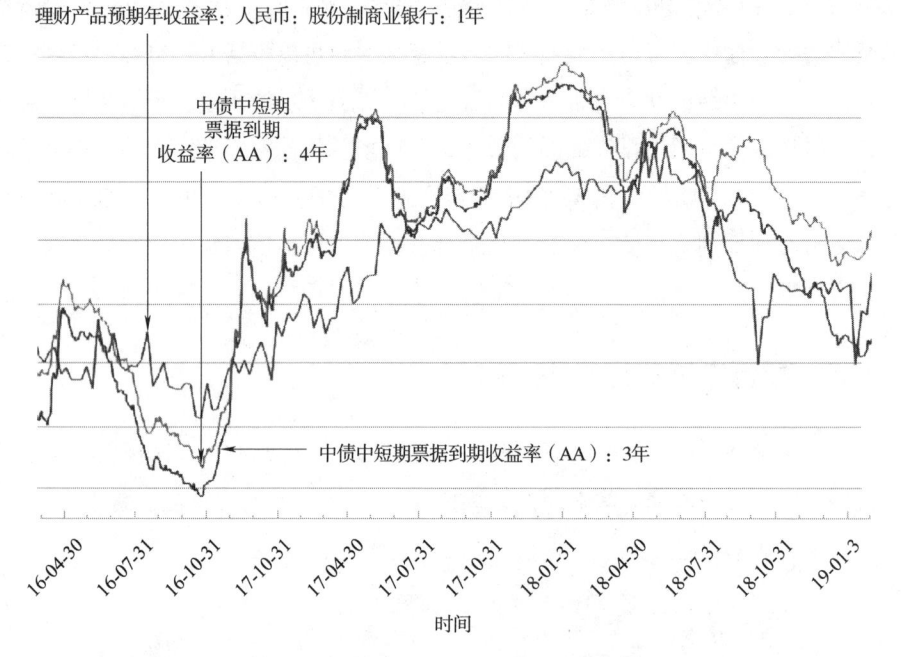

图 6-11　理财产品和信用债收益率情况

资料来源：中国债券信息网。

2019 年年初股份行理财产品预期收益和 3Y 隐含 AA 信用债已经倒挂且有加深趋势，需要通过加杠杆或拉长久期方能满足收益需求，而 4Y 隐含 AA 信用债静态收益则高于理财负债成本。考虑到此时历史级别陡峭的中等级信用债曲线，银行理财投资者可能主要依赖宽松的资金面进行杠杆操作。

那么问题来了，如果前面的假设和结论成立，即投资者对信用债投资范围的放宽尺度已经到达 3Y 附近中等级产业债，那么下一阶段机构交投的热点有可能是曲线上最陡峭的这一段吗？需要满足哪些条件？

四、中等级信用债曲线是否会修复

讨论未来交投的热点，要考虑方向和结构两个问题。这里我们不妨做一个简单假设：如果配置力量边际修复且风险偏好提升，则对于信用债配置的思路将会继续沿着下沉资质或拉长久期的方向进行。如果假设成立，那么根据此时的节奏还需要考虑投资者会更偏向于适度拉长中等级产业债的久期，还是将长端城投债的资质进一步下沉。如果是前者，则中等级信用债曲线有望修复。

笔者当时对于宏观变量做了一些简单的预测（见表6-2），仅供各位读者参考。

表 6-2　短期市场展望情况

配置力量变化	风险偏好变化
债市经过调整后配置价值上升，托管数据显示银行自营和险资开始发力	A股调整后进入震荡区间，贸易摩擦仍为主要矛盾，同样影响美国经济
银行理财子陆续落地，委外资金可能增加。套息空间仍在，可能继续加杠杆	政策对融资环境修复较为显著，中等级信用债有望继续受益
下半年地方债供给压力下降，但信用债存在到期量压力	低等级产业债可能需要见到企业盈利回升和信用端更明确的扩张信号
银行负债结构约束，主要作用于高等级信用债	通胀预期可能导致曲线持续陡峭

从目前来看，配置力量归位的概率较大，而风险偏好难以把握。如果风险偏好大幅上升，那么投资者必然调降久期，通过转债和高收益债获取收益，即下沉资质而不是拉长久期；如果风险偏好大幅下降叠加信用尾部风险未缓解，则投资者可能倾向于超配高等级信用债和类利率品，而非增加中等级信用债的敞口；只有当配置力量显著增加，且风险偏好扰动较少时，随着融资政策的改善，市场可能才会关注到3Y以上中等级产业债的价值，但考虑到目前贸易摩擦为主要矛盾且不可控，预计来自风险偏好变化的扰动仍然偏强。

结论：陡峭的中等级信用债曲线从短期来看仍然难以修复，即使满足相关条件，隐含AA+曲线也可能会先于AA曲线走平，而隐含AA曲线3-4Y历史级别陡峭的情况恐怕会维持较长时间。

五、可能存在的机会与风险

观察AA隐含评级曲线与自身历史相比也处于陡峭区间（见图6-12），这也带来了较好的骑乘收益策略空间。

虽然中等级信用债曲线修复的概率不大，但从相对价值的角度来看，投资者依旧有机会获利。如果投资者担心信用尾部风险带来的估值压力偏大，则也可以关注隐含AA+曲线的机会（见图6-13），在当时来看同样位于历史极端值区间内。

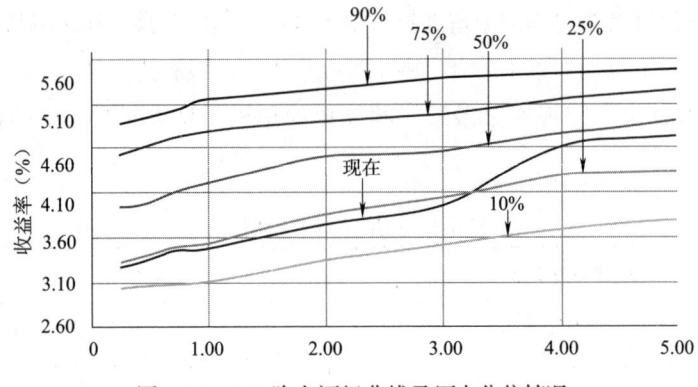

图 6-12　AA 隐含评级曲线及历史分位情况

资料来源：Wind。

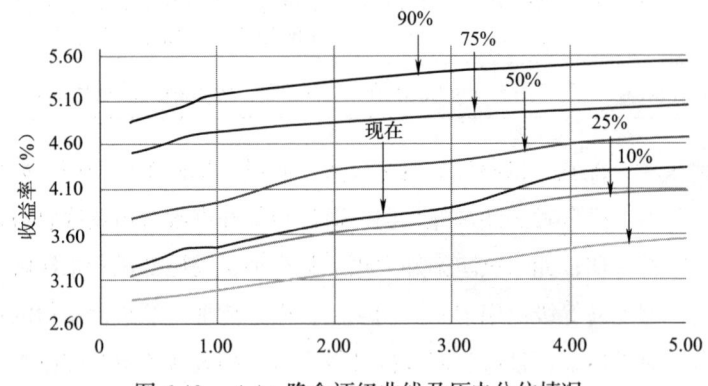

图 6-13　AA+ 隐含评级曲线及历史分位情况

资料来源：Wind。

考虑买入 4Y 中等级债券持有一年的骑乘策略，同时可以使用国债期货对冲现券头寸的利率风险，从替代头寸的角度来看，综合效果优于直接持有 1Y 中等级债券，劣势在于信用利差系统系走扩，以及组合头寸现券端流动性差而导致的调整成本。以上两条可以通过资质相对上调来部分解决，如隐含 AA+ 中的河北钢铁集团、高速交运类债券，能够在一定程度上弥补组合头寸劣势。

最后，我们还能得到一个推论：2019 年全市场存量可转债和可交换债剩余期限几乎全部集中于 4-5Y 范围内，其中不乏大量中等级发行人。由于转债债底的理论价值往往直接按照对应剩余期限的中债曲线收益率进行折现，而实践中存在回售条款的约束，大部分有转股意愿的转债实际应按照行权期限对应的纯债收益率进行折现（牛市时直接强赎，剩余期限更短），因此在曲线陡峭时很可能存在债底价值被低估的情况。

第四节　偏债型转债与信用债的简单对比

本节为笔者在 2024 年 6 月国泰君安证券中期策略会宏观固收分论坛上的发言纪要整理而成，供读者参考。

2024 年上半年，随着 A 股的反弹，转债市场整体的股性也开始修复，上周全市场转债百元溢价率回落到 20% 左右，市场绝对价格均值在 112 元左右，仍有一半以上的转债位于偏债型价格区间，大概 240 只转债的到期收益率超过 2%，各家卖方也都在推"高 YTM"策略。确实，在信用利差保护如此低的情况下，向转债多要一点静态收益，去替代一部分纯债是无可厚非的。下面笔者来简单讨论一下大类资产视角对两者的理解。

一、偏债型转债的分类、替代效应和信用评价

从转债对应的主要估值指标来看，对偏债型的界定一般有几个主流的标准。第一，按 YTM 对应的价格带界定，0 对应持有到期的盈亏平衡线，也是与平衡型转债的边界；2% 对应融资成本，意味着杠杆头寸至少不亏的情况；4% 大概率有一定的信用瑕疵，投资中需要甄别。第二，按转股价值和纯债价值界定，其相对高低反映转债交易价格的支撑来源，当债底高于平价时，转股溢价率容易失真。第三，按绝对价格界定，越低价越偏债。

如果再结合正股基本面的情况来看，那么当前偏债型又可以分为几种风格。第一种是大盘大市值标的，具有红利低波和高股息属性，以金融类和公用类转债为主，基本面较为稳定，市场认知分歧也较小。第二种是逆风白马股，这类公司质地好，中长期有一定的成长性，奈何转债发在行业景气度高点套牢了一大批投资者，如风光电、新半军的龙头企业。虽然逆风，但基于上述原因，转债估值并不低，往往"YTM 偏股，价格偏债"。第三种是有瑕疵的黑马，这里面有的是某些细分行业的二线玩家，有的是业绩爆雷的昔日明星，有的是高信用风险资产。

其共性特征是水都比较深，赚钱主要靠下修，其次靠正股"困境反转"。

在上述分类的组合里，与信用债相对最可比的，一是收益率在2%左右的大盘转债，二是收益率在4%左右的黑马转债。这两类资产分别对应纯债市场的高等级和低等级信用债。其中大盘转债和高等级信用债的平替关系比较明显：这类转债发行人多数同时拥有大量存续信用债，YTM本身有一定的可比性，且转债的流动性和质押属性可能反而更好。据笔者观察，银行转债和二永债的相对YTM具有一定的均值回归属性，理论上前者作为优先级债务，其收益率不会长期高于后者的收益率，但由于市场分割的存在，类似的现象时而出现。而黑马转债和低等级信用债之间的投资替代关系则比较复杂，多数投资者的初心还是博弈下修，且两者之间发行人主体层面的重叠度很低，并不具备太多个券层面的可比性。从总体的风险收益特征对比来看：①黑马转债比低等级信用债的极端尾部风险更低，但价格波动风险更高，表现为其正股退市的概率小于信用债违约的概率，但债底进一步重估造成的潜在损失也显著大于低等级信用债隐含评级向下迁移造成的损失；②黑马转债的赔率更高，在很难完全损失本金的情况下，获取高收益的路径和方式都更多；③相比于与黑马转债，低等级信用债的流动性和策略容量更高，但随着纯债市场利率下行，4%以上的高收益债基本已经"消失殆尽"。

此外，从以信用债估值作为转债纯债部分的参考基准来看，市场对转债信用价值部分的研究和认知总体是比较粗糙的。其原因既有债底对价格驱动的贡献度偏低，也有高YTM转债和高收益债获取收益路径的不一致（导致研究落脚点的差异）。但随着转债信用风险逐渐开始暴露，传统的范式可能会变化。据笔者观察，转债信用评价的潜在谬误主要包括：

（1）转债的评级信息因时效性问题可能会误导投资者。评级公司一般按照发行时的信用资质给出符号，但在存续期内较少进行跟踪和调整，导致不同发行年份和不同主体间的评级可比性较弱。特别是很多投资机构对外评采取"一刀切"的入库处理办法，导致出现基本面改善的低评级券无法参与，而虚高评级券还可以投资的"荒诞情况"。

（2）债底价值没有充分考虑条款作用。由于回售条款的普遍存在，多数转债实质是剩余期限为4+2年的含权债，但投资者和数据终端往往采用到期剩余期限进行纯债部分的估值，进而导致债底评估出现误差。

（3）隐含波动率"失真"。由于前两个原因的存在，低等级偏债型品种的纯债价值并不准确，因此在"固收+期权"的拆分中，两边都存在错误定价的情况，以此作为基础推导出的隐含波动率可能无法反映真实的情况。

二、对信用利差极低水平的看法

一方面，当前信用策略获得的额外票息保护显然是不够的。从理论信用利差定价的角度来看，信用资产的相对利差水平应该和发行主体在未来1~3年的预期违约率是正相关的。从当前的宏观环境来看，宽货币对宽信用的传导不畅，微观主体的信用风险并没有明显的下降，相反，很多证据显示地方国企的资金链非常紧张。而目前信用债全品种的利差基本都被压缩到50bp以下，这其中固然有"资产荒"和新发行主体资质抬升的影响，但也确实偏离常识太远。站在发行人的角度，也能得到类似的结论。近期，超长期信用债的热度很高，许多发行人开始发行30年期信用债，现在的估值利率也只在3%附近，10年期超长信用债的估值利率在2.6%左右。在宏观层面企业部门融资意愿这么弱的情况下，这些企业还愿意借钱，说明融资利率是非常合理的，即这些企业的预期资本回报率（ROA）远高于3%。如果按照50%的资产负债率假定，那么ROE可能会达到10%。如果越来越多的企业开始发行超长期信用债，则需要引起警惕。这要么说明这些企业的内生增长正在恢复，因此有融资意愿，要么说明融资利率实在太低了，这么做企业有套利空间。现在的情况也让笔者想起了2016年的"资产荒"尾声，企业发行了大量附加条款非常差的浮息永续债，投资者大都损失惨重。

另一方面，从跨资产比较的角度来看，信用策略相对偏债型转债和高股息策略的性价比也一般。存量的银行转债，很多个券的到期收益率和同样发行人的二永债的到期收益率是非常接近的，但转债毕竟属于优先债权，并没有对投资者不利的附加条款；同时，如果正股还附带高股息属性，那么在正股分红时还能获得额外的除权下修的收益，这样看来似乎就比二永更有吸引力了。另外，最近一年转债经历了比较惨烈的信用风险重估，全市场YTM达到3%以上的个券有100只左右，这其中做信用策略替代的挖掘空间也不小，很多转债发行人甚至存在评级"虚低"的情况，容易被错杀。当然，这么做还要考虑策略容量的问题。从信用策略和高股息的比较来看，比如我们提到的超长期信用债发行主体，很多也是高股息特征的上市公司，虽然股价上涨了不少，但是股息率仍显著高于信用债收益率，当然，这两个利率可能并不适合直接拿来比较，但如果这个利差达到极端水平，则至少说明信用策略可以考虑更多的"平替"。

第五节　中资境外债定价机制探讨

本节探讨一个市场热点问题,即近期市场上关于监管窗口指导部分投资机构"南向通投资境外城投债不得新增,同时,限制通过TRS(跨境收益互换)投资城投点心债"的问题。该政策对于中资境外债堪称"平地惊雷"。对于发行人而言,在化债和严控隐债新增的背景下,城投境外融资渠道进一步收窄,近期亦有部分发行人将在途发行的点心债转换成美元债,这也意味着承担更高的融资成本;对于投资者而言,境内资金出境的投资渠道进一步收窄,可能陷入阶段性的"局部资产荒"。

考虑到中资境外债市场的交易冲击成本和市场分割现象远甚于境内市场,城投境外债可能因此迎来新一轮的"重定价"。下面对境外债的定价机制进行简要梳理和讨论。

一、境外债"次级属性"的来源

同类型主体发行的境外债相对其境内债有一定的劣后属性。一方面,从历史经验上来看,当发行人财务状况处于违约边界区域时,对债务偿付顺序会产生明显的倾向性。即优先保证境内公开债的兑付,再考虑境外债、私募债、非标债权等;另一方面,境外债还有相对复杂的发行结构,许多发行方式都存在发行人和实际债务主体不一致的情况。图6-14为中资境外债间接发行结构。

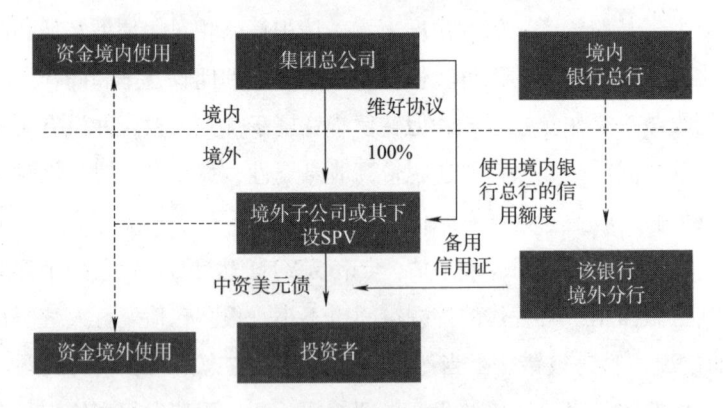

图6-14　中资境外债间接发行结构

中资境外债的发行方式大致可以分为直接发行和间接发行。直接发行就是指境内公司无须设立境外公司,直接在境外发债;募集资金可根据实际需要自主在境内外使用。间接发行则是境内主体通过在境外设立特殊目的公司SPV,或者选择境外具备一定业务的子公司作为发债主体并进行境外发债的模式。主要包括以下几种增信方式：

（1）境内集团跨境担保发行。主要是指境内集团公司为境外主体发债提供担保。在该模式下，投资者一般还要重点关注国家外汇管理局内保外贷登记，如缺少国家外汇管理局内保外贷登记或者登记不及时，或将影响担保的有效性。

（2）备用信用证（SBLC）发行。指由银行对境外主体发行的债项出具备用信用证（SBLC）/担保信用证，相当于利用银行的资信来对债券进行增信担保，但如果是城投发行人当地的城商行提供信用证，在一定程度上会削弱担保力度。

（3）维好协议和安慰函。境内集团与境外发债主体签署维好协议或安慰函、配套股权回购承诺，若发行人无法按时付息或偿还本金，境内集团承诺提供流动性支持，但其在法律层面不具备强担保责任，更类似于机构间的"君子协议"，保护作用比较有限。

图 6-15 为中资境外债发行方式概览。

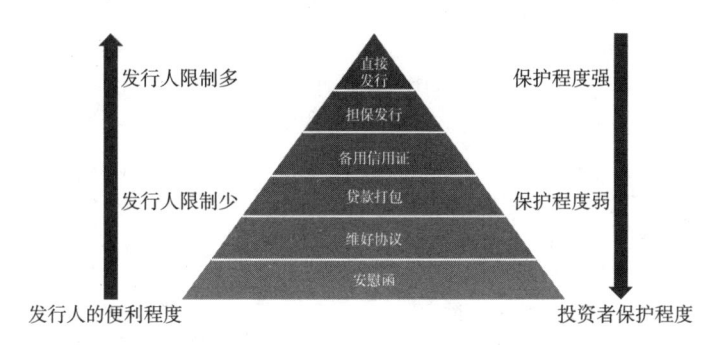

图 6-15　中资境外债发行方式概览

不同发行方式对投资者的保护程度存在较大差异，进而衍生出债项的"次级属性"，即同类主体存在不同资质债项的情况，也因此导致了信用利差定价的不同。这种情况在境内同样普遍，例如，金融机构发行的次级债（资本工具），只是两者次级属性的来源不同。境内金融次级债对投资者保护程度的差异性，主要体现在清偿顺序的先后，而不在于担保方式的力度如何，这也是两类次级属性来源的本质不同。

图 6-16 为金融机构债券清偿顺序。

二、境外债定价的影响因素

多数中资境外债发行主体都有一定存量的境内债，其定价差异可以简单理解为同类信用基本面资产的优先/劣后级在不同市场环境下的投影。从城投美元债整体的情况来看，境内和境外债存在明显的品种利差，如图 6-17 所示，这也是 2024 年以来传统固收投资者不断寻找境外投资机会的主要动力之一。

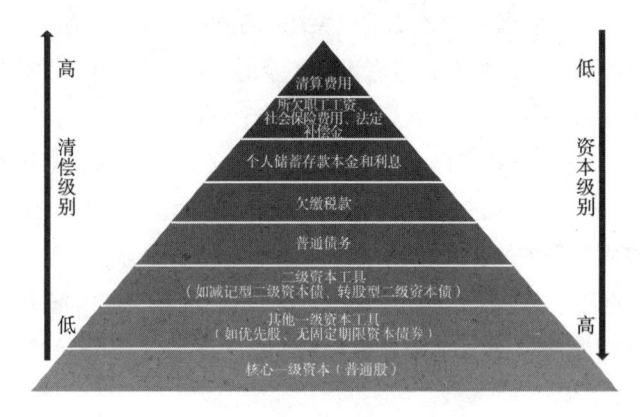

图 6-16　金融机构债券清偿顺序

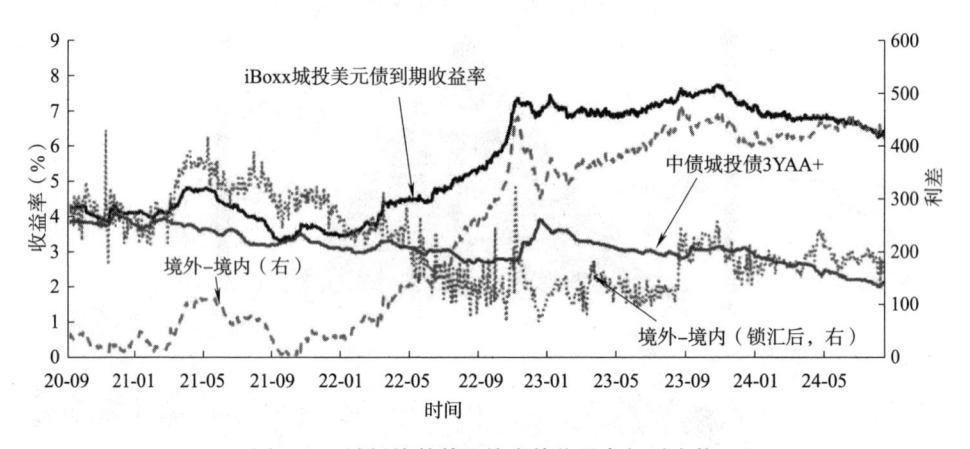

图 6-17　城投境外债和境内债收益率相对走势

从基本面出发，境外债定价影响因素可以概括为以下几个方面。

（1）汇率敞口的风险补偿。考虑到当前中资境外债的投资者结构仍然是以内资为主，无论是美元债还是离岸人民币债，对汇率波动的敏感度都远高于境内债券，虽然离岸人民币市场和美元汇率并不直接相关，其利率水平主要受流动性影响，但背后的驱动力也还是中美利差、出口周期、人民币升值/贬值预期这些因素。

（2）市场参与方的融资/投资行为和节奏。如开篇谈到的窗口指导，以及一系列地方隐债政策，都可以作为融资主体运作方向的"晴雨表"。在投资方面，需要观察资金出境的通道成本，即资产收益率扣除必要的境外交易成本（QDII 或

TRS 费率），与其负债成本、必要预期收益率，以及与境内相似资产的比价效应。

（3）差异化的信用利差定价。境内债当前的信用利差主要反映的是流动性溢价，境外债则更接近理论模型，以违约率、回收率和流动性等因素对信用风险补偿进行综合定价，常见的模式是假设信用违约损失是违约率和回收率的函数，通过函数拟合的方式寻求残差效果最好的函数关系。

三、个券估值讨论

理论定价可以指导我们去更有效地跟踪基本面变化，但实战中还是应该更多地去倾听"市场先生"的报价，并理解市场报价的隐含信息。以下我们简单讨论几个市场估值的案例。

1. 郑州城建

受政策影响，该公司原本计划发行的点心债转换成了美元债发行。点心债发行时预期定价区间为 3.5%~4%，转成美元债后区间为 5%~5.2%。对于发行人而言，相当于增加了 100bp~170bp 的融资成本。对于投资人而言，这部分利差一定程度上相当于对美元债额外汇率波动风险的补偿。同时，考虑到锁汇成本在 2% 以上，意味着转换发行后，郑州城建美元债对汇率风险厌恶型投资人的吸引力下降。如果最终发行定价利率低于 5.5%（点心债原定下限 + 锁汇成本），或许可说明有部分投资人可能是采取不锁汇或部分锁汇的方式参与美元债。

2. 交银金租

2.5 年期的美元债估值收益率为 5.37%，考虑到 3 年期美债利率为 4.15%，信用利差约为 122bp；2.5 年期点心债估值收益率为 2.85%，按同期限离岸人民币主权债计算信用利差为 75bp；2.5 年期境内债估值收益率为 2.08%，按同期限国债计算信用利差约为 64bp。如果锁汇成本高于 2.5%，则点心债可能比美元债更有性价比（发行方式均类似）。境内债和境外债的信用利差存在明显的定价差异，一方面，反映了相对次级的发行/担保结构；另一方面，也反映了部分境外投资人对境内主体的"认知风险补偿"。

3. 倒挂的美债曲线

由于境外投资者对美联储未来的降息预期较强，美债收益率曲线在 0.5~5 年都呈现出倒挂形态，这一特征也反映在中资美元债收益率曲线上，如图 6-18 所示。

这种定价状态的影响：一是目前在途的境外债发行人基本都选择 3 年期（也即收益率曲线的"谷底"）作为融资期限；二是买入并持有中长期限的中资美元债会产生"骑乘亏损"，资本利得空间只能寄希望于收益率曲线整体下移；三是由于短端利率高企，Carry 为负，杠杆策略几乎失效，投资者只能赚取平层收益。

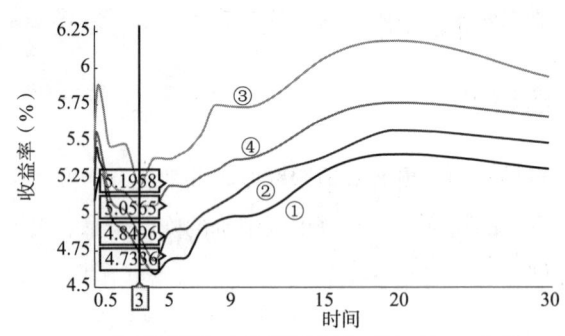

图示编号	曲线名称	待偿期（年）	收益率（%）
①	中债中资美元债收益率曲线（A−）（到期）	3.0	4.7336
②	中债中资美元债收益率曲线（BBB+）（到期）	3.0	4.8496
③	中债中资美元债收益率曲线（BBB−）（到期）	3.0	5.1958
④	中债中资美元债收益率曲线（BBB）（到期）	3.0	5.0565

图 6-18　投资级中资美元债收益率曲线

不过对于非投资级（BB+ 及以下）的中资美元债收益率曲线，这种倒挂的情况又会发生变化，由于低等级信用风险非线性增长的效应，以及投资者对于 2027 年以后城投化债政策延续性的担忧，3~5 年中长端收益率仍然是显著高于短端的，如图 6-19 所示。

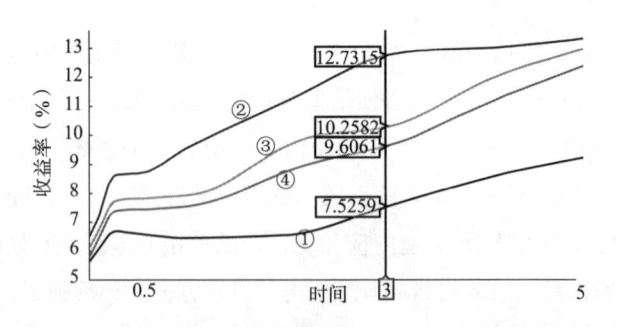

图示编号	曲线名称	待偿期（年）	收益率（%）
①	中债中资美元债收益率曲线（BB+）（到期）	3.0	7.5259
②	中债中资美元债收益率曲线（B+）（到期）	3.0	12.7315
③	中债中资美元债收益率曲线（BB−）（到期）	3.0	10.2582
④	中债中资美元债收益率曲线（BB）（到期）	3.0	9.6061

图 6-19　高收益 / 投机级中资美元债收益率曲线